Der Himmlische Vater spricht

Botschaften an Anne

2016

Impressum
Verlag: **edition hathor**
Auslieferung über Verlagsgruppe Mainz

ISBN-13: 978-3-8107-0274-6
Druck: Druckerei Mainz, Aachen

Aktuelle Anne-Botschaften:
www.anne-botschaften.de
www.kommherrjesus.de

Inhalt

Anhang

DER HIMMLISCHE VATER SPRICHT

1. Januar 2016 – Neujahr. Hochfest der Gottesmutter. Die Gottesmutter spricht nach der Heiligen Tridentinischen Opfermesse nach Pius V. in der Hauskirche in Göttingen durch Ihr Werkzeug und Tochter Anne.

Anne: Im Namen des Vaters und des Sohnes und des Heiligen Geistes. Amen. Heute haben wir das Hochfest der Gottesmutter gefeiert. Viele Engel scharten sich um den Opferaltar aber auch um den Marienaltar. Der Lilienstrauß bei der Gottesmutter wurde während der Heiligen Opfermesse in goldenes Licht getaucht.

Die Gottesmutter wird sprechen: Ich, eure Himmlische Mutter, werde jetzt und in diesem Augenblick durch Mein williges, gehorsames und demütiges Werkzeug und Tochter Anne sprechen, die ganz im Willen des Himmlischen Vaters liegt und heute die Worte wiederholt, die aus Mir, eurer liebsten Mutter, kommen.

Meine geliebten Marienkinder, Meine geliebte kleine Schar, Meine geliebte Gefolgschaft und Meine geliebten Pilger und Gläubige von nah und fern, Ich spreche heute zu euch, weil es Mein Festtag ist – der 1. Januar – der Beginn des neuen Jahres.

An diesem Tag wurde auch der Sohn Gottes beschnitten. Er hätte nein sagen können, doch Er wollte den Namen Jesus annehmen, das heißt, Jesus ist der Name, den niemand anderes tragen darf als der Sohn Gottes. Vor Ihm werden sich alle Knie beugen müssen auf der Erde und unter der Erde. Eines Tages, Meine Geliebten, werden die Menschen erkennen, dass es nichts anderes gibt als dem Sohn Gottes in der Dreieinigkeit den Gehorsam zu erweisen, so wie auch Mein Sohn Jesus Christus gehorsam war bis zum Tode, ja bis zum Tode am Kreuz. Auch wir müssen in vollem Maße den Gehorsam üben. Wenn der Himmlische Vater uns abtrennt von der Welt, so dürfen wir dankbar sein und all das, was Er von uns verlangt, im Gehorsam erfüllen.

Ihr seid die Auserwählten. Ihr seid bereits abgetrennt von dieser Welt und nichts kann euch etwas anhaben, denn ihr seid in der Liebe des Himmlischen Vaters in der Dreieinigkeit. Seine Liebe ist so groß, dass Er euch ständig bewacht und beschützt, denn Er wird von euch getröstet. Er ist euch stets dankbar, dass ihr euch nie abgekehrt habt vom wahren

Katholischen Glauben und alles erfüllt, was der Himmlische Vater von euch verlangt. Er weiß am besten, was für euch gut ist. Das Böse wird der Heilige Erzengel Michael von euch weiterhin abhalten. Glaubt und vertraut tiefer, dann werdet ihr erkennen, dass die Wünsche des Himmlischen Vaters anders sind als eure Wünsche und eure Vorstellungen. Er fügt alles wunderbar. Ihr dürft ihm danken, besonders heute am Beginn des neuen Jahres.

Alles, was Er für euch vorgesehen hat, wird in diesem Jahr in Erfüllung gehen, da ihr euch ganz Seinem Willen zur Verfügung stellt. Alles, was Er wünscht, werdet ihr tun. Und Ich, als Himmlische Mutter, werde euch auf diesem Weg begleiten. Ich werde wachsam sein, dass der Böse euch niemals ergreifen kann. Haltet ihm den Rosenkranz entgegen oder schleudert ihn ihm entgegen, wenn es erforderlich ist, wenn sich Satan im anderen offenbart. Seid weiterhin wachsam. Immer noch will euch der Böse ergreifen. Er kann es nicht ertragen, dass ihr dem Himmlischen Vater den Gehorsam erweist, dass ihr Seine Wünsche erfüllt, dass ihr die Heiligkeit praktiziert. Das ist wichtig für euch.

Ganz besonders ist es für die Priester wichtig, nach Heiligkeit zu streben, damit ihr, Meine Priestersöhne, wenn es erforderlich ist, den Bösen austreiben könnt. Seid ihr nicht in der Heiligkeit und in der Heiligmachenden Gnade und im Priesterkleid, so habt ihr keine Macht, den Bösen auszutreiben. Ich wünsche es jedoch weiterhin von euch, denn der Böse hat viele Menschen ergriffen. Einige von ihnen wollen befreit werden. Sie verlangen danach, einen heiligmäßigen Priester zu finden, der sie exorziert. In der modernistischen Kirche wird es nicht möglich sein, den Bösen auszutreiben, weil das Priesterkleid erforderlich ist, und weil es ein heiligmäßiger Priester sein muss, der das wahre Heilige Opfermahl in aller Ehrfurcht feiert und niemals die Mahlgemeinschaft. Dann ist es nicht möglich. Dieser Priester muss sich abgekehrt haben von allen weltlichen Gelüsten, wie wir heute in der Lesung gehört habe. Ihr alle habt euch abgekehrt von der Welt und übt den Gehorsam.

Die heutigen Priester sagen: „Wir müssen gehorsam sein unseren Bischöfen und dem Obersten Hirten gegenüber." Aber wem müsst ihr dann gehorchen, wenn der Oberste Hirte im Irrglauben liegt? Dann müsst ihr euch den Wünschen und dem Plan des Himmlischen Vaters unterwerfen und niemals diesem Obersten Hirten. Diesem, der auf dem Papstthron

Platz genommen hat – unwürdiger Weise – dürft ihr keinen Gehorsam erweisen – auf keinen Fall, denn dann seid ihr alle dem Irrglauben unterlegen. Ja, ihr werdet den Verstand verlieren.

Glaubt es Mir, Meine geliebten Priestersöhne. Immer noch verlange Ich, Jesus Christus, von euch, dass ihr das wahre Heilige Opfermahl feiert und euch abkehrt von allem Weltlichen. Noch immer habt ihr es nicht verstanden, was Ich von euch in Zukunft wünsche. Noch immer nimmt Meine Sehnsucht nach euren priesterlichen Seelen zu. Ich liebe euch so sehr, dass Ich viele Tränen um euch geweint habe, wie auch eure Himmlische Mutter.

Ich, eure Himmlische Mutter, Meine geliebten Priestersöhne, weine um euch, weil ihr Meinem Sohn nicht den Gehorsam erweist und nicht bereit seid, auch jetzt im neuen Jahr nicht, euer bereites Ja zu sagen. Ich flehe den Himmlischen Vater an, Er möge euch doch erneute Chancen geben, damit Ich eure Seelen bereitwillig zum Himmlischen Vater bringen kann. Glaubt daran, dass Mein Sohn Jesus Christus für euch ans Kreuz gegangen ist. Er wartet auf eure Seelen, weil ihr auserwählt seid. In euren Priesterhänden verwandelt sich Mein Sohn Jesus Christus. Das größte Geheimnis vollzieht sich in euren Händen. Habt ihr es nicht verstanden, was das für euch bedeutet, Priester sein zu dürfen und dieses Amt zu bekleiden und auserwählt zu sein?

Meine geliebten Priestersöhne, wacht doch endlich auf! Mein Sohn fleht Mich an, dass Ich als eure Mutter und auch als Königin der Priester fungiere, dass Ich euch zurückbringen soll zur Wahren, Heiligen Katholischen und Apostolischen Kirche und zum wahren Opfermahl führen soll, zum Opfermahl Meines Sohnes. Kehrt um und seid bereit für die Liebe, die grenzenlose Liebe, die euch auch dann noch umgibt, wenn ihr den falschen Weg schon beschritten habt. Er wird nicht aufhören, um eure Liebe zu kämpfen. Kehrt um, kehrt endlich um! Das ist Mein Wunsch als Himmlische Mutter im neuen Jahr an euch, Meine geliebten und wahren Priestersöhne. Ihr werdet geliebt und seid auserwählt. Bedenkt das jetzt im neuen Jahr.

Und so segne Ich euch, eure Himmlische Mutter, mit allen Engeln und Heiligen in der Dreieinigkeit, im Namen des Vaters und des Sohnes und des Heiligen Geistes. Amen. Seid bereit für die grenzenlose Liebe in der Dreieinigkeit. Amen.

2. Januar 2016 – Herz-Mariä-Sühnesamstag und Zönakel. Die Gottesmutter spricht nach der Heiligen Tridentinischen Opfermesse nach Pius V. in der Hauskirche in Göttingen durch Ihr Werkzeug und Tochter Anne.

Anne: Im Namen des Vaters und des Sohnes und des Heiligen Geistes. Amen. Heute haben wir das Zönakel gefeiert. Der Marienaltar war deshalb in goldenes Licht getaucht so wie auch der Opferaltar. Die Gottesmutter war heute als Rosenkönigin anwesend. Sie hat Rosen der Gnade gestreut. Ich habe die Rosen gesehen.

Die Rosenkönigin von Heroldsbach wird heute sprechen: Ich, eure liebste Mutter, die Rosenkönigin von Heroldsbach, spreche heute, an diesem Tag des Zönakels zu euch durch Mein williges, gehorsames und demütiges Werkzeug und Tochter Anne, die ganz im Willen des Himmlischen Vaters liegt und heute Worte wiederholt, die aus Mir, der Rosenkönigin von Heroldsbach, kommen.

Meine geliebten Kinder, Meine geliebten Marienkinder, Meine geliebte kleine Schar und Gefolgschaft, Meine geliebten Pilger von nah und fern, Ich liebe euch alle und möchte euch heute an Meinem Fest des Zönakels, indem ihr mit Mir in den Pfingstsaal eingetreten seid, besondere Informationen erteilen.

Meine geliebten Kinder, seid wachsam, der Böse geht um. Doch ihr habt einen besonderen Schutz. Heute möchte Ich euch mitteilen, dass der Kampf Satans zwischen Mir und ihm in ganz gravierender Weise begonnen hat. Ihr wisst, dass ihr euch keine Sorgen um euren Schutz machen braucht aber der Böse möchte euch überall verfolgen. Er möchte euch falsche Informationen geben, doch der Himmlische Vater wird euch nie allein lassen, wenn ihr im Kampf steht und der Böse euch verfolgen will. Der Himmlische Vater ist der Herrscher des ganzen Universums. Er weiß alles im Voraus, und Er kann in Seinem Plan handeln. Die Menschen kennen Seinen Plan nicht. Sie können auch Seinen Plan nicht vermuten, denn er macht alles nach Seinem Wunsch und Willen. Und das kann niemand ergründen.

Meine geliebte kleine Schar, habt keine Angst vor diesem Kampf. Er wird zwar gewaltig stattfinden aber ihr habt in jedem Augenblick den besonderen Schutz. Alles wird euch der Himmlische Vater mitteilen, und eure Himmlische Mutter wird euch in diesem Kampf beistehen. Meine Marienkinder lasse Ich nie allein. Ich, als Mutter der Schmerzen, leide besonders in diesem Kampf, weil Ich viele nicht beschützen kann, die sich dem

Willen des Himmlischen Vaters nicht unterordnen wollen. Sie bekommen besondere Erleuchtungen aber bisher ist Mir kein Priester gefolgt und hat sich Meinem Unbefleckten Herzen geweiht. Das ist erforderlich. Ihr werdet weiterhin sühnen, beten und opfern, dass noch einige Priester sich den Wünschen und dem Willen des Himmlischen Vaters zur Verfügung stellen.

Ich liebe euch alle, besonders an diesem Tag, dem heutigen Fest des Zönakels. Es segnet euch nun in dreifacher Stärke der Dreifaltige Gott, der Vater, der Sohn und der Heilige Geist. Amen.

Ihr seid geliebt, geschützt, und in Treue werdet ihr bis zum letzten Augenblick ausharren, um im besonderen Maße dem Himmlischen Vater alles das zu erfüllen, was Er von euch verlangt. Amen.

3. Januar 2016 – Fest des Allerheiligsten Namens Jesu. Der Himmlische Vater spricht nach der Heiligen Tridentinischen Opfermesse nach Pius V. in der Hauskirche in Göttingen durch Sein Werkzeug und Tochter Anne.

Anne: Im Namen des Vaters und des Sohnes und des Heiligen Geistes. Amen. Heute haben wir das Fest Jesu Namen gefeiert. Während der Heiligen Opfermesse waren der Opferaltar und auch der Marienaltar in besonderes helles Licht getaucht.

Heute spricht der Himmlische Vater: Ich, der Himmlische Vater, spreche jetzt und in diesem Augenblick durch Mein williges, gehorsames und demütiges Werkzeug und Tochter Anne, die ganz in Meinem Willen liegt und nur Worte wiederholt, die aus Mir kommen.

Meine geliebten Vaterkinder, Meine geliebte kleine Schar, Meine geliebte Gefolgschaft und Pilger von nah und fern, Ich habe euch mitzuteilen, dass heute der Name Meines Sohnes Jesus Christus gefeiert wurde. Niemand darf diesen Namen tragen, nur Mein Sohn Jesus Christus. An den sollt ihr glauben, den sollt ihr verehren, achten und anbeten, der alles für euch getan hat.

Erfüllen das heute noch viele Gläubige und Priester? Nein! Für jeden einzelnen würde Mein Sohn heute noch Sein Leben erneut opfern. Und doch verehrt man Ihn nicht. Jeder sollte vor Ihm niederknien und Ihn anbeten, weil es etwas ganz besonderes ist, dass Er in der Heiligen Eucharistie zu euch allen kommen möchte. Er wünscht, dass eure Herzenstüren geöffnet werden für Sein Kommen. Er möchte euch beschenken mit Seinen Gaben, und doch findet Er viele Herzenstüren verschlossen. Sie geben Ihm ein klares Nein, weil sie die Welt lieben und weil die Welt so viele Möglichkeiten bietet, sich abzulenken. Viele finden nicht mehr zum Gebet und zur Stille. In der Stille, Meine geliebten Vaterkinder, kommt Mein Sohn Jesus Christus in euer Herz hinein und beschenkt euch mit Seinen vielen Gnadengaben. Ihr würdet Ihn sprechen hören, wenn ihr stille werdet.

Diese Abwechslung, die ihr jetzt habt, Meine geliebten Kinder, fordert natürlich auch viel von euch. Doch es ist Mein Wunsch, dass ihr recht bald diese Wohnung verlasst. Ja, es ist Mein Wunsch. Leider werdet ihr verfolgt in diesem Haus, in dem ihr euer zu Hause gefunden habt und euch wohl fühlt. Aber es wird anders aussehen als ihr es euch vorstellen könnt. Euer Erlöser und Heiland wird alles vorbereiten, denn ihr benötigt Ihn für all eure Wünsche und für all eure Überlegungen, denn nichts ist aus euch, sondern alles ist aus Ihm. Seinem Wunsch und Willen werdet ihr nachgehen können, wenn ihr tief vertraut. Alles das, was ihr euch vorstellt, kann sich oft nicht erfüllen, weil ihr menschlich denkt. Aber der Himmel denkt anders und lenkt euch in andere Bahnen. Seid bereit, auf Ihn und auf Seine Informationen zu hören. Alles ist nun wichtig für euch.

Ja, Meine Geliebten, 21 Jahre habt ihr in dieser Wohnung verbracht. Ihr habt euch wohlgefühlt, habt miteinander gebetet, geweint und gelacht. Und nun soll alles einen anderen Anfang finden. Das könnt ihr euch nicht vorstellen. Aber wie ihr wisst, füge Ich, der Himmlische Vater in Meiner Vorsehung, alles anders. Meine Fügung ist das Wichtigste und Größte. Alles wird nach himmlischem Maß bemessen.

Jeder Anfang wird schwer sein. Aber wenn ihr alles in Meinem Willen erledigt, so werdet ihr mit Freuden überhäuft, denn Wunder über Wunder werden durch euch und in euch und mit euch geschehen, Wunder, die ihr nicht fassen könnt. Doch im Augenblick steht ihr im größten Kampf und wisst manchmal nicht, wie es weitergehen soll. Ja, der Kampf findet in eurem Haus statt.

Da kämpft eure liebste Mutter gegen Satan. Ihr aber seid in jedem Augenblick geschützt. Deswegen habt Mut und Vertrauen! Alles wird gut werden und alles werdet ihr nach himmlischem Maßstab erreichen. Es geht nicht nach euren Wünschen und eurem Willen.

Gebt acht auf die Kleinigkeiten, die Ich wünsche. Bleibt in der Ruhe und in der Gelassenheit und vor allen Dingen bleibt im Frieden. Da vieles auf euch zukommt, kann es zu Meinungsverschiedenheiten kommen. Das darf sein, Meine Geliebten, denn nicht jeder hat die gleiche Meinung aber ihr müsst miteinander Kompromisse schließen können. Das bedeutet Leben.

Ich liebe euch und segne euch nun in der Dreieinigkeit mit allen Engeln und Heiligen, im Namen des Vaters und des Sohnes und des Heiligen Geistes. Amen.

Liebt einander wie Ich euch geliebt habe, denn die Liebe ist das Größte. Amen.

6. Januar 2016 – Epiphanie, Dreikönigsfest. Der Himmlische Vater spricht nach der Heiligen Tridentinischen Opfermesse nach Pius V. in der Hauskirche in Göttingen durch Sein Werkzeug und Tochter Anne.

Anne: Im Namen des Vaters und des Sohnes und des Heiligen Geistes. Amen. Wir haben heute das Heilige Messopfer am Dreikönigsfest gefeiert. Der gesamte Altarraum war in gleißendes goldenes und silbernes Licht getaucht. Alles funkelte, besonders der Marienaltar und der Opferaltar.

Der Himmlische Vater wird heute sprechen: Ich, der Himmlische Vater, spreche jetzt und in diesem Augenblick durch Mein williges, gehorsames und demütiges Werkzeug und Tochter Anne, die ganz in Meinem Willen liegt und nur Worte wiederholt, die aus Mir kommen.

Meine geliebten Vaterkinder, Meine geliebte kleine Schar, Meine geliebte Gefolgschaft und Pilger von nah und fern, Ich liebe euch alle, denn ihr seid die Bevorzugten. Ihr seid Erben des Himmelreiches. Heute hat Mein Priestersohn die Dreikönigsfeier vollzogen und ihr habt all eure Kerzen und vor allen Dingen euer Dreikönigswasser gesegnet bekommen. Nehmt dieses in Anspruch gegen die bösen Mächte, denn es ist kraftvoll gesegnet. Geht sparsam damit um. Schon zwei, drei Tropfen reichen aus, um den Bösen in die Flucht zu schlagen.

Und nun, Meine geliebten Kinder und Vaterkinder, möchte Ich euch diese Informationen, die von Wichtigkeit sind, geben. Wie ihr wisst, seid ihr in dem Sinne bevorzugt, dass euch der Himmlische Vater in aller Deutlichkeit Weisungen erteilt, die für die ganze Welt von Wichtigkeit sind. Ihr seid die Verbreiter dieser Wahrheiten und alle, die Meine Botschaften genauestens lesen, werden erkennen, dass alles darin enthalten ist, was der glauben sollte, der sich eurer Gemeinschaft, das heißt, der Wahrheit angeschlossen hat. Nichts ist aus Meiner Kleinen. Alles habe Ich ihr gesagt, um viele Priester und Gläubige vor dem Untergang zu retten.

Meine geliebten Piusbrüder, auch ihr seid gemeint, denn ihr werdet euch spalten. Ich habe mit euch gerechnet, mit einer großen Schar Priestersöhne, die ganz allein Meinem Willen gehorchen würden. Leider lehnt ihr Meine Botschaften völlig ab. Ihr verfolgt Meine Boten, besonders Meine geliebte kleine Anne, ganz gewaltig. Ihr habt nicht erkannt, dass nicht sie es ist, die spricht, sondern Ich, der Himmlische Vater, der in genauester Weise alle Informationen der Welt verkündet. Die, die glauben, werden spüren, dass der Stern von Bethlehem ihnen vorausleuchtet. Um euch herum, Meine geliebten Kleinen, ist die Finsternis eingekehrt. Doch in eurer Gemeinschaft leuchtet das wahre Licht. Der Stern von Bethlehem geht euch voraus und leuchtet in euer Herz hinein, damit ihr genauestens erkennt, was ihr in jedem Augenblick tun sollt.

Bleibt bei der Wahrheit und befolgt alle Meine Weisungen, denn der Böse wird auch euch mit besonderer List in dieser letzten Zeit umgarnen wollen. Ganz gewaltig werde Ich eingreifen müssen in Meiner Allgewalt und in Meiner Allmacht. Bisher könnt ihr es nicht erkennen, Meine Geliebten. Ihr, Meine kleine Schar, werdet in Sicherheit gebracht, weil ihr vier in Meiner letzten Zeit ganz besonders verfolgt werdet. Ich werde euch eine neue Wohnung bereiten. Das ist erforderlich, denn in eurem Haus, wie ihr wisst, geht der Böse um. In diesem Haus, in das Ich euch hineinweise, hat der moslemische Glaube keinen Einzug gehalten, auch wenn bereits Moslems in dem Haus wohnen. Sie sind nicht organisiert, Meine Geliebten. Das ist ein gewaltiger Unterschied. In eurem Haus sind die Moslems in einer großen Organisation. Sie tragen eine besondere Kleidung und sind eines Sinnes und gehen gegen jeden Christen gewaltig vor.

Meine geliebte kleine Monika musste Ich in Sicherheit bringen. Glaubt und vertraut auf das, was Ich euch jeden Tag weiterhin ganz persönlich mitteilen werde. Nicht alle Informationen sind für Meine Gefolgschaft wichtig, sondern nur für Meine kleine Schar. Sie sind die Verfolgten, und man wird nie aufhören, ihnen etwas in den Weg zu legen. Man wird sie weiterhin bedrohen und diese Botschaften als unecht bezeichnen. Doch wenn ihr ins Internet schaut, dann werdet ihr erkennen, dass Meine Botschaften weit verbreitet sind. Sie werden immer bekannter werden, auch durch die Publikation der einzelnen Gläubigen.

Glaubt und vertraut, dass Ich allen, die Meinen Botschaften Folge leisten, besondere Weisungen gebe und sie jederzeit den vollen Schutz haben.

Ich liebe euch alle! Glaubt an das, was Ich euch mitteile und vertraut tiefer, dass Ich, der Himmlische Vater, euch in allem lenke. Tut das trotzdem, was Ich euch mitteile, wenn ihr es auch nicht versteht. Alles werdet ihr gesagt bekommen, denn nichts ist aus euch, auch nicht eure Kraft, die ihr nun aufwenden müsst für diesen Umzug. Alles werdet ihr von Mir, dem Himmlischen Vater, erhalten, was für euch von Wichtigkeit sein wird.

Und so segne Ich euch nun in der Dreieinigkeit mit allen Engeln und Heiligen, besonders mit eurer liebsten Mutter, der Rosenkönigin von Heroldsbach und der Unbefleckt Empfangenen Mutter und Königin vom Sieg, im Namen des Vaters und des Sohnes und des Heiligen Geistes. Amen.

Seid bereit und geht diesen Weg voran! Schaut nicht rückwärts, sondern vorwärts. Betet weiterhin jederzeit den Rosenkranz. Amen.

10. Januar 2016 – Fest der Heiligen Familie. Der Himmlische Vater spricht nach der Heiligen Tridentinischen Opfermesse nach Pius V. in der Hauskirche in Göttingen durch Sein Werkzeug und Tochter Anne.

Anne: Im Namen des Vaters und des Sohnes und des Heiligen Geistes. Amen. Heute haben wir das Fest der Heiligen Familie in aller Ehrfurcht gefeiert. Der Opferaltar und der Marienaltar waren wieder in goldenes gleißendes Licht getaucht sowie auch die Gottesmutter, die heute als Rosenkönigin von Heroldsbach erschienen ist. Der Heilige Erzengel Michael hat ganz besonders während der Heiligen Opfermesse alles Böse von uns ferngehalten und die liebe Gottesmutter, der Heilige Josef und der Heilige Erzengel Michael wachen bereits in Mellatz über dem Haus der Glorie.

Der Himmlische Vater wird heute sprechen: Ich, der Himmlische Vater, spreche jetzt an diesem heutigen Sonntag, dem Fest der Heiligen Familie, durch Mein williges, gehorsames und demütiges Werkzeug und Tochter Anne, die ganz in Meinem Willen liegt und nur Worte wiederholt, die aus Mir kommen.

Meine geliebten Vaterkinder, Meine geliebte kleine Schar, Meine geliebte Gefolgschaft und Pilger von nah und fern und alle, die an diese Botschaften glauben, sind die Bevorzugten und Auserwählten.

Heute habt ihr das Fest der Heiligen Familie gefeiert. Was bedeutet das für alle, die an dem wahren Katholischen Glauben festhalten? Sie haben das besondere Beispiel der Heiligen Familie an der Gottesmutter und am Heiligen Josef erfahren. In Liebe und Eintracht haben sie zueinander gestanden. Der Beschützer und das Haupt der Familie war der Heilige Josef. Er hat die Gottesmutter und auch das Jesuskind vorbildlich geschützt. Bevor sie den Sohn Gottes geboren hatte, mussten sie zur Volkszählung nach Bethlehem. Niemand nahm sie auf und öffnete seine Herzenstüren, im Gegenteil, man verachtete die Gottesmutter und wies sie von ihren Türen und gab ihr keine Unterkunft.

Auch heute tun die Priester das Gleiche. Sie weisen die Gottesmutter hinaus. Sie möchte in den Herzen der Priester neu das Licht von Bethlehem erstrahlen lassen und sie erleuchten, dass sie endlich bereit sind, die Heilige Opfermesse im wahren Tridentinischen Ritus nach Pius V. zu feiern. Aber dazu sind sie nicht bereit.

Meine Geliebten, die ihr glaubt und zu Mir steht und die Ganzhingabe tätigt, Ich rufe euch nun auf, betet täglich den Rosenkranz. Achtet genauestens auf alle Meine Weisungen. Alle Informationen gebe Ich euch, bevor Ich den großen Eingriff starte. Ich, der Himmlische Vater, der Allwissende, der Allgewaltige und Allmächtige Gott in der Dreieinigkeit werde allen Menschen beistehen, die glauben. Alle, die nicht bereit sind, an Meine Botschaften zu glauben, werden in die ewige Verdammnis gestürzt werden. Ich möchte sie vor diesem Absturz bewahren. Darum gebe Ich ihnen immer noch Informationen und besondere Weisungen, auch besondere Erleuchtungen. Ich gehe nochmal in die Herzen der Priestersöhne hinein, um sie zu bewahren vor der ewigen Verdammnis wo Heulen und Zähneknirschen für immer sein wird.

Meine geliebten Priestersöhne, wacht auf, wacht auf und kehrt um! Noch ist es Zeit, denn wie ihr wisst, wollen die Islamisten diesen Glauben zerstören. Wenn ihr in der Modernistik bleibt, so seid ihr nicht geschützt, im Gegenteil, Mein Sohn Jesus Christus ist aus allen modernistischen Tabernakeln hinausgegangen. Er ist nicht mehr dort und alle, die die Heilige Kommunion empfangen wollen, bekommen ein Stückchen Brot und einen Schluck Wein, nichts anderes. Die Priester sind nicht mehr in der Lage, Meinen Sohn Jesus Christus in der Heiligen Wandlung verwandeln zu können. Sie liegen im Irrglauben und in der Verwirrnis. Ja, Meine Geliebten, sie werden zum Beginn der Neuen Kirche den Verstand verlieren. Und das ist bitter für Mich, den Himmlischen Vater, weil Ich Meine auserwählten Priestersöhne sehr liebe. Ich habe sie nicht nur auserwählt, sondern sie haben einen hohen Stand bei Mir.

Wie sehr liebe Ich sie und wie groß ist Meine Sehnsucht geworden nach jedem einzelnen Priestersohn, besonders nach Meinen Piusbrüdern, die größtenteils abgefallen sind, denn sie wollen sich dem Modernismus gleichschalten.

Schaut auf den vergangenen Distriktoberen, er ist sogar bereit, mit diesem falschen Propheten Franziskus zu verhandeln. Wie sehr liebe Ich ihn und wie gerne möchte Ich ihn retten. Noch ist er nicht bereit dazu. Er verachtet und verfolgt Meine Botin Anne weiterhin in gravierender Weise.

Genauso, Meine Geliebten, ergeht es euch in Wigratzbad. Auch dieser Leiter verfolgt weiterhin Meine Botin und ganz besonders Meine kleine Schar. Ängstigt euch nicht, denn Ich regle dort alles. Es wird nicht so werden wie ihr es euch vorstellen könnt. Alles wird dort ein Ende haben, bevor sie Wigratzbad weiterhin zerstören wollen. Die Freimaurer sind dort eingekehrt und bestimmen das, was ihnen gefällt. Nach ihrem Maß handeln sie. Doch Ich werde die Freimaurer verstoßen und sie werden dort keinen Zugriff mehr haben. Diesen Leiter werde Ich wegfegen, denn er ist Meiner nicht wert.

Meine geliebte kleine Schar, ihr werdet euch ab heute teilen. Zwei Meiner geliebten kleinen Schar fahren nun nach Mellatz, um das dortige zu regeln und zwei Meiner geliebten kleinen Schar bleiben hier in Göttingen, um vor Ort den bevorstehenden Umzug zu regeln. Der Umzug wird am 1. Februar sein. Es wird alles sehr schnell organisiert werden von Mir, dem Himmlischen Vater, da es eilt wegen der Moslems in eurem Haus. Ich werde auch für die Nachmieter sorgen, Meine geliebten Kleinen. Es wird nicht so sein, dass sich kein Nachmieter bis zum 31. März finden lässt. Ich habe alles im Vorhinein geregelt, und Ich werde euch weiterhin alles mitteilen, was für euch dringend erforderlich ist. Habt keine Angst vor dem bevorstehenden Umzug. Wie alles bisher geregelt wurde, so wird es weiterhin sein.

Und nun wünsche Ich euch, Meine zwei, die ihr nun die Fahrt nach Mellatz antretet, eine gesegnete Fahrt mit allen Engeln und mit allen Heiligen. Es wird ein gutes Durchkommen sein und ihr werdet euch miteinander gut verstehen. Denkt daran, jede kleinste Kleinigkeit werde Ich euch mitteilen. Ihr sollt eines Sinnes sein und einer Erleuchtung. Denn jede Unstimmigkeit fordert den Bösen auf, euch zu stören. Das ist nicht Mein Wunsch. Ich liebe euch grenzenlos und segne euch nun in der Dreieinigkeit, mit allen

Engeln und Heiligen, besonders mit eurer liebsten Mutter, im Namen des Vaters, des Sohnes und des Heiligen Geistes. Amen.

Anne: Gelobt sei Jesus, Maria und Josef in Ewigkeit. Amen.

12. Januar 2016 – Die Gottesmutter spricht in der Sühnenacht um ca. 23.00 Uhr nach der Heiligen Tridentinischen Opfermesse nach Pius V. in der Hauskirche in Göttingen durch Ihr Werkzeug und Tochter Anne.

Anne: Im Namen des Vaters und des Sohnes und des Heiligen Geistes. Amen. Heute habt ihr die Sühnenacht mit der Heiligen Opfermesse begonnen. Der Opfer- und auch der Marienaltar waren wieder in goldenes Licht getaucht. Die Engel waren anwesend und verbeugten sich während der Heiligen Wandlung vor dem Allerheiligsten. Die drei Erzengel waren ebenfalls anwesend.

Die Gottesmutter war in goldenes Licht getaucht. Sie war mir erschienen als Rosenkönigin von Heroldsbach mit der Krone, im blauen Mantel und in einem weißen Gewand. Sie hatte einen weißen Rosenkranz in den Händen. Die Blumen, die die Gottesmutter zu diesem Tag geschenkt bekommen hatte, waren wieder mit Perlen und Diamanten versehen. Sie glitzerten im silbernen und goldenen Licht. Das Vatersymbol war in ein besonders glänzendes goldenes und rotes Licht getaucht.

Heute wird die Gottesmutter als Rosenkönigin von Heroldsbach zu uns sprechen: Ich, eure liebste Mutter und Rosenkönigin von Heroldsbach, spreche in dieser Nacht nach der Heiligen Opfermesse in der Hauskirche zu euch, Meine geliebte kleine Schar, Meine geliebten Pilger von nah und fern und besonders auch Meine Gefolgschaft. Ich danke euch, dass ihr mit viel Gebet diese Sühnenacht begonnen habt. Ihr seid tapfer und harrt weiterhin aus an diesem Meinem Wallfahrtsort. Er wird von Mir geheiligt, Meine geliebte Gefolgschaft. Wenn ihr morgen in die Mulde geht und dort eine Heilige Opfermesse mitfeiern dürft nach der DVD, so seid dankbar, denn viele Menschen erkennen nicht, dass dieses Heilige Opfermahl nach Pius V. in der vollen Wahrheit liegt und diese Gnadenströme weit über diesen Ort hinaus fließen werden. Viele Menschen glauben nicht, dass Ich, die Himmlische Mutter, die Aller-Gnaden Vermittlerin bin. Ich kann diese Gnaden immer wieder vielen Menschen zukommen lassen durch euer ständiges Gebet, ganz besonders durch die Sühnenacht, denn ihr harrt aus und nehmt die vielen Opfer in jedem Monat auf euch. Reichlich geschmückt wird morgen die Mulde wieder sein. Auch dafür danke Ich den Mitarbeitern. Eure liebste Mutter wird es euch reichlich vergelten.

Meine geliebte kleine Schar, auf euch kommt nun viel zu. Eure liebste Mutter weiß es. Ich werde alles in Meinem Herzen bewahren. Ich weiß, wie es euch ergeht. Doch schaut auf Mein liebendes Herz. Schaut auf Meine betenden Hände. Immer bin Ich bei euch, und immer will Ich jeden Augenblick für euch da sein. Ich, als Himmlische Mutter, lasse euch in diesen Wochen des Umzuges ganz sicher nicht allein. Sehr viel kommt auf euch zu. Du, Meine Kleine, hast in den letzten zwei Tagen alles vorbildlich gemeistert hinsichtlich der zwei Wohnungen, die du vermitteln musstest. Alle Vorbereitungen für den Umzug hast du erledigt. Ich danke dir von ganzem Herzen, auch Meinem Priestersohn für die Begleitung an diesen drei Tagen.

Ich wünsche, dass ihr zwei, der geliebten kleinen Schar, noch in Mellatz bleibt, auch wenn es euch schwer fällt. Der Wunsch des Himmlischen Vaters muss so erfüllt werden, wie es in Seinem Plan steht. Bedenkt dies bitte. Es ist eine Zeit der Prüfung und eine Zeit der Geduld für euch alle. Doch die Liebe eint euch. Vergesst das bitte nicht. Die Liebe ist das Größte. Sie macht euch vollkommen. Ihr bleibt in dieser Vollkommenheit, auch wenn ihr es nicht spürt. Natürlich seid ihr nicht so vollkommen wie Ich, eure Himmlische Mutter, die ohne Erbsünde empfangen wurde. Weiht euch ständig Meinem Unbefleckten Herzen, dann kann euch nichts geschehen. Ihr werdet spüren, dass über euch die Gelassenheit kommen wird. Ihr werdet alles vorbildlich meistern bis zum Tag des Umzuges. Bei allem, was auf euch zukommt, und das wird nicht wenig sein, bin Ich, als Himmlische Mutter, bei euch. Alle Termine werden so gelenkt, dass der Himmel alles in Ordnung bringt, auch wenn ihr manches nicht bedenkt. Diese Vollkommenheit habt ihr nicht, denn ihr seid fehlbar und diese Fehler wird der Himmlische Vater ausmerzen. Er wird alles in vorbildlicher Weise wieder ordnen, was ihr in Unordnung gebracht habt.

Seid nicht traurig, dass so vieles auf euch zukommen muss, dass ihr oft nicht wisst, wie es weitergehen soll. Aber dann ruft den Himmlischen Vater an. Er wird euch neue Kraft, nämlich Göttliche Kraft, schenken. Ihr werdet nicht erliegen, auch wenn es euch oft so erscheint. Die Göttliche Kraft, Meine geliebten Kinder, sieht anders aus. Wenn die Ohnmacht euch ergreift, dann setzt die Himmlische Kraft ein. So wird es in den ganzen Wochen bis zum 8. Februar sein. Ihr werdet wenig Ruhe bekommen und doch wird es ausreichen, weil immer die Göttliche Kraft wieder eintritt. Leider muss Ich euch, Meine geliebte kleine Schar, diesen Umzug zumuten. Es ist für euch nicht einfach. Alles wird nicht so leicht zu erledigen sein. Doch ihr werdet spüren, dass eure liebste Mutter bei euch ist. Wie kann eine Himmlische Mutter, die ihre Kinder liebt, nicht bei ihnen sein? Sie sieht doch alles. Sie schaut in eure Herzen und weiß, wie es euch ergeht.

Ich liebe euch jeden Tag mehr, Meine Kinder, weil ihr die Wünsche des Himmlischen Vaters erfüllt und bereit seid, dem Himmlischen Vater Freude zu bereiten. Bisher hat Er sich euer erfreuen können. Legt eure Lasten auf Seine Schultern, wenn sie euch zu schwer werden. Mein Sohn Jesus Christus wird sie mittragen. Er schaut in eure Augen voller Liebe.

Und nun wünsche Ich, dass ihr noch ein wenig Schlaf findet, damit ihr morgen den Tag übersteht, weil vieles auf euch zukommen wird. Doch Ich bin bei euch. Vergesst das bitte keine Minute.

Und nun segnet euch in der Dreieinigkeit eure liebste Mutter in dieser Sühnenacht mit allen Engeln und Heiligen, ganz besonders auch mit Meinem geliebten Bräutigam, dem Heiligen Josef, im Namen des Vaters und des Sohnes und des Heiligen Geistes. Amen.

Seid bereit, die Wünsche des Himmlischen Vaters genauestens zu erfüllen, denn Er wartet auf euren Trost. Amen.

13. Januar 2016 – Die Gottesmutter spricht am Fatima- und Rosa-Mystika-Tag nach der Heiligen Tridentinischen Opfermesse nach Pius V. in der Hauskirche in Göttingen durch Ihr Werkzeug und Tochter Anne.

Anne: Im Namen des Vaters und des Sohnes und des Heiligen Geistes. Amen. Heute haben wir wieder die Heilige Opfermesse in aller Ehrfurcht gefeiert. Der Marienaltar war ganz besonders in gleißendes helles Licht getaucht sowie auch das Jesuskind in der Krippe, denn wir haben immer noch die Weihnachtszeit, obwohl sie in der Modernistik am 6. Januar bereits beendet ist.

Die Gottesmutter spricht heute als Rosenkönigin zu euch: Meine geliebten Kinder, Ich spreche durch Mein williges, gehorsames und demütiges Werkzeug und Tochter Anne, die ganz im Willen des Himmlischen Vaters liegt und heute Worte wiederholt, die aus Mir, eurer liebsten Mutter, kommen.

Meine geliebte Gefolgschaft, Ich danke euch, dass ihr wieder so viel Mühe auf euch genommen habt, in die Mulde zu gehen und Mir diese Freude zu bereiten. Diese Heilige Opfermesse dort hat euch viele Gnaden und viel Segen gebracht, auch für eure Familien, ganz besonders aber für die Priester. Ich möchte euch danken für die Sühnenacht in Heroldsbach, denn diese war für euch sehr anstrengend. Ihr habt dadurch viele Priester vor der ewigen Verdammnis retten können. Seid immer dankbar, auch für euer Leid, das viele nun auf sich nehmen müssen, weil Ich, die Himmlische Mutter, die größten Schmerzen in dieser Zeit der Drangsal erlebe. So werdet auch ihr, Meine geliebten Marienkinder, diese Zeit der Drangsal erleben müssen. Ich kann euch dieses Kreuz nicht ersparen. Bitte nehmt es willig und mutig auf euch und bleibt in der Gelassenheit.

Zu euch, Meine geliebte kleine Schar, besonders Meine geliebte kleine Anne und ihrem Seelenführer Pfarrer Lodzig, möchte Ich sagen, dass ihr die größten Mühen in den letzten vier Tagen auf euch genommen habt. Keine Anstrengung habt ihr gescheut. Ununterbrochen wart ihr tätig aufgrund des Umzugs. Ihr musstet viele Treppen rauf- und runtersteigen. Du, Meine Kleine, hast sehr darunter gelitten. Manchmal musstet ihr viermal am Tag die 44 Stufen steigen. Du hast es an deinem Herzfehler gespürt, Meine Kleine. Ich danke dir, dass du trotzdem auf die Kraft des Himmlischen Vaters gebaut und nicht aufgegeben hast.

Viele Bewerber waren für die Wohnungen vorgesehen, und du hast dies in vorbildlicher Weise getätigt. Ich danke dir, geliebte kleine Anne. Dein Seelenführer hat dich auf allen diesen Wegen begleitet und wird es auch weiterhin tun. Nun habe Ich noch eine Bitte, Meine geliebte Kleine, heute Morgen hast du das Gespräch mit deinem Vermieter geführt. Es ist nicht nach deinem Wunsch ausgefallen. Doch Ich war anwesend, Meine geliebte Kleine. Der Böse hat aus ihm gesprochen. Satan ist in ihn eingekehrt. Ja, so ist es wirklich, Meine geliebte Kleine. Satan war in ihm und hat aus ihm gesprochen. Aber Ich, eure liebste Mutter, wünsche nun, dass ihr von dieser Markise erst einmal keinen Abstand nehmt, sondern sie abbauen sollt. Ihr könnt sie abbauen lassen von dieser Firma, die sie angebracht hat. Dir habe Ich heute Morgen die Möglichkeit gegeben, mit dem Chef der Firma zu sprechen. Und nun bitte Ich dich, dass ihr diese Markise nicht einfach dort belasst, sondern dass ihr sie mitnehmt. Ihr könnt sie an dieser Wohnung anbauen lassen. Das habt ihr nicht bedacht. Doch der Himmlische

Vater und eure liebste Rosenkönigin von Heroldsbach hat dies gewusst. Wenn es aber nicht anders möglich ist, so nehmt einen Preis als Abstand, denn ihr habt das Finanzielle ganz allein getragen. Der Vermieter war nicht bereit, mit sich reden zu lassen. Er hat dich, Meine Kleine, sehr aggressiv angeschrien.

Noch dazu möchte Ich zu Meiner Monika sagen, sie kann ihren Kühlschrank, den sie hat einbauen lassen und der sehr kostbar ist, auch ausbauen lassen und mitnehmen in die neue Wohnung. Es ist möglich, den dort einbauen zu lassen. Zudem kann sie für diesen Stuhl einen Abstand verlangen. Auch das hat Meine kleine Anne bereits gesagt. Ihr sollt nichts verschenken, dem, der mit euch in so gravierender und bösartiger Weise rumgespielt hat.

Ich, eure liebste Mutter, wollte ihm entgegenkommen. Du, Meine Kleine hast vorbildlich reagiert. Das, was du gesagt hast, war in Ordnung, denn der Himmlische Vater hat dir diese Worte eingegeben. Man kann mit einem Teufel nicht liebevoll umgehen, und man darf nicht Süßholz raspeln, sondern man muss sich bewusst machen, dass man mit dem Bösen nicht verhandeln kann. Du, Meine Kleine, hast den Raum verlassen, als du spürtest, der Böse war in ihm. Genau das, habe Ich von dir verlangt. Ich danke dir, dass du richtig reagiert hast.

Und nun, Meine geliebte Gefolgschaft, danke Ich euch für all eure Mühe, für all euer Gebet, für all eure Arbeit, die ihr hinsichtlich der Mulde in jedem Monat tätigt. Es werden nun mehr werden, die dort die Reise antreten und auch diesen 13. in der Mulde mitfeiern möchten. Die Gefolgschaft wird sich recht bald verdoppeln. Wie ihr im Internet gesehen habt, hat sich auch die Zahl, die angeklickt haben, seit dem 10. Januar verdoppelt.

Ich danke euch nochmals für all eure Mühen. Eure liebste Mutter ist bei euch und regelt alles mit dem Himmlischen Vater. Niemals werdet ihr in den nächsten Tagen allein sein. Auch dann ist noch vieles zu erledigen, Meine geliebte Kleine. Du wirst diese Kraft nur vom Himmlischen Vater bekommen, denn ansonsten könntest du es nicht ertragen, von morgens bis abends mit deiner schweren Krankheit auf den Beinen zu sein.

Ich liebe dich von ganzem Herzen und segne dich ganz besonders mit deinem geliebten Seelenführer Pfarrer Lodzig mit Göttlicher Kraft. Er wird all die Wege mit dir gehen und dich begleiten. Meine zwei der geliebten kleinen Schar sind in Mellatz und erledigen dort das Übrige.

Und nun segne Ich euch in dreifacher Stärke in Göttlicher Liebe, in der Dreieinigkeit, im Namen des Vaters und des Sohnes und des Heiligen Geistes. Amen.

Bleibt Meine willigen, geliebten Marienkinder und nehmt euer Kreuz auf euch, so wie es der Himmlische Vater von euch verlangt. Amen.

17. Januar 2016 – Zweiter Sonntag nach Erscheinung. Der Himmlische Vater spricht nach der Heiligen Tridentinischen Opfermesse nach Pius V. in der Hauskirche in Göttingen durch Sein Werkzeug und Tochter Anne.

Anne: Im Namen des Vaters und des Sohnes und des Heiligen Geistes. Amen. Heute haben wir das Heilige Messopfer in aller Ehrfurcht gefeiert. Der Opferaltar und auch der Marienaltar waren wieder in gleißendes, goldenes Licht getaucht. Die Gottesmutter ist als Fatima-Madonna, Rosa-Mystika und als Rosenkönigin von Heroldsbach erschienen. Das Jesuskind in der Krippe segnete uns während der Heiligen Opfermesse. Auch das Vatersymbol über dem Altar war ebenfalls hell erleuchtet.

Der Himmlische Vater wird nun sprechen: Ich, der Himmlische Vater, spreche jetzt und in diesem Augenblick durch Mein williges, gehorsames und demütiges Werkzeug und Tochter Anne, die ganz in Meinem Willen liegt und nur Worte wiederholt, die heute aus Mir, dem Himmlischen Vater, kommen.

Meine geliebte kleine Schar, Meine geliebte Gefolgschaft, Meine geliebten Pilger von nah und fern und auch Meine geliebten Gläubigen, die an Meine Botschaften fest glauben, noch ist die Weihnachtszeit für euch nicht beendet. In der Modernistik ist seid langem der Christbaum und auch die Weihnachtsbeleuchtung nicht mehr vorhanden.

Ihr, Meine Geliebten, folgt Meinem Beispiel und Meinem Plan. Euer Haus ist weiterhin an allen Fenstern erleuchtet, weil in eure Herzen dieses Licht hineinstrahlen soll, was Ich euch sende. Schon seit langem, Meine geliebte Kleine, wurde dieses Licht in euren Herzen heller und heller. Ihr glaubt und vertraut, und ihr sühnt für diese Priester, die Mir nicht folgen und nicht das Heilige Opfermahl Meines Sohnes Jesus Christus im Tridentinischen Ritus nach Pius V. feiern wollen. Sie leben in der Modernistik und lehnen weiterhin dieses Heilige Opfermahl nach Meinem Wunsch und Plan, so wie es Mein Sohn Jesus Christus für alle Priestersöhne eingesetzt hat, ab.

Geliebte kleine Schar, nun seid ihr wieder vereint. Zwei waren in Mellatz und zwei in Göttingen. Es war eine schwere Woche für euch alle, doch ihr habt alles in jeder Hinsicht vorbildlich erfüllt. In jeder Hinsicht, sage Ich, Meine geliebten Kleinen, denn nur durch Meine Göttliche Kraft konntet ihr durchhalten, anders wäre es nicht möglich gewesen, denn viele Aufgaben warteten auf euch und haben eure Kräfte bis zum Rande gefordert. Doch ihr habt durchgehalten, und dafür möchte Ich euch ganz herzlich danken.

Ich liebe euch und möchte dies betonen, weil ihr aus Liebe zu Mir, dem Himmlischen Vater, alles erfüllen wollt. Oft stelle Ich viele Anforderungen an euch. Bisher habt ihr Mir nicht ein einziges Nein entgegengesetzt.

Wie sieht es da bei den Priestersöhnen aus, bei Meinen geliebten Auserwählten? Sie folgen Mir nicht und erweisen Mir weiterhin keinen Gehorsam. Immer wieder möchte Ich sagen, dass es bitter für Mich, den Himmlischen Vater in der Dreieinigkeit, ist, doch ihr sühnt weiterhin und dafür danke Ich euch. Ihr bringt sehr viele Opfer. Nie werdet ihr müde, Mir, dem Himmlischen Vater, alles nach Meinem Plan erfüllen zu wollen. Manches geht schief, Meine Geliebten, denn ihr seid nicht vollkommen. Aber glaubt daran, dass euer Himmlischer Vater alles in Ordnung bringen wird, was euch nicht gelungen ist. Ihr habt den festen Willen, Mir, dem Himmlischen Vater, den Gehorsam zu erweisen. Manchmal sieht etwas anders aus als ihr es euch vorstellen könnt, weil ihr weder die Vorausschau habt, noch die Vergangenheit kennt. Aber Ich, der Himmlische Vater, ordne alles in der Gegenwart, Zukunft und Vergangenheit.

Und nun, Meine geliebten Kleinen, möchte Ich Mich, der Himmlische Vater, für heute verabschieden und euch nochmals Dank sagen für all eure Liebe, die ihr Mir täglich entgegenbringt. Ich stütze euch in jeder Angelegenheit. Glaubt fester und vertraut, dass euer Himmlischer Vater immer in euren Herzen wohnt, auch dann, wenn ihr es nicht spürt und eine Aufgabe die Andere ablöst. Trotzdem bin Ich euch ganz nahe, denn Ich liebe euch unermesslich.

Und so segnet euch nun euer Himmlischer Vater mit eurer liebsten Mutter, der Rosenkönigin von Heroldsbach, der Unbefleckt Empfangenen Mutter und Königin vom Sieg, mit allen Engeln und Heiligen und dem kleinen Jesuskind, der Dreifaltige Gott, der Vater, der Sohn und der Heilige Geist. Amen. Seid in jeder Lage gesegnet und geschützt. Amen.

24. Januar 2016 – Septuagesima. Der Himmlische Vater spricht nach der Heiligen Tridentinischen Opfermesse nach Pius V. in der Hauskirche in Göttingen durch Sein Werkzeug und Tochter Anne.

Anne: Im Namen des Vaters und des Sohnes und des Heiligen Geistes. Amen. Während der Heiligen Opfermesse war auch wieder der Marienaltar, besonders aber der Opferaltar in gleißendes goldenes Licht getaucht. Die Engel beteten das Allerheiligste während der Heiligen Opfermesse an. Das Jesuskind segnete uns. Der Heilige Erzengel Michael musste das Böse von uns fernhalten.

Zum Sonntag Septuagesima wird der Himmlische Vater sprechen: Ich, der Himmlische Vater, spreche jetzt und in diesem Augenblick durch Mein williges, gehorsames und demütiges Werkzeug und Tochter Anne, die ganz in Meinem Willen liegt und nur Worte wiederholt, die aus Mir kommen.

Geliebte kleine Schar, geliebte Gefolgschaft, geliebte Gläubige und Pilger von nah und fern, Ich, euer Himmlischer Vater, werde euch am heutigen Sonntag einige Weisungen mit auf den Weg geben.

Ja, Meine Geliebten, ihr seid auf der Rennbahn. Viele sind berufen, wenige aber auserwählt. Das ist euer Leitspruch, Meine Geliebten. Ihr seid die Auserwählten. Aber das bedeutet, dass ihr den größten Anforderungen ausgesetzt und diesen oft nicht gewachsen seid.

Von den anderen, Meine Geliebten, benötige Ich nicht diese Opfer, die Ich von euch verlange – nur von euch – und ihr seid vier und nicht mehr. Viele wurden berufen, aber leider nur Wenige auserwählt. Von Meinen Auserwählten muss Ich das Äußerste verlangen, weil Ich viele Priester retten will.

Und nun zu dieser Rennbahn. Ihr lauft auf dieser Rennbahn und oft meint ihr, nicht anzukommen. Alles geht an euch vorüber doch manchmal nicht spurlos. Es hinterlässt Spuren. Die Menschen verfolgen euch, doch ihr segnet. Die Menschen verachten euch und ihr flucht nicht. Ihr seid diejenigen, die immer mit gutem Beispiel vorangehen müssen, auch dann, wenn ihr meint, es wird euch unermesslich schwer, Meinen Willen zu befolgen, den Ich kundtun werde – immer und immer wieder. Befolgt ihn genauestens und geht keinen Schritt von Meinen Wünschen ab. Alles, was Ich von euch fordere, habe Ich wohl bedacht. Das ist euer Kreuz, und das müsst ihr tragen, Meine Geliebten.

Habe Ich nicht Meinen Sohn Jesus Christus in die Welt gesandt, dass Er die größten Opfer für euch bringt? Ist Er nicht für euch gestorben, – für eure Sünden? Hat Er nicht alles erlitten, ohne Sich zu schonen? Auch ihr, Meine Geliebten, werdet nicht geschont. Oft meint ihr, ihr seid der Ohnmacht nahe und es geht nicht weiter. Wie oft habe Ich euch bereits gesagt, dass euer Himmlischer Vater euch vor allem schützt. Ihr sollt tiefer vertrauen. Ihr glaubt nicht, dass euer Himmlischer Vater immer wieder alles richtet und eure Fehler behebt, denn ihr seid nicht vollkommen. Wie oft vergesst ihr etwas. Ihr tut Gutes für den anderen aber im Endeffekt für Mich, den Himmlischen Vater. Beweist Mir, dass ihr Mich wirklich liebt! Diesen Beweis wünsche Ich von euch.

Ihr habt vieles für Mich getan, Meine Geliebten, und dafür danke Ich euch. Ihr befindet euch weiterhin auf dieser Rennbahn, wo es keinen Einhalt gibt, sondern der Lauf geht weiter vorwärts. Denkt nicht rückwärts und blickt nicht in die Zukunft. Sie sieht anders aus als ihr es euch je denken könnt, denn euer Himmlischer Vater hat Seinen Wunsch und Plan bereits fest in Seinen Händen. Alles ist vorbereitet, doch die Menschen sind anders als ihr es euch vorstellen könnt, denn sie legen euch immer wieder Steine in den Weg. Und so wird Mein Plan und Wunsch durchbrochen und ihr könnt wieder neu beginnen, obwohl Ich es anders gewünscht habe. Da Ich aber allen Menschen den freien Willen gegeben habe, kann Ich nicht anders, Meine Geliebten. Darum müsst ihr immer wieder neu beginnen, da, wo alles bereits in der Ordnung war. Die Menschen sind in der Unordnung und begehen Fehler auf Fehler, und ihr müsst vieles ertragen lernen, obwohl ihr meint, es nicht ertragen zu können. Dann beruft euch auf eure Himmlische Mutter. Hat Sie nicht viel größeres Leid ertragen müssen als ihr? Und Ihre Marienkinder, die sich an der obersten Spitze befinden, müssen das Allerschwerste ertragen. Nur ihr vier seid mit dem größten Leid behaftet.

Die Gefolgschaft ist dafür da, dass sie euch im Gebet und auch im Opfer stützt. Aber die größten Leiden musst du ertragen, Meine geliebte Kleine. Alles, meinst du, läuft schief. Aufgrund des Umzuges seid ihr völlig überfordert. Das weiß Ich, der Himmlische Vater, und doch werdet ihr alles bestehen, aber nur mit Göttlicher Kraft. Eure Kraft ist am Ende. Auch das weiß der Himmlische Vater und akzeptiert es. Wenn ihr nun nicht ganz in der Gelassenheit bleibt, so weiß Ich, euer Wille war, gelassen zu bleiben.

Aber das gelingt euch oft nicht, weil eben zu viele Aufgaben auf euch warten und euer Verstand dies nicht alles fassen kann. Dann vertraut, dass Ich die Fehler behebe, die ihr verursacht. Habt keine Angst! Ich habe die Zukunft fest in der Hand. Ich werde jeden Tag genau planen. Ihr sollt Meine Wünsche befolgen und niemals euren Wünschen nachgehen. Eure Wünsche sind anders. Oft sind sie egoistisch und planlos. Aber Meine Ordnung steht darüber.

Ich liebe euch und bleibe bei euch alle Tage. Ich schütze euch in jeder Lage mit allen Engeln und auch mit eurer Himmlischen Mutter. Ich segne euch in der Dreieinigkeit mit dreifacher Kraft, im Namen des Vaters und des Sohnes und des Heiligen Geistes. Amen. Die Liebe ist das Größte und das Größte verlange Ich von euch. Amen.

Anne: Gelobt und gepriesen sei das Allerheiligste Altarssakrament von nun an bis in Ewigkeit. Amen.

31. März 2016 – Der Himmlische Vater spricht nach langer Zeit durch Sein williges Werkzeug und Tochter Anne, die das schlimmste Sühneleiden seit einem viertel Jahr für die ganze Welt und die Kirche zu tragen hat. Ein Ende ist noch nicht abzusehen.

Der Himmlische Vater spricht: Ich, der Himmlische Vater, spreche durch Mein williges, gehorsames und demütiges Werkzeug und Tochter Anne, die ganz in Meinem Willen liegt und nur Worte spricht, die aus Mir kommen.

1. Teil

Geliebte kleine Anne, am heutigen Morgen habe Ich beim Aufwachen zu dir gesprochen, weil du dich gestern beklagt hast, dass du zu wenig Arbeit verrichten kannst. Deine Arbeit, die du dir wünschst, kann Ich dir im Augenblick nicht schenken, denn Ich kann dir dieses Sühneleiden nicht nehmen, wie du es dir wünschst.

Die ganze Kirche ist am Boden zerstört und liegt im Morast. Willst du Mich auch noch in deinem Liebes- und Sühneleiden allein lassen? Willst du aufgeben oder willst du Mir, deinem Himmlischen Vater, alles schenken, alles aus Liebe schenken? Liebesleiden ist Sühneleiden. Es sind Opfer, die du bringst. Und Ich wünsche von eurer kleinen Schar, dass ihr Mir diese Opfer zum Trost bringt für die ganze Kirche. Alle Priester lassen

Mich nun allein. Ich selbst gehe den Kalvarienberg in Meinem Sohn Stufe für Stufe aufwärts und dieses Aufwärtsgehen sollt ihr miterleben. Es ist Meine letzte Zeit, die ihr jetzt erlebt.

Du, Meine Kleine, erleidest große Schmerzen. Doch gib nicht auf, denn du bist Mir zum Trost da mit deiner kleinen Schar. Vier seid ihr, nur vier Personen. Doch von diesen Vieren hängt es ab, die Stufen weiterhin zu erklimmen. Ihr dürft nicht aufgeben. Diese Zerstörung muss erlitten werden bis zum letzten Augenblick, weil Ich die Sühne für die ganze Welt benötige. Wollt ihr nun aufgeben und Mich allein lassen? Ich wünsche euer Leid, Ich wünsche eure Schmerzen und eure Traurigkeiten. Sie sind Mir zum Trost da. Ihr tröstet Mich, den großen, gewaltigen Dreifaltigen Gott, den Himmlischen Vater. Ich erleide das größte Leid in dir, Meiner kleinen Anne. Willst du nun immer noch aufgeben? Willst du verzweifeln oder willst du wieder neu beginnen? Ich bin zu jeder Tages- und Nachtzeit für dich sprechbereit. Laut werde Ich in deinem Herzen sprechen. Und wenn ihr Traurigkeiten erlebt, kommt zu Meiner kleinen Anne, dann werde Ich, der Himmlische Vater, sprechen, denn nicht sie spricht, sondern Ich, wie es Mein Priestersohn bereits erkannt hat.

Ihr seid am Ende. Ihr benötigt diese Göttliche Kraft. Und die schenke Ich euch, denn Ich liebe euch in jedem Augenblick unermesslich. Überall bin Ich mit Gottheit und Menschheit anwesend, nicht nur im Tabernakel in eurer Hauskirche, sondern in jedem Winkel. Ich schaue in eure Augen. Und durch dich, Meine kleine Anne, spreche Ich und bin sichtbar in deinen Augen. Der Glanz des Himmels wird in deinen Augen aufstrahlen, weil du Göttliche Worte empfängst, es sind nicht deine Worte. Nicht deine Kraft ist jetzt wirksam, sondern Meine Kraft. Du liegst ohnmächtig und voller Schmerzen in deinem Krankenzimmer und möchtest aufgeben. Du darfst zu jeder Zeit klagen, dich auch beklagen über deine Schmerzen, denn das ist menschlich. Gebe nicht auf, sondern schreite weiter voran! Ruft Mich an, ruft alle Engel an, ruft die Himmlische Mutter an, sie werden euch zur Seite stehen. Alles sind Geschenke. Die Heilige Opfermesse – ist sie nicht täglich ein Geschenk für euch? In Meinem Priestersohn verwandle Ich Mich in jeder Heiligen Opfermesse.

Und Meine anderen Priestersöhne lassen Mich nun alle allein. Sie sind halsstarrig, blind und taub geworden für Meine Worte. Darum flehe Ich euch an, lasst Mich jetzt nicht auch noch allein. Auf euch setze

Ich, auf euch vertraue Ich, denn Ich liebe euch in jedem Augenblick eurer Schmerzen und Leiden. Deine Arbeit ist nun Sühne, Meine kleine Anne. Du meinst, du wirst nicht geliebt vom Himmlischen Vater, und Ich müsste dir dieses Leiden nehmen, dann liebe Ich dich. Nein, weil Ich dich liebe, darum schenke Ich dir dieses Sühneleiden. Du brauchst es nicht zu verstehen, du brauchst nur sagen: „Ja Vater, ich liebe Dich. Ich will Dir zum Trost da sein. Ich lasse Dich nicht allein. Ich erleide es, wenn Du es willst, aber stütze mich, denn ich bin schwach. Diese Schwäche macht sich nun in mir bemerkbar, aber ich weiß, dass Deine Göttliche Kraft mich wieder aufbaut. Du hast mir nun versprochen, zu jeder Tages- und Nachtzeit Dich anrufen zu dürfen, dann wirst Du mir antworten, Du wirst zu mir sprechen, Du wirst zu der kleinen Schar sprechen und sie stärken."

Die kleine Schar soll nicht schweigen, sondern sie soll Mich anrufen, Mich bitten, Mich anflehen. Alles werde Ich ihnen beantworten. Nur schweigen sollen sie nicht. Zu jeder Tages- und Nachtzeit bin Ich sprechbereit. Alles will Ich euch sagen, doch Ich will mit euch verbunden sein. Ich will eure Leiden hören. Ich weiß um alles aber Ich will es von euch hören, was in euren Herzen vorgeht. Weil Ich euch liebe, möchte Ich alles hören. Ich möchte euch in Meine Arme schließen. Ich möchte in jedem Augenblick bei euch sein, euch fühlen, und diese Dankbarkeit möchte Ich in euren Herzen erspüren. Wenn ihr Mich wirklich liebt, so sprecht zu Mir, fleht Mich an und ruft nach Mir. Niemand von Meinen Priestersöhnen ruft Mich als Himmlischen Vater an, dass Ich ihm zur Seite stehen kann. Alle Meine Priestersöhne haben Mich allein gelassen und niemand fragt, wie es Mir geht, in dieser zerstörten Kirche, niemand. Alle liegen im Morast und niemand will Meine Heilige Opfermesse in aller Ehrfrucht feiern, sondern nur die Volksmesse, die Modernistische, und dort kann Ich nicht anwesend sein. Meine Priestersöhne kehren Mir den Rücken zu und Ich kann Mich durch sie nicht verwandeln wie Ich, der Himmlische Vater, im Sohn Gottes, sich verwandeln möchte. So ist es nicht möglich. Weil sie Mir den Rücken zukehren, meinen sie nicht Mich, sondern sich selbst. Sie genügen sich selber und warten nicht auf Mich. Ich, der Himmlische Vater, will bei ihnen sein und darf es nicht.

Seid ihr Mir wenigstens zum Trost da. Ich liebe euch. Ich möchte weiterhin bei euch sein in jedem Augenblick. Kommt zu Mir. Kommt an Mein vor Liebe brennendes Herz. Es wird Funken der Liebe entfachen. Eure

Herzen werden gefüllt sein mit dieser Göttlichen Liebe, die ausströmt. Gnadenstrahlen über Gnadenstrahlen werden dadurch in die Welt gesandt, was ihr nicht ermessen könnt, weil ihr, Meine geliebte kleine Schar, Meine Liebe annehmt und Mir zum Trost da seid und die letzten Stufen des Kalvarienberges erklimmt. Es sind die letzten Stufen: Liebesleid über Liebesleid ist erforderlich. Liebe über Liebe, Treue über Treue, Sanftmut über Sanftmut, denn Ich bin sanftmütig und demütig von Herzen und bilde euer Herz nach Meinem Herzen.

Seid bereit für diese letzte Zeit, die angebrochen ist, denn euer Himmlischer Vater macht ernst. Er greift ein aber anders, Meine Geliebten, als ihr es ermessen könnt. Alles wird anders sein als ihr es euch wünscht, denn Ich Bin der große Dreifaltige Gott und niemand, niemand kann jemals ermessen, wie Ich eingreifen werde. Nach Meinem Himmlischen Plan wird alles geschehen. Und das wird niemand erfahren. Es bleibt Mein Plan und den werde Ich in die Wirklichkeit umsetzen. Bleibt Mir treu, Meine Geliebten und seid zu jeder Zeit für Mich sprechbereit, nicht für die anderen. Ihr seid vier, die ganz für Mich nun da sind. Ich benötige niemanden anderen dazu. Ihr werdet diese Botschaften teilweise ins Internet hineingeben, damit die Menschen erfahren, wie sehr Ich, der Himmlische Vater, nun alles erleiden muss in der Seele Meiner kleinen Anne. Und das genügt für alle. Das wird sich jeden Tag ständig wiederholen und darum werden keine neuen Botschaften folgen, sondern Ich werde nun ganz allein für Meine kleine Schar da sein, Tag und Nacht sprechbereit. Immer werde Ich im Herzen der kleinen Anne laut sprechen, denn sie benötigen jetzt diese Stärke. Niemand wird sie stärken können – niemand. Kein Arzt wird dir, Meiner Kleinen, zur Seite stehen, um dir zu helfen, diese Schmerzen zu nehmen. Nur Ich, der Himmlische Vater, weiß darum. Ich weiß um alles, doch ihr sollt euch gegenseitig stärken durch Meine Worte. Ich flehe euch an: Ruft Mich an, ruft Mich zu jeder Tageszeit an und seid nicht traurig und verzweifelt, sondern geht hoffnungsfroh in diese Welt hinein!

Schmerz ist mehr als Tätigkeiten zu verrichten, Meine Kleine, die du haben willst. Wenn du alles tun würdest, was du dir wünschst am Tag und dafür Mein Liebesleiden an die Seite stellst, so hast du nichts erreicht, so hast du es für dich getan. Aber Ich wünsche von dir etwas Anderes, nämlich, dass du Mein Leid erträgst, dass du Mir zur Seite stehst, dass du dieses Leid annimmst, auch wenn es dir unerträglich erscheint. Du darfst nur nicht aufgeben! Ich, der Himmlische Vater, leide doch in dir. Ich Bin doch bei dir. Ich verlasse dich doch nicht. Nur du, bitte, verlass Mich nicht mit deiner kleinen Schar! Ich werde euch immer stärken mit himmlischen Gnaden- und Gabenstrahlen. Seid Meine kleine Schar und bleibt sie auch. Bleibt allein, denn niemand kann euch in diesem Leid beistehen, niemand als euer Himmlischer Vater in der Dreieinigkeit. Ich Bin das Wertvollste für euch. Nichts kann größer sein als Meine Liebe zu euch: grenzenlos und unfassbar, für euch aber das Größte. Wollt ihr diesen Weg nun mitgehen, die letzten Stufen hinauf?

„Ja Vater! Aber es ist sehr schwer. Bitte stärke mich, denn ich verzweifle sonst. Ich will Dir ja zum Trost da sein."

2. Teil

Seid bereit für dieses Leid! Es ist ein Liebesleid, ein Liebesleid ohne Ende – täglich, stündlich. Die Menschen sollen erfahren, dass du, Meine Kleine, das Weltenleiden erleiden musst, sie sollen aber auch erfahren, dass du nicht aufgibst und dass es im Augenblick nicht möglich ist, Worte ins Internet zu geben, da Ich durch dich, Meine kleine Anne, leide. Ich kann nicht anders, als diesen Trost von euch, Meiner kleinen Schar, zu erbitten.

Ihr, Meine Gefolgschaft, stützt Meine kleine Schar im Hintergrund. Stützt sie, das wünsche Ich von euch! Gebt nicht auf und glaubt daran, dass ihr diese Botschaften, die ihr wünscht, im Augenblick nicht bekommen könnt!

Es geht nur um dieses Leid. Ich, der Himmlische Vater, habe dieses Leid für euch alle zu ertragen, da Ich dies in der ganzen Welt mit ansehen muss. Nur ihr seid Mir zum Trost da – leider nur ihr, Meine Geliebten.

Ich wünsche von Meinen Priestersöhnen, dass sie umkehren. Sie sind weiterhin halsstarrig und stumm. Niemand von ihnen ist bereit, Mein Heiliges Opfermahl zu feiern. Nein, sie bieten Mir eine Volksmesse dar. Und darin kann Ich Mich nicht verwandeln, wenn sie Mir den Rücken zukehren. Aber ihr, Meine Kleinen, ihr erlebt diese Heilige Opfermesse täglich. Wie viel Freude bereitet ihr Mir und wie viel Segen und Gnade strömt dadurch in die ganze Welt hinein. Wie viel Gnade, wie viel Freude, wie viel Trost schenkt ihr Mir. Das, Meine geliebte kleine Anne, kannst du nicht ermessen. Trage weiterhin dein Leid.

Du darfst klagen. Ich sage es immer wieder, Ich wiederhole es auch immer wieder: Du darfst klagen. Ich weiß doch um dein Leid. Ich weiß doch um alles. Glaubst du, dein Himmlischer Vater verliert dich einen Augenblick aus den Augen? Nein, nicht einen Augenblick. Ich Bin bei dir. In diesem Liebesleiden machst du Mir die größte Freude mit deiner kleinen Schar, die es mittragen soll. Und darum gebe Ich diese Botschaft in die Welt hinein – darum. Ich kann nichts anderes sagen als täglich über dieses Leid zu sprechen. Ja, euer Himmlischer Vater benötigt auch, dass Er sprechen darf, dass Er dir täglich wieder sagt, dass Er sich dankbar erweist – Ich, der Himmlische Vater. Ich sage dir Dank für alles. Ich erleide das Sühneleiden mit und Ich gebe nicht auf, weil Ich es benötige. Ich will dir dienen durch deinen Priestersohn. Er steht dir zur Seite. Du kannst täglich dafür danken, dass er an deiner Seite ausharrt, jedoch nur durch Meine Göttliche Kraft. Ich werde ihm Worte in den Mund legen, die dich stützen, die dir beweisen, dass Ich dich liebe, damit du nicht aufgibst.

An manchen Tagen wolltest du verzweifeln. Das ist menschlich und normal. Doch in diesem Augenblick steht schon dein Himmlischer Vater an deiner Seite und bewacht dich. In deinen Augen ist der Glanz deines Himmlischen Vaters sichtbar. Er spiegelt sich darin. Wenn du diese Worte sprichst, so bin Ich in deinen Augen. Nichts kann schöner sein für dich, als Worte des Himmels zu erfahren. Sie sollen dich täglich stärken. Und diese Stärkung benötigt ihr alle. Darum spreche Ich immer wieder zu euch. Wenn es euch zu schwer erscheint am Tag, so kommt zu Meiner kleinen Anne. In diesem Augenblick werde Ich euch stärken durch sie, weil Ich durch sie spreche. Ich spreche in ihrem Herzen. Ich Bin in ihrem Herzen, und Ich lasse euch niemals allein. Traurig seid ihr geworden, traurig und still. Das sollt ihr sein, aber nicht verzweifeln. Ihr sollt täglich Meine Stärkungen erleben. Täglich kommt zur Anne. Durch Meine Anne werde Ich sprechen. Sie gibt nicht auf, weil Ich sie stärke. Nach menschlichem Ermessen würde sie alles aufgeben, doch Ich, der Himmlische Vater, bin in dem Augenblick in ihr und stärke Meine geliebte kleine Schar.

Liebesleiden ist Sühneleiden. Es ist nicht leicht zu ertragen, aber für euren Himmlischen Vater wollt ihr doch alles tun. Ich Bin doch euer Halt, euer Leben. Nichts kann euch mehr stärken als Ich. Nichts sind die Worte in der Welt als wenn euer Himmlischer Vater zu euch spricht. Was bedeutet euch mehr, die Worte und die Taten der Welt oder Worte des Himmlischen

Vaters? Nur sie können euch stärken, weil Ich stündlich und täglich bei euch sein will. Immer wieder möchte Ich hören: „Vater, ich liebe Dich! Vater, ich gebe nicht auf! Vater stärke mich! Vater, ich kann nicht mehr!“ Alles das dürft ihr sagen, nur sagt es Mir. Seid nicht stumm, nicht still und nicht zu schweigsam, sondern alles will Ich nun von euch hören.

Es geht wirklich dem Ende zu, Meine Geliebten. Ihr spürt es. Alles liegt am Boden. Die gesamte Katholische Kirche liegt am Boden. Alle Menschen erleben nur die Welt, wenn sie Mich nicht lieben. Aber durch euch bekomme Ich diesen Trost, den Ich jetzt benötige. Versteht ihr Mich richtig? Ich benötige euch. Ich wünsche, dass ihr dieses Leid als Liebesleid erlebt.

Euer Himmlischer Vater sieht die ganze Welt im Morast liegen. Was Ich sehe, Meine Geliebten, das könnt ihr nicht ermessen. Aber dann komme Ich zu euch, und Ich darf euch in die Arme nehmen, weil ihr Mich in dem Augenblick tröstet. Durch Leid und durch Schmerz tröstet ihr Mich. Könnt ihr das verstehen, dass Ich, der große Himmlische Vater in der Dreieinigkeit euren Trost benötige? Ja, so ist es. Ich wünsche euren Trost und nichts anderes wünsche Ich von euch. Dann bin Ich, der Himmlische Vater, wieder glücklich, weil Ich euch erwählt habe, weil ihr bei Mir sein wollt, weil ihr Mir immer wieder beweist, dass ihr Mich liebt. Und das ist das Größte: Liebe über Liebe, Treue über Treue, Sanftmut über Sanftmut. Ich Bin sanftmütig und demütig von Herzen. Ich bilde euer Herz nach Meinem Herzen. Und in eurem Herzen will Ich wohnen. Ich Bin nicht nur in dir, Meine geliebte Kleine, sondern in der ganzen Wohnung. Nicht nur im Tabernakel verschließe Ich Mich, nein, überall in eurer Wohnung bin Ich mit Gottheit und Menschheit anwesend. Könnt ihr das verstehen? Ich gehe euch in jedem Augenblick nach. Alles, was ihr tut, das sehe Ich. Alles, was ihr erleidet, erleide Ich. Aber dankbar ist euer Himmlischer Vater, wenn ihr sagt: „Vater, ich gebe nicht auf! Vater, dies Leid ist ein Liebesleid für Dich! Für Dich erleide ich es und Dir will ich weiterhin zum Trost da sein, und Dir möchte ich alles sagen, weil mein Herz voll ist, voll von Sühneleid aber auch voll von Deinen Himmlischen Worten.“

Meine kleine Anne hat ihr Herz gefüllt mit Leiden und Gebet. Du meinst, du betest den ganzen Tag nicht. Doch du betest. In deinem Herzen betest du doch, wenn du sagst: „Vater, hilf mir! Vater, ich kann nicht mehr! Vater wo bist Du?“ Du bist doch in jedem Augenblick für Mich da. Du dienst Mir doch in deinem Leid. Und wenn du nach Mir rufst, so weiß Ich, du glaubst an Mich und vertraust auf Meine Liebe. Du willst Mir zur Seite stehen und du siehst Mein Leid, Meine geliebte kleine Anne, – Mein Leid siehst du. Dadurch leistest du Mir Trost, wenn du Mich nicht allein lässt. Du siehst Mich in Meinem Sohn Jesus Christus den Kalvarienberg hinaufschreiten. Diesen Weg geht ihr nun, Meine geliebte kleine Schar. Immer eine Stufe voran nicht rückwärts. Schaut nicht zurück. Ihr geht aufwärts, aber nur dann, wenn Ich euch stärke.

Ihr seid mit dem Himmlischen Vater verbunden, Meine geliebte kleine Schar. In jedem Augenblick und in jedem Winkel eurer Wohnung bin Ich anwesend mit Gottheit und Menschheit. Darum ruft, schreit und werdet nicht stumm. Am gestrigen Nachmittag hat Meine Kleine zu euch gesagt: „Sprecht doch, ich muss sprechen." Ja, Meine Kleine, du musst zu Mir sprechen, und dieses Sprechen tust du jetzt. Du kannst Mich immer anrufen. Ich werde dir alle Fragen, die aufgeworfen werden von Meiner kleinen Schar, beantworten und euch zur Seite stehen. Sie sollen euch stärken. Immer will Ich euch beweisen: Ich Bin bei euch! Ich liebe euch grenzenlos, Meine geliebten Kleinen!

Kommt weiterhin zu Mir und beweist Mir, dass ihr Mich wirklich liebt. Amen.

1. Mai 2016 – Der Himmlische Vater spricht am 1. Tag des Marienmonates, dem Heiligen Josef und dem Tag der Apostelfürsten Jakobus und Philippus, am fünften Sonntag nach Ostern.

Anne: Während der Heiligen Opfermesse war der Opferaltar wieder in gleißendes goldenes und silbernes Licht getaucht. Der Marienaltar war mit Brillanten und kleinen Perlchen geschmückt, und der Mantel der Gottesmutter war in weiß und mit Brillanten und Perlen besetzt. Der Blumenschmuck war reichlich und die Engel zogen während der Heiligen Opfermesse ein und aus. Sie gruppierten sich kniend um das Allerheiligste, um den Tabernakel, wie auch die Tabernakelengel kniend anbeteten. Der Himmlische Vater über dem Altar segnete uns während der Heiligen Opfermesse und schaute uns liebevoll an.

Der Himmlische Vater wird heute sprechen: Ich, der Himmlische Vater, spreche heute, am 1. Mai, am Fest der Gottesmutter und Ihrem Bräutigam, dem Heiligen Josef, und den Apostelfürsten Jakobus und Philippus zu euch, Meine geliebten Kinder, Meine geliebte kleine Schar, Gefolgschaft und Gläubige von nah und fern, durch Mein williges, gehorsames und demütiges Werkzeug und Tochter Anne, die ganz in Meinem Willen liegt, und nur Worte wiederholt, die aus Mir kommen.

Meine geliebten Kinder, nach so langer Zeit, nach Monaten, spreche Ich wieder zu euch. Ja, Meine Geliebten, ihr habt Meine Worte nötig, denn die Zeit des Antichristen ist angebrochen. Ihr könnt es kaum fassen, wie schwer die Zeit für euch sein wird. Die Verfolgung hat seit langem begonnen, und ihr, Meine geliebte kleine Schar, auf euch hat man es abgesehen. Euch möchte man von der Wahrheit abbringen. Doch ihr glaubt und vertraut. Ich danke euch für eure Bereitschaft. In den letzten 12 Jahren, in denen ihr Mir willig gefolgt seid, Meine Worte wiederholt und auch Werke der Liebe vollbracht habt. Immer wart ihr Mir zum Trost da. Nie habt ihr gesagt: „Vater, es ist zu schwer für uns, wir gehen einen anderen Weg, nämlich den leichteren." Ihr habt diesen, Meinen schwersten Weg, gewählt und seid ihn auch tapfer gegangen. Und so werde Ich euch, Meine geliebten Kinder, heute, an diesem Tag, besonders stärken. Wie viel Liebe habt ihr Mir entgegen gebracht, indem ihr glaubt und vertraut, auch dann, wenn es euch unerklärlich ist, was Ich von euch verlange.

Dieses schwere Leiden, das Meine geliebte Tochter Katharina auf sich nimmt, ist ein Liebesleiden. Meine geliebte Tochter Anne, du weinst in der letzten Zeit bittere Tränen, doch du vertraust, und das ist das Wichtigste. Habe Ich nicht zu dir gesagt, dass Ich Wunder wirken kann? Habe Ich nicht gesagt, es ist Liebesleiden, und Liebesleiden bedeutet das schwerste Leiden. Das, was ihr nicht versteht, was nicht nach euren Wünschen abläuft, sondern nach Meinem Plan und Meinem Willen, das könnt ihr nicht verstehen, denn Ich Bin in der Vorausschau, in der Gegenwart und in der Vergangenheit. Ich Bin der Weg, die Wahrheit und das Leben. Ihr habt das Leben nur durch Mich. Wenn ihr nicht glaubt, so seid ihr von Mir, dem Dreieinigen Gott, abgeschnitten, so seid ihr in der Unwahrheit, und ihr werdet vom Bösen sehr verfolgt. Dass er euch umringt und euch verschlingen kann, wenn ihr nicht rechtzeitig umkehren wollt. Es kommt auf euren Willen an. Glaubt ihr nicht, dass Ich das Schwerste von euch nun verlangen kann? Ist das Weltenleiden nicht das Allerschwerste? Du, Meine Kleine, kannst dieses Leiden nicht verstehen, und du fragst Mich: „Vater, warum verlangst Du dieses von mir?" Sag „Ja Vater" (Anne sagt: „Ja, Vater") so bin Ich bei dir in dieser schwersten Zeit. Du musst Mir vertrauen und Meinen Weg weitergehen, dann wird dir nichts geschehen.

Meine Gefolgschaft, mit über 50 Personen, die glaubt und betet, steht hinter dir, und eurer kleinen Schar, die aus vier Personen besteht, und diese vierte Person ist nun schwer erkrankt, wurde notoperiert und liegt auf der Intensivstation im Krankenhaus.

Ihr betet für sie und ihr sollt glauben und vertrauen, eurem liebsten Vater, der alles weiß, und in eure Seelen schauen kann. Wie schwer es ist, kann vor allen Dingen eure liebste Mutter ermessen, die das schwerste Leid auf sich genommen hat für die ganze Welt. Und nun ist dieses Weltenleiden auch zu euch gekommen, und ihr habt es auf euch genommen, willig, nach Meinem Plan. Geht diesen Weg weiter voran. Schaut nicht rückwärts, sondern vorwärts. Jeder Tag ist ein Geschenk von Mir. Glaubt daran! Euer Himmlischer Vater weiß um alles, um was ihr bittet. Es wird euch gewährt. Man wird euch kein Haar krümmen, weil Ich euch liebe, weil Ich euch nie in diesem Leid allein lassen werde. Ihr werdet erstarken, und niemals werdet ihr aufgeben. Eure liebste Mutter nimmt euch, wie eine Mutter, in die Arme. Sie trägt euch mit. Sie sendet euch viele Engel, die euch umgeben und die euch stützen.

Es ist die schwerste Zeit, die Zeit des Antichristen, die Zeit der Verfolgung, der Schmähung. Euch wird man die Ehre nehmen. Euch möchte man in das Gefängnis einsperren. Euch möchte man anketten, damit eure Zunge nicht mehr die Wahrheit verkündet. Doch Ich, der Himmlische Vater, stehe hinter allem, weil ihr glaubt und vertraut, und weil ihr Mich liebt. Ihr beweist Mir eure Liebe. Und diese Liebe erkenne Ich im höchsten Maße an. Ich umarme euch heute, an diesem ersten Maientag, dem Gnadentag. Glaubt ihr, dass Ich euch unermesslich liebe in diesem Leid? Wie sehr muss Ich, der Himmlische Vater, leiden in dieser Welt. Man verachtet Mich. Man hat Mich an die Seite gestoßen. Ja, man mutet Mir dieses Kreuzesleiden erneut zu. Man schlägt Mich ans Kreuz, und das von Meinen geliebten Priestersöhnen. Ihr seid Mir zum Trost da, und dafür danke Ich euch und liebe euch desto mehr.

Ich segne euch nun mit allen Engeln und Heiligen, besonders mit eurer liebsten Himmlischen Mutter, der Dreimal Wunderbaren Mutter und Königin vom Sieg, der Rosenkranzkönigin von Mellatz und der Rosenkönigin von Heroldsbach, im Namen des Vaters und des Sohnes und des Heiligen

Geistes, Amen. Ihr werdet geliebt von Ewigkeit her. Glaubt und vertraut und bleibt in dieser Liebe. Amen.

5. Mai 2016 – Christi Himmelfahrt. Der Himmlische Vater spricht in der Hauskirche in Göttingen durch Sein Werkzeug Anne.

Anne: Heute, am 5. Mai 2016, haben wir das Fest Christi Himmelfahrt gefeiert. Er selbst ist heute in den Himmel mit Gottheit und Menschheit zum Vater aufgefahren, um uns den Heiligen Geist zu senden.

Der Opferaltar und auch der Marienaltar waren heute beide nicht nur in gleißendes, goldenes Licht getaucht, sondern auch reichlich mit Blumen und Kerzen geschmückt. Die Osterkerze wurde heute gelöscht, denn die Osterzeit ist beendet. Wir bereiten uns heute auf das Pfingstfest, mit einer Novene zum Heiligen Geist, vor.

Die vier Evangelisten waren auch hell erleuchtet und während der Heiligen Opfermesse in dieses gleißende Licht getaucht, so wie auch der Barmherzige Jesus, der Heilige Erzengel Michael, der Heilige Josef, und ganz besonders die beiden Tabernakelengel. Der Auferstandene Jesus Christus auf unserem Altar hob die Siegesfahne während der Heiligen Opfermesse empor. Er wollte uns mitteilen, dass Er der Sieger ist, Sieger über Leben und Tod.

Der Himmlische Vater wird auch heute sprechen: Ich, der Himmlische Vater, spreche jetzt, und in diesem Augenblick, durch Mein williges, gehorsames und demütiges Werkzeug und Tochter Anne, die ganz in Meinem Willen liegt, und nur Worte wiederholt, die aus Mir kommen.

Meine geliebte kleine Schar, Meine geliebte Gefolgschaft, Meine geliebten Gläubigen von nah und fern. Ich werde euch heute, an diesem besonderen Fest, dem Himmelfahrtsfest Meines Sohnes, Jesus Christus, besondere Informationen geben. Ich möchte euch die Freude übermitteln, damit in euren Herzen ein wenig die Traurigkeit schwindet.

Meine geliebte kleine Schar, Ich bin euch dankbar, dass ihr durchhaltet, denn eine Person der kleinen Schar liegt zur Zeit im Krankenhaus und ist schwer erkrankt. Ihr betet viel für sie und ihr leidet. Bedenkt, Meine Kinder, besonders Meine geliebte kleine Schar, es ist ein Weltenleiden und Liebesleiden. Ihr könnt es nicht verstehen, denn euer Himmlischer Vater benötigt im Augenblick diese besonderen Opfer. Du, Meine kleine Anne, bist dafür ausersehen, dieses besonders mitzutragen und zu erleben in Deinem Herzen, denn Jesus, Mein Sohn, leidet in deinem Herzen. Nicht du allein leidest, sondern der große Gott. Kannst du das verstehen, Meine geliebte Kleine? Sicher nicht. Du hast gefragt: „Warum lässt Du dieses Leiden zu?“ Das versteht ihr nicht. Aber dieses Leiden wird eines Tages sich in Freude verwandeln, wie, das kann Ich euch nicht übermitteln, denn Ich, der Himmlische Vater im Himmel, weiß es ganz allein. Wie Mein Plan und Mein Wille aussieht, das weiß nur Ich allein, und Ich werde euch darüber nicht informieren. Ihr sollt nicht in Sorgen verstrickt sein, sondern ihr sollt euch an diesem heutigen Fest erfreuen können.

Jesus, Mein Sohn, ist in den Himmel aufgefahren, und Er sitzt zu Meiner Rechten. Er ist der Sieger und hat die Siegesfahne erhoben. Darum dürft ihr euch an Ihm erfreuen. Er wird euch den Heiligen Geist senden, den Geist der Wahrheit, und ihr werdet erkennen, dass Er der Große, Allgewaltige, Allwissende Schöpfer des Himmels und der Erde, ist. Er wird sich an euch erfreuen können, an euch, Seinen Auserwählten, die Seinen Willen erfüllen wollen.

Meine geliebten Kleinen, haltet durch! Stärkt euch im Glauben, stärkt euch im Gebet, vor allen Dingen im Durchhaltevermögen, in der Treue. Wenn ihr Mir, dem Himmlischen Vater, die Treue schwört, so seid ihr in allem geschützt. Auch in den schwersten Leiden werdet ihr durchhalten können, nur dann, Meine Geliebten, nur dann. Was auf euch zukommt ist zu schwer, um es menschlich allein tragen zu können. Ihr bekommt die Himmlische Kraft, und in dieser Himmlischen Kraft werdet ihr vieles ertragen, was nicht euren Wünschen, sondern Meinen Wünschen und Meinem Willen entspricht. Euch scheint es fast unerträglich, und doch ist dieses Leiden ganz besonders wichtig für die ganze Welt, für die ganze Katholische und Apostolische Kirche, denn, wie ihr wisst, liegt sie am Boden, und ist völlig zerstört.

Man hat Meinen Sohn, Jesus Christus, seit langem an die Seite gestoßen, und Ich, der Himmlische Vater, leide im Himmel. Ich benötige desto mehr euren Trost, und den schenkt ihr Mir täglich. Ich werde Wunder wirken, und diese Wunder werden sichtbar sein. Ich kann nicht anders, Meine Geliebten. Ich möchte Meine Welt nicht zerstören. Meine Welt, die Ich aufgebaut habe. Meine Heilige Katholische und Apostolische Kirche wird nie untergehen, denn die Pforten der Hölle werden sie nicht überwältigen.

Noch ist der Böse am Werk. Noch meint er, er würde den Sieg erringen. Doch Ich, der Himmlische Vater, werde die Siegesfahne in der Dreieinigkeit erheben. Glaubt und vertraut. Auch im tiefsten Leid ist euer Himmlische Vater anwesend.

Man wird euch verstoßen, man wird euch schmähen, man wird euch anklagen. Diese Klage, dass ihr betet und durchhaltet, und Meinen Gnadenort Wigratzbad betreten habt, darum habt ihr einen Strafbefehl erhalten. Mein Priester muss € 2.800,- und Meine kleine auserwählte Botin € 1.800,- zahlen. Ich wünsche, dass ihr diese beiden Beträge überweist und bereitwillig euch Meinem Willen hingebt. Mein Wunsch und Wille ist, dass die Welt erfährt, dass der, der glaubt, betet, und durchhält, angeklagt und verfolgt wird. Dass dieser auch gerichtlich verfolgt wird, das kann die Welt nicht verstehen. Aber Ich, der Himmlische Vater in der Dreieinigkeit, bin der Sieger über Leben und Tod. Alles habe Ich vorgesehen für euch, und ihr werdet nicht müde werden, Meinen Wunsch und Willen zu erfüllen, weil ihr spürt: Nur dort ist die Wahrheit, nur dort ist die Liebe. Diese Liebe strömt in unsere Herzen ein. Durch diese Liebe des Dreieinigen Gottes werden wir alles bewältigen, was der Himmel von uns wünscht.

So segne Ich euch heute, an diesem hohen Fest, dem Fest Christi Himmelfahrt, mit allen Engeln und Heiligen, besonders mit eurer liebsten Mutter, der Mutter und Königin vom Sieg, der Dreifaltige Gott, der Vater, der Sohn und der Heilige Geist. Amen.

Ihr werdet geliebt und ihr seid geschützt. Haltet durch bis zum Ende. Amen.

7. Mai 2016 – Die Gottesmutter spricht am Herz-Mariä-Sühnesamstag und Zönakel in der Hauskirche in Göttingen durch ihr williges, gehorsames und demütiges Werkzeug und Tochter Anne.

Ihr habt heute, am 7. Mai 2016, das Zönakel in der Hauskirche in Göttingen gefeiert. Die Heilige Messe wurde zu Ehren der Allerheiligsten Dreifaltigkeit gefeiert.

Ich bedanke Mich bei euch allen, dass ihr immer wieder den Himmel anruft, und dass der Himmel dadurch wirksam in euch werden kann.

Anne: Der Marienaltar war heute ganz besonders in gleißendes und goldenes Licht getaucht. Die Gottesmutter hatte einen weißen Mantel an und einen weißen Rosenkranz in Ihren Händen. Geschmückt war Sie mit Perlen und Diamanten. Der Blumenschmuck, hier in dieser Hauskirche, war heute ein Blumenmeer mit weißen und roten Rosen, so wie es die Gottesmutter auch an diesem Fest verdient hat. Auch der Opferaltar war reichlich in goldenes Licht getaucht. Der Auferstandene Jesus segnete uns mehrmals während der Heiligen Opfermesse, um uns in diesem Augenblick in diesem schwersten Leid zu stärken.

Ich, die liebe Gottesmutter, werde heute zu euch allen sprechen: Ich spreche durch Mein williges, gehorsames und demütiges Werkzeug und Tochter Anne, die ganz im Willen des Himmlischen Vaters liegt, und heute die Worte wiederholt, die aus Mir kommen.

Geliebte kleine Schar und Gefolgschaft, geliebte Gläubige und Pilger von nah und fern, Ich liebe euch alle und Ich danke euch für eure Bereitschaft, dass ihr Mir immer wieder, ganz besonders in diesem Marienmonat Mai, eine Freude bereiten wollt. Ja, Freud und Leid liegen dicht beieinander. Ihr, Meine kleine Schar, tragt im Augenblick das schwerste Leid, da Meine geliebte Tochter Katharina sehr schwer erkrankt ist.

Viele Tränen von euch sind vorausgegangen. Aber diese Tränen dürfen sein. Auch Ich, als eure liebste Mutter, habe sehr viele Tränen am gestrigen Tag vergossen, denn Ich kann Meine Kinder nicht leiden sehen. Ich trage doch, als Himmlische Mutter, das größte Leid. Meine kleine Katharina ist tapfer. Von Anfang an hat sie die schwere Darmoperation vorbildlich getragen, die voller Schwierigkeiten war. Und doch hat sie: „Ja, Vater" gesagt. „Ja, Vater, für Dich. Ich will Deinen Willen erfüllen, und nicht Meinen Wünschen nachgehen. Wenn Du es willst, so ertrage ich dieses schwerste Leid."

Da ein bösartiger Tumor sich in ihrem Darm befindet, habt ihr alle große Sorgen um sie. Doch Ich, der Himmlische Vater, werde alles lenken, so wie es in Meinem Willen steht.

Habt ein tiefes Vertrauen und eine große Liebe zu Mir. Glaubt und vertraut, und verzweifelt nicht, denn, wie ihr wisst, hat Mein Sohn während Seines Erdenlebens viele Wunder vollbracht.

Wenn es im Willen des Himmlischen Vaters steht, so wird Er auch ein Wunder wirken. Um dieses Wunder bitte Ich Ihn. Doch Ich sage auch als Himmlische Mutter: „Vater, Dein Wille geschehe, nicht der Meinige." Gebt euch ganz Seinem Willen hin, dann seid ihr geschützt und auch gestärkt. Dann könnt ihr auch das Kommende getrost erwarten.

Es kommt nun eine schwere Zeit auf euch zu, denn Meine kleine Katharina wird bald entlassen und benötigt zu Hause sehr viel Pflege und Aufmerksamkeit. Ihr müsst euch abwechselnd Tag und Nacht um sie bemühen und um sie besorgt sein. Es ist eine schwere Aufgabe, die Ich, als Himmlische Mutter, vom Himmlischen Vater erhalten habe.

Er mutet euch sehr viel zu. Doch das ist Liebe, Liebe, die ihr nicht versteht. Im größten Leid wird die Gottesliebe am nächsten sein.

Ihr, Meine Marienkinder, werdet es oft nicht verstehen, weil ihr meint, dieses Opfer wäre doch ein wenig zu schwer. Gebt euch ganz dem Willen des Himmlischen Vaters hin. So sage Ich es euch nochmal. Dann wird Er die größten Wunder wirken können. Wenn ihr etwas für euch zurück behaltet, und nur euren Wünschen nachgeht, so kann Er euch nicht die Freude vermitteln, die Er auch in eure Herzen einströmen lassen will. Freude, Liebe, Dankbarkeit und Treue, all das, will Er in eure Herzen einfließen lassen.

Ihr habt die Novene gestern zum Heiligen Geist, die Pfingstnovene, begonnen. Sie ist sehr wichtig. Bereitet euch mit diesen Gebeten auf das Pfingstfest vor, auf den Heiligen Geist.

Ich, eure Himmlische Mutter, habe euch heute zum Zönakel eingeladen, um eine sichere Zufluchtsstätte zu haben. Kommt in diese Zufluchtsstätte und lasst euch von Mir in die Arme nehmen, denn eure Mutter liebt Ihre Marienkinder ganz besonders, obwohl der Himmlische Vater euch oft das größte Leid zumutet.

Eines Tages werdet ihr euch für dieses Leid bedanken. Und eines Tages werdet ihr erfahren, es war zu eurem Heil und zum Heil vieler Menschen erforderlich. In diesem Augenblick ist euer Herz noch zu schwer, um das zu verstehen. Wie ihr wisst, seid ihr Märtyrer der Seele, nicht Märtyrer des Körpers. Wie Ich euch gestern in der Ekstase erklärt habe, kann man an euren Gesichtern die Seele nicht erkennen. Wenn ihr schwere körperliche Leiden zu ertragen habt, so sieht man es eurem Gesicht an, es ist schmerzverzerrt. Aber wenn die Seele leidet, so könnt ihr immer noch dem anderen Menschen ein freundliches Gesicht zeigen, obwohl manchmal eure Seele vor Leid blutet.

Ich weiß um all euer Leid, Meine geliebten Marienkinder. Ich stehe doch unter dem Kreuz, auch unter eurem Kreuz. Ich werde es anheben, wenn es euch zu schwer wird, und Ich werde es mittragen. Nichts soll euch zu viel werden, was der Himmlische Vater von euch verlangt. Ihr, Meine kleine Schar, seid die Auserwählten, um das Weltenleiden zu ertragen, und das Weltenleiden ist nun mal das schwerste Leiden. Ich liebe euch alle, Meine geliebten Marienkinder und nehme euch nochmals in die Arme, um euch diesen Trost zu vermitteln, den ihr im Augenblick benötigt.

Ich segne euch nun in der Dreieinigkeit, mit allen Engeln und Heiligen, besonders mit Meinem Bräutigam, dem Heiligen Josef, mit Pater Pio, auch mit Pater Kentenich. Ruft alle Heiligen an, damit sie euch beistehen in diesem Leid, im Namen des Vaters, des Sohnes und des Heiligen Geistes. Amen.

Ihr seid geschützt und die besonderen Geliebten des Himmlischen Vaters. Amen.

8. Mai 2016 – Der Himmlische Vater spricht am Fest der Oktav von Christi Himmelfahrt, dem Erscheinungsfest des Heiligen Erzengels Michael und dem Fest des Muttertages der Himmlischen Mutter und aller Mütter.

Anne: Der Opferaltar war nicht nur in gleißendes Licht getaucht, sondern zusätzlich zogen die Engel ein und aus. Der Kerzenschmuck war überwältigend hell, besonders auch der viele und wunderbare Blumenschmuck am Opferaltar und am Marienaltar, da wir heute auch den Rosensonntag gefeiert haben.

Der Heilige Erzengel Michael war während der Heiligen Opfermesse anwesend und schlug sein Schwert in alle vier Himmelsrichtungen, um das Böse von uns abzuhalten. Die Gottesmutter segnete uns während der Heiligen Opfermesse, denn Sie lässt Ihre Marienkinder nicht allein und gratuliert ihnen zum Muttertag.

Der Himmlische Vater wird auch heute sprechen: Ich, der Himmlische Vater, spreche jetzt, und in diesem Augenblick, durch Mein williges, gehorsames und demütiges Werkzeug und Tochter Anne, die ganz in Meinem Willen liegt, und nur Worte wiederholt, die aus Mir kommen.

Meine geliebte Himmlische Mutter und eure Mutter, Dir möchte Ich heute, an diesem Tag, ganz besonders als Himmlische Mutter, zu Deinem Fest gratulieren. Du bist Mutter aller Mütter, denn diese Mütter werden von ihren Kindern in der heutigen Zeit oft allein gelassen. Man verstößt diese Mütter, weil es den Kindern unangenehm ist, fromme Mütter zu haben, die beten, die opfern, die leiden. Leiden ist den heutigen Kindern fern. Sie möchten schöne Tage erleben, glücklich sein, in Beziehungen leben, die nicht erlaubt sind vom Katholischen Glauben. Sie meinen, was der eine sich erlaubt, das kann auch der andere getrost tun, und wenn er sündigt, so ist Gottes Barmherzigkeit am nächsten. Nein, Meine geliebten Kinder, so ist es nicht. Eure geliebte Himmlische Mutter leidet um euch, Meine Kinder.

Meine geliebten Marienkinder, ihr seid heute bevorzugt an diesem Tag, denn eure Himmlische Mutter wacht über euch und auch über euer Leid. Sie weiß, was in euren Herzen vorgeht, dass eure Liebe zu euren Kindern wächst, auch im Leid. Wie oft werden heute die Mütter verachtet. Man bleibt ihnen fern, man schickt sie in ein Heim. Warum, weil die Kinder viel Arbeit übernehmen und, die Mütter vielleicht pflegen müssten. Das ist ihnen unangenehm und nicht recht. Die heutigen Kinder möchten ihr Leben selbst gestalten und auskosten in vollen Zügen und allen Gelüsten nachgehen. Das ist heute die Devise. Für die Mütter in schweren Zeiten da sein, das ist ihnen fremd geworden. Dann, wenn die Krankheiten der Mütter auf die Kinder zukommen, so halten sie sich fern. Sie müssten die Mütter vielleicht sogar pflegen.

Nein, das ist nicht der Wunsch der heutigen Kinder. Die Mütter werden allein gelassen. Sie leiden heute ganz besonders. Doch eure Himmlische Mutter gratuliert ihnen nicht nur heute zum Muttertag, sondern sie leidet mit. Wie viel Leid hat Sie, die Himmlische Mutter, bereits ertragen müssen, um euch, Meine geliebten Kinder, die sich vom Glauben entfernt haben. Der Glaube ist ihnen fremd und unangenehm geworden.

Wie wenige Meiner Kinder feiern heute noch den Sonntag, den Tag des Herrn? Sie möchten am Sonntag etwas erleben, die Freuden der Welt genießen. Aber den Tag des Herrn haben sie vergessen. Ich, der Himmlische Vater, stehe heute bei ihnen an der letzten Stelle.

Ihr, Meine geliebten Kinder, werdet verachtet, verfolgt und geschmäht, wenn ihr glaubt. Wenn ihr euren Glauben bezeugt, so wird es noch gravierender mit euch werden, weil die Weltmenschen euch verachten. Sie werden euch aus den Kirchen hinausstoßen. Ihr, Meine geliebte kleine Schar, habt es nicht geglaubt, dass man euch handgreiflich aus der Kirche hinausstoßen wird. Man hat es getan, und man hat es bis heute nicht bereut. Warum, weil der Modernismus, der Protestantismus und der Ökumenismus in diese heutige Kirche eingedrungen ist. Leider achtet man nicht mehr die betenden Gläubigen, sondern sie werden verachtet, wenn sie den Rosenkranz in die Hand nehmen und beten.

In der heutigen Zeit beten die gläubigen Mütter den Rosenkranz. Sie nehmen ihn zur Hand in der größten Not und sie wenden sich an Meine und eure und ihre liebste Mutter, die Himmlische Mutter. Sie nimmt euch heute, an diesem Tag, alle in Ihre Arme und drückt euch an Ihr Unbeflecktes Herz. Wie viel Leid hat eure Himmlische Mutter ertragen? Und Ihre Marienkinder leiden auch.

Einstens werden sie im Himmel das größte Glück erleben dürfen, das Himmlische Glück. Ihr seid nicht auf der Erde, um dort schon den Himmel auf Erden zu haben, sondern um euch den Himmel zu verdienen. Dazu gehört Kreuz und Leid. Ohne das Kreuz werdet ihr nicht in den Himmel gelangen können, denn wie ihr wisst, ist Mein Sohn, Jesus Christus, mit Seinem Kreuz euch vorausgegangen. Er hat euch durch das Kreuz erlöst. Ihr werdet durch das Kreuz in den Himmel gelangen. Wenn ihr verachtet, verfolgt und geschmäht werdet, so dankt dem Himmel. Dann ist er euch am nächsten und dann erst liegt ihr in der Wahrheit. Wenn man euch nur lobt, dann müsst ihr euch fragen: „Liege ich noch richtig?“ Ihr bekommt alle euer Kreuz auf euch geladen. Das ist die Wahrheit, das ist die Liebe eures Himmlischen Vaters. Im Kreuz werdet ihr ganz besonders geliebt. Die Verachtung geht euch voraus und der Böse verfolgt euch. Aber in der Liebe eures Himmlischen Vaters seid ihr vereint. Dort ist die wahre Liebe. Dort könnt ihr euch diesem heutigen Tag hingeben, dem Muttertag, und ihr könnt euch an eurer Himmlischen Mutter erfreuen, die euch niemals allein lassen wird, die euch umarmt in Göttlicher Liebe, nicht in der weltlichen Liebe. Und so segne Ich euch heute alle, mit allen Engeln und Heiligen, besonders mit eurer liebsten Himmlischen Mutter an diesem heutigen Festtag, der Dreieinige Gott, der Vater, der Sohn und der Heilige Geist. Amen.

Ihr seid von Ewigkeit geliebt. Lebt diese Liebe und bezeugt euren Glauben durch Opfer und Kreuz. Amen.

13. Mai 2016 – Die Rosenkönigin von Heroldsbach spricht am Fatima- und Rosa Mystika-Tag um 20.00 Uhr in der Hauskirche in Göttingen.

„Heute, am 13. Mai 2016, habt ihr das Fest der Fatimamadonna und der Rosa Mystika, gefeiert. Leider, Meine geliebte kleine Schar, wart ihr nicht in Heroldsbach anwesend, weil es euch verboten wurde, diese Gebetsstätte zu betreten", das sagte die liebe Gottesmutter.

Die Rosenkönigin von Heroldsbach wird heute sprechen: Meine geliebte kleine Schar, Meine geliebte Gefolgschaft, besonders der Muldaner am heutigen Tag, Meine geliebten Pilger von nah und fern und Meine geliebten Gläubigen, Ich liebe euch alle unermesslich. Ich, eure liebste Mutter, eure Rosenkönigin, werde am heutigen Tag sprechen dürfen.

Danken möchte Ich für den reichlichen Blumenschmuck, den ihr von einer besonderen Person, die das zehnjährige Bestehen ihrer vom Himmel erhaltenen Botschaften, gefeiert hat. Zu großem Dank bin Ich dir heute verpflichtet, Meine geliebte Tochter. Wie sehr du Mich liebst, hast du Mir bewiesen, indem du alles übernimmst, das die Muldaner erfreut. Wie wichtig ist doch diese Mulde. In jedem Monat bereitest du dich, liebe Tochter, auf diesen Tag vor. Du gestaltest ihn sehr feierlich.

Liebe Christiane, auch du bist an der Gestaltung dieses Tages, am 13. jeden Monates, beteiligt. Ich möchte dir auch dafür danken. Wie viel Freude bereitet ihr Mir, Meine geliebten Muldaner, hierfür. Wie sehr werde Ich an diesem Gnaden- und Wallfahrtsort Heroldsbach verspottet. Meine geliebten Kleinen dürfen nicht mehr erscheinen, weil sie gebetet, geopfert und gesühnt haben, an dieser, Meiner Stätte. Sie werden weiterhin von der Staatsanwaltschaft und von der Polizei verfolgt. Ist das möglich, Meine geliebten Gläubigen, dass man Meine geliebten Marienkinder verurteilt und mit einer Riesengeldstrafe belegt, weil sie diesen, Meinen Gnadenort, betreten haben und weiterhin daran geglaubt haben, dass von dort die Gnadenströme fließen?

Niemals haben sie es versäumt, an diesem Gnadentag dort teilzunehmen, bis ihnen diese Verfolgung auferlegt wurde, dass sie nie mehr dort erscheinen dürfen. Meinen geliebten Kindern fällt es in jedem Monat schwer, nicht zu erscheinen. Aber sie beten an ihrem Heimatort, in ihrer Hauskirche, in dieser Sühnenacht.

Am gestrigen Tag, Meine geliebten Kinder, war es euch nicht möglich, diese Sühnenacht einzuhalten, weil Meine geliebte Tochter Katharina schwer erkrankt ist. Ihr habt sie aufopfernd zu pflegen. Das war für euch an die erste Stelle getreten. Ihr habt es getan, auch wenn eure Kräfte nachlassen, Meine geliebten Kinder. Ihr bekommt nun die Göttliche Kraft. Baut auf diese Kraft, denn mit der menschlichen Kraft seid ihr am Ende, psychisch und auch körperlich. Doch alles wird nach dem Wunsch und Plan des Himmlischen Vaters weitergehen. Mein Sohn Jesus Christus wird über diese Botschaften wachen. Er erfreut sich des Ostersieges, und ihr erwartet nun den Heiligen Geist. Er wird euch in wenigen Tagen überströmen. Am morgigen Tag ist eure Pfingstnovene beendet. Ihr habt sie fleißig mitgebetet, täglich, und sie bringt Frucht.

Oft glaubt ihr, dass es nicht so weitergehen kann. Doch der Himmlische Vater wacht über alles. Oft seid ihr den Tränen nahe über das viele Leid, und doch wird der Himmlische Vater euch erneut stützen müssen, damit ihr alles ertragt und nicht verzweifelt. Der Glaube und das Vertrauen sind nun das Wichtigste für euch. Ich wünsche, dass ihr Mir im Ganzen vertraut, auch wenn es täglich anders aussieht, als ihr erwartet. Euer Himmlischer Vater und eure Himmlische Mutter können nur sagen: Glaubt und vertraut tiefer, denn in der Tiefe, in der Treue, in der Ausgeglichenheit und Ausdauer liegt der Glaube.

Wie ihr wisst, hat der Endkampf in dieser letzten Zeit begonnen. Jesus Christus hat seit langem die Siegerfahne erhoben, und doch übt Satan seine Macht immer noch aus. Es ist traurig, Meine geliebten Kinder, weil Ich euch weinen und leiden sehen muss, euch, Meine geliebten Kinder. Dies ist für Mich das Schwerste. Ich, als Himmlische Mutter, möchte es euch abnehmen, weil Ich, mehr leide als ihr, – viel mehr.

Was nun auf euch zukommt, wird nicht einfach sein, denn die Kirche liegt nicht nur am Boden, sondern sie wühlt im eigenen Schmutz und Dreck. Satan hat die Macht übernommen in dieser Modernistik. Kardinäle, Bischöfe und Priester glauben nicht mehr. Der Heilige Stuhl ist mit einem falschen Propheten besetzt. Was heißt das für euch, Meine Geliebten? Ihr bleibt in der Wahrheit, weil ihr glaubt und vertraut. Doch so viele Menschen erleben dieses Leid, dass sie abfallen, dass man sie in die Irre führt, dass man ihnen in der Modernistik den falschen Glauben vermittelt, dass sie weiterhin an der Volksmesse teilnehmen, und nicht wissen, wie es weitergehen soll. Sie haben keinen Halt, weil sie nicht glauben dürfen. Denn wenn sie ihren Glauben bekennen, so wird man sie verstoßen und verfolgen. Viele Menschen ertragen dieses Leid nicht. Viele Priester wenden sich nun vom wahren Katholischen Glauben ab. Sie künden den Protestantismus, den Ökumenismus und vor allen Dingen den Modernismus. Doch ihr, Meine geliebten Kinder und Marienkinder, ihr glaubt, und eure Himmlische Mutter ist euch sehr dankbar, dass ihr euren Glauben in jeder Weise bezeugt. Alles, was ihr am Tag erledigt und was euch schwer fällt, liegt im Plan eures Himmlischen Vaters, der über euch wacht, der aber auch leidet um Seine Vaterkinder. Wie oft bitte Ich Ihn und sage: „Vater, erlass ihnen einen Teil ihrer Sühne, weil Ich als Himmlische Mutter so traurig bin, da sie so leiden müssen. Es sind doch Deine Vaterkinder.“ Und doch wird euch der Himmlische Vater dieses Leid nicht ersparen können, weil dann sehr viele Priester in die Irre gehen und in den ewigen Abgrund hinabstürzen werden. Dafür ist dieses Leid, was ihr, Meine geliebten Kinder, in der Weltensendung zu ertragen habt.

Glaubt ihr nicht, dass euer Himmlischer Vater um euch mehr leidet als ihr? – Doch die Liebe ist ausschlaggebend, die Liebe eures Göttlichen Himmlischen Vaters in der Dreieinigkeit. Diese Liebe wird nie aufhören, und sie wird wachsen, auch in euren Herzen. Wenn ihr verdemütigt werdet, so übt ihr die Demut, und die Demut steht bei euch an der ersten Stelle. Steht sie auch bei Meinen Priestern an der ersten Stelle? Ich bin doch die Mutter der Priester. – Nein, die Priester verachten Meinen geliebten Sohn. Sie verachten die Dreieinigkeit und sie geben dem Allerheiligsten Altarssakrament heute nicht mehr die Ehre. Es ist alles nur noch Symbol für sie. Jesus Christus, Mein Sohn in der Dreieinigkeit, ist ihnen fremd geworden. Mit dem Himmlischen Vater können sie nichts anfangen, und mit den Botschaften des Himmlischen Vaters erst recht nicht.

Wie oft hat Er bereits in Seinen Botschaften Seine Priestersöhne aufgefordert: „Kehrt um und vertraut. Legt eine gültige Beichte ab und beginnt von neuem.“ Doch sie hören nicht auf die Weisungen des Himmels und leben weiterhin im Modernismus und auch in der Sünde, die sich gravierend in der Katholischen Kirche ausgebreitet hat. Nichts ist ihnen heute mehr heilig, nichts. Alles, was euer Himmlischer Vater in Seinem Sohn Jesus Christus für das Heilige Opfermahl eingesetzt hat, ist nicht mehr vorhanden. Nichts ist mehr davon in den Volksmessen sichtbar. Deshalb wünsche Ich von allen Priestern, dass sie nun endlich erkennen, dass es nur ein Heiliges Opfermahl geben kann, nämlich das Tridentinische Heilige Opfermahl nach Pius V.

Ich wünsche nun, dass viele erkennen, dass das siebte Buch, das Buch der Siegel, für jeden einzelnen, der es in die Hand nimmt, eine Tiefe erleben wird, die er nie erlebt hat. Bitte bestellt euch diese Botschaften in diesem Buch. Nicht umsonst habe Ich es zugelassen, dass es in der ganzen Welt verbreitet wird. Viele Menschen haben heute noch nicht erkannt, dass man diese so wertvolle DVD bestellen kann. Man hat dann täglich ein gültiges Heiliges Opfermahl, wovon alle zehren können.

Ihr, Meine geliebten Kleinen, erlebt dieses täglich, denn in dieser Heiligen Opfermesse bekommt ihr Kraft und Durchhaltevermögen.

So wünsche Ich euch heute alles erdenklich Gute an diesem besonderen Festtag, dem Fatima- und Rosa Mystika-Tag. Ich segne euch mit allen Engeln und Heiligen, im Namen des Vaters, des Sohnes und des Heiligen Geistes. Amen.

Danke, Meine geliebte Tochter, für diese 35 weißen und 12 roten Rosen. Wie sehr musst du Mich lieben. – Darum danke Ich dir, ein ewiges Vergelt's Gott für deine Mühe mit den Muldanern. Amen.

15. Mai 2016 – Sonntag am Hochheiligsten Pfingstfest. Der Himmlische Vater spricht nach der Heiligen Tridentinischen Opfermesse nach Pius V. in der Hauskirche in Göttingen durch Sein Werkzeug und Tochter Anne.

Anne: Heute, haben wir das Pfingstfest gefeiert. Welch' ein großes Ereignis für uns alle. Der Opferaltar und auch der Marienaltar waren nicht nur in goldenes und silbernes gleißendes Licht getaucht, sondern zusätzlich von einem Blumenmeer umgeben, so wie auch der Marienaltar. Von weither zogen die Engel ein und aus.

Der Himmlische Vater wird an diesem Tag sprechen: Ich, der Himmlische Vater, spreche heute, an diesem ersten Tag, dem Pfingstsonntag, durch Mein williges, gehorsames und demütiges Werkzeug und Tochter Anne, die ganz in Meinem Willen liegt und nur Worte, die aus Mir kommen, wiederholt.

Meine geliebte kleine Schar, Meine geliebte Gefolgschaft, geliebte Pilger von nah und fern und geliebte Gläubige. Heute habt ihr das Brausen des Heiligen Geistes erleben dürfen. Du, Meine kleine Anne, hast die Feuerzungen über jedem, der kleinen Schar, sehen dürfen. Die Feuerzunge über dem Priestersohn, der das Heilige Messopfer an diesem Tag gefeiert hat, war eine besonders große Feuerzunge. In dieser Feuerzunge brannte hell das Feuer. Die Kerzen am Altar waren während der Heiligen Opfermesse immer größer und leuchtender erschienen. Der Heilige Geist wurde in eure Herzen eingesprüht. Ihr konntet es merken, Meine geliebte kleine Schar.

Zwei Meiner geliebten Kinder waren heute krank. Die eine schwer erkrankt und die andere Sühneseele wurde auch noch krank. Du, Meine Kleine, hast dich gefragt: „Warum heute, an diesem Heiligen Fest?“ Ich sage dir, Meine geliebte Kleine, diese Opfer benötigte Ich heute. Warum, weil die Priester Mir dieses Hochheilige Fest nicht zu Meiner Ehre darbringen. Sie feiern nicht dieses Heilige Opfermahl im Tridentinischen Ritus nach Pius V wie es Mein Priestersohn, in seiner Hauskirche in Göttingen, in aller Ehrfurcht gefeiert hat.

Der wunderschöne Blumenschmuck am Opfer- und auch am Marienaltar waren mit Perlen und Diamanten geschmückt. In jeder Rose war eine Perle und ein Diamant. Der weiße Mantel der Gottesmutter war auch mit Perlen und Diamanten versehen. Die Perlen sollten bedeuten, dass ihr euren Schatz im Himmel gefunden habt, – alle die ihr glaubt. Alle, die heute noch Meine Botschaften ablehnen, stehen am Abgrund, und es ist nur noch ein kleiner Schritt und sie werden in den ewigen Abgrund hinabstürzen.

Wie traurig ist es für euren Himmlischen Vater, dieses sagen zu müssen. Und darum, Meine geliebte Monika, musst du heute, an diesem besonderen und hohen Pfingstfest, sühnen.

Du, Meine kleine Anne, warst mit Arbeit überhäuft. Du hast mit Göttlicher Kraft, nicht mit menschlicher Kraft, gearbeitet. Im menschlichen Sinne wäre es nicht möglich gewesen, denn die Pflegestation, das Essen usw. hätten dich weit überfordert. Habe weiterhin Mut, denn Ich alleine stärke dich und bestimme den Zeitpunkt, wann Mein Eingriff stattfindet. Ihr steht kurz davor. Ich möchte euch sagen: Ich werde es Meiner kleinen Anne kundtun, dann, wenn Ich es wünsche und wenn es nach Meinem Plan bestimmt wird.

Habt noch ein wenig Geduld und harrt aus. Es ist eine schwere Zeit für euch alle. Ihr könnt es nicht fassen, denn es wird Unmögliches von euch verlangt in dieser Zeit. Doch ihr werdet es mit Göttlicher Kraft schaffen.

Von dieser Hauskirche gehen unermessliche Gnadenstrahlen an diesem Tag nicht nur über diesen Gnadenort Göttingen. Ja, Ich habe gesagt: Gnadenort Göttingen! Dieser Ort hat diese Gnaden bitter nötig, denn wie ihr wisst, hat man euch, Meine geliebte kleine Schar, abgelehnt und macht es auch heute, nach 12 Jahren, immer noch. Man spricht nicht mit euch. Man lehnt euch ab und verfolgt euch. Genau das, Meine Geliebten, wünsche Ich, denn ihr geht in den Spuren Meines Sohnes Jesus Christus. Das ist in allem

wichtig, dass ihr, wie Mein Sohn Jesus Christus, verfolgt werdet. Er aber hat euch den Heiligen Geist erbeten, und sitzt zu Meiner Rechten. Diesen Heiligen Geist habt ihr heute mit Feuerbrausen in euer Herz hineinströmen lassen. Euer Herz wird von Göttlicher Liebe entbrannt, und ihr werdet erschauern vor dieser Liebe, die es in der Welt nicht gibt.

Harrt weiter aus und bleibt mutig und stark in Göttlicher Kraft. Niemals werdet ihr diese Göttliche Kraft verlieren, aber die menschliche Kraft. Ihr werdet fast ohnmächtig zusammensinken. So wird es sein. Erst dann werdet ihr die Göttliche Kraft erhalten. Ihr sollt glauben und vertrauen, auch im Unmöglichen noch dies Vertrauen zu haben. Der Himmlische Vater macht niemals einen Fehler. Er wird alles in Ordnung bringen, was bei euch nicht in der Ordnung sein wird, denn ihr seid weiterhin fehlerhaft und schwach.

Die Pfingstfrequenz, Meine Geliebten, war auch für euch sehr wichtig. Meine Jünger haben damals, zur Zeit Meines Sohnes Jesus Christus, in verschiedenen Sprachen reden können. Ihr nicht, Meine Geliebten. Ihr seid für anderes bestimmt. Die letzte Zeit, die Endzeit, hat bereits begonnen. Darum ist auch diese große Qual in euren Herzen, dieses Verlangen nach Mir im Heiligen Geist in der Dreieinigkeit. Ihr wollt diese Wahrheit erfahren, erleben. Doch Satan wird immer wieder eingreifen. Noch hat er die Macht, noch ist seine Zeit nicht zu Ende. Aber dann wird der Eingriff ganz bedeutend groß werden. Ich, der Himmlische Vater, bestimme ganz allein diese Zeit, niemand wird es wissen, wann diese Zeit beginnt, wann und wie stark der Eingriff sein wird.

Ihr, Meine Geliebten, seid durch einen Lichterbogen und einen Lichtkreis geschützt. Euch wird nichts geschehen. Aber die, die nicht glauben, die euch verstoßen, die euch ablehnen, verleumden, denen wird schon der Zorn Gottes erfahrbar werden. Es wird nicht leicht für die sein, die heute noch an der Volksmesse teilnehmen, und nicht bereit sind, das Heilige Opfermahl im Tridentinischen Ritus nach der DVD feiern zu wollen, obwohl es ihnen des Öfteren angeboten wurde.

Meine geliebten Kinder, bestellt das 7. Buch. Es ist das 7. Siegel darin enthalten, die Apokalypse. Diese Zeit ist nun gekommen. Sie ist sehr wichtig für euch. Ich habe es geschrieben. Es ist Meine Druckerei, die diese Arbeit begonnen hat und auch zu Ende führt.

Nun sind 7 Bücher im Umlauf in der ganzen Welt. Sie werden verbreitet. Das ist Mein Wunsch, nicht der Wunsch Meiner kleinen Anne. Es wäre ihr nicht möglich, das alles zu leisten. Nur Ich, der Himmlische Vater, werde über sie wachen, über Mein kleines, demütiges Werkzeug. Sie bleibt ein Nichts und ist ein Nichts. Sie bleibt auch in der Demut bis zu ihrem letzten Augenblick ihres Lebens und darüber wache Ich.

So segne Ich euch heute, an diesem ersten Pfingsttag. Erwartet die Botschaft auch morgen, am zweiten Pfingsttag, denn auch dann werde Ich sprechen, denn Ich liebe euch und möchte euch auf diesem letzten Weg ganz inniglich begleiten.

Der Heilige Geist möge euch heute, leiten, lenken und führen. Es segnet euch der Dreieinige Gott mit dem Heiligen Geist, mit allen Engeln und Heiligen, besonders mit eurer liebsten Himmlischen Mutter, der Vater, der Sohn und der Heilige Geist. Amen.

Bleibt in der Wahrheit, bleibt dem Himmel treu, bleibt tapfer und mutig und schreitet diesen Weg voran. Amen.

16. Mai 2016 – Pfingstmontag. Der Himmlische Vater spricht nach der Heiligen Tridentinischen Opfermesse nach Pius V. in der Hauskirche in Göttingen durch Sein Werkzeug und Tochter Anne.

Anne: Der Opferaltar und auch der Marienaltar waren nicht nur in goldenes und silbernes gleißendes Licht getaucht, sondern zusätzlich von einem Blumenmeer umgeben. Von weither zogen die Engel ein und aus. Die Kerzen am Altar wurden entflammt und stiegen höher zum Himmel. Auch heute waren die Heilig Geist-Flammen über unseren Häuptern erschienen.

Der Himmlische Vater wird auch heute sprechen: Ich, der Himmlische Vater, spreche jetzt und in diesem Augenblick durch Mein williges, gehorsames und demütiges Werkzeug Anne, die ganz in Meinem Willen liegt und nur Worte wiederholt, die aus Mir kommen.

Geliebte kleine Schar, geliebte Gefolgschaft, geliebte Pilger von nah und fern und auch ihr geliebte Gläubige, die ihr an Meine Botschaften glaubt und weiterhin vertraut. Ich liebe euch alle und möchte euch heute, am zweiten Pfingsttag einige Weisungen mit auf den Weg geben, damit ihr für den Endkampf gestärkt werdet, der seit langem begonnen hat und der viele Opfer von euch verlangt.

Geliebte Gefolgschaft, gebt nicht auf im Gebet, im Opfer und auch im Leiden. Wie Ich euch bereits mitgeteilt habe, wird jeder einzelne von euch, der Mir nachfolgt, der an diese, Meine Botschaften glaubt, ein besonderes Leiden erfahren müssen, denn er ist mit Mir ans Kreuz genagelt. Warum verlange Ich, der Himmlische Vater, von euch so viel, geliebte Gefolgschaft? Weil ihr Meine Getreuen seid, weil ihr direkt hinter Meiner kleinen Schar steht, weil ihr sie stärken müsst, weil ihr da seid für Mich, dem Himmlischen Vater, weil ihr vertraut und nicht aufgebt.

Zahlenmäßig werdet ihr steigen. Ihr geliebte Muldaner, ihr seid die Gefolgschaft und auch noch viele andere, die nicht an jedem 12. und 13. des Monates pilgern können und an die Botschaften glauben, gehören auch zu Meiner Gefolgschaft.

Es sind bereits mehr als 60 Gläubige geworden. Ich will durch eure Opfer Meine geliebten Priestersöhne weiterhin retten. Noch sind sie nicht gewillt, Meinen Willen zu erfüllen, an Meine Botschaften zu glauben, um das Heilige Opfermahl im Tridentinischen Ritus in aller Wahrheit zu feiern. Sie lehnen sich noch dagegen auf und feiern die Volksmesse, die nicht gültig ist, denn Satan wütet und Satan wird dort sein Spiel treiben.

Geliebte Gläubige, bleibt diesen Volksmessen fern. Ich warne euch, denn Satan wird auch seine Macht auf euch ausüben, wenn ihr nicht an diese Botschaften glaubt. Es sind Meine Weisungen, nicht die Weisungen Meiner geliebten kleinen Anne. Sie wäre gar nicht fähig, diese Botschaften, die sie bekommt, weiterzugeben, da sie für diese Aufgabe nicht das nötige religiöse Wissen hat. Sie hört auf Meine Worte und befolgt sie und spricht nur Meine Wahrheiten aus.

Meine geliebten Gläubigen, besorgt euch das 7. Buch. Ich sage es euch noch einmal, wie wichtig es ist, dieses zu lesen, denn es beinhaltet die Apokalypse dieser Endzeit. Diese Endzeit hat nun begonnen und wird für alle schwer sein. Doch über alle werde Ich Meinen Schutz ausbreiten, wenn sie an Meine Worte glauben und vertrauen, nicht auf die Worte und Wünsche Meiner kleinen Anne, die es nicht sind. Denn sie bleibt weiterhin Mein kleines Nichts. Nichts kommt aus ihr, alles ist aus Mir. Sie ist schwach und elend und fast der Ohnmacht nahe. Mit menschlicher Kraft würde sie täglich versagen, doch in Göttlicher Kraft stärke Ich sie jeden Tag.

Meine geliebte Kleine, du hast heute Nacht diese Ohnmacht erlebt und du hast dich gefragt: „Warum, Himmlischer Vater, stärkst Du mich jetzt nicht?" Weil Ich dir heute beweisen wollte, wie stark doch die Göttliche Kraft in dir arbeitet. Du bist schwach, aber Ich, der Dreieinige Gott, der Vatergott, bin stark und kann dich in jedem Augenblick stärken. Das werde Ich tun. Du musst vertrauen. Du musst inniglich glauben, dass nichts aus dir ist, nichts, aber auch gar nichts. – Meine Liebe überflutet dich. Der Heilige Geist wird dich überströmen. Nichts wird weiterhin aus dir sein. Aber in der Göttlichen Kraft wirst du Worte reden und Weisungen geben, die nicht aus dir sein können.

Viele Menschen werden es erfahren dürfen, aber nur die, die glauben. Die, die nicht glauben, sind vom Bösen und diese Boshaftigkeit spricht aus ihnen. Aber einstens werden sie gerichtet. Wer nicht glaubt, wird verdammt werden und in dem ist nicht das Licht, sondern die Finsternis, wie ihr heute im Evangelium erfahren habt. Ihr benötigt das Licht und ihr lebt in diesem Licht. Eure Seelen sind licht und hell. Freundlich und liebevoll kommt ihr dem anderen entgegen und diese Ausstrahlung eures Herzens strahlt nach außen. Viele werden es spüren, dass der Heilige Geist in euch wirkt. Glaubt und vertraut, auch wenn Meine kleine Katharina noch sehr schwer krank ist. Du, Meine kleine Anne, weinst darüber. (Anne weint.)

Sage ihr, dass sie ihren Mann anrufen soll. Ihr Mann ist im Himmel. Und wer im Himmel ist, ist ein Heiliger. Er kann Mich bitten. Nicht ihre Kinder werden ihr helfen, im Gegenteil, die Kinder haben sie verstoßen und lassen sie allein. Das tut dir auch, Meiner Kleinen, weh. Hole das Bild von ihrem Mann, damit sie es anschaut. Sie sind doch im Himmel noch verheiratet. Und im Himmel sieht alles anders aus, Meine Kleine. Da ist nicht Trübsal und nicht die Sorgen, die ihr jetzt habt, habt ihr im Himmel. Diese werden euch genommen, weil ihr am Hochzeitsmahl teilnehmen dürft. Darauf dürft ihr euch freuen, auf das ewige Hochzeitsmahl. Jeden Tag bekommt ihr die Stärke Gottes, das Heilige Mahl, die Heilige Kommunion empfangt ihr von Mir Jesus Christus, Meinem Sohn, mit Gottheit und Menschheit und Er wirkt in euch und bleibt in euch. Jeden Tag und in jedem Augenblick könnt ihr Ihn anrufen, denn Er ist nicht weit weg, wie ihr denkt. Besprecht alles mit Ihm. Er möchte alles von euch hören.

Danke, für eure gestrigen Beichten. Sie waren fruchtbar für viele, denn das Blut Meines Sohnes Jesus Christus soll weiterfließen. Ich liebe euch und danke euch, dass ihr trotz der vielen Arbeit noch für Meine Worte Zeit erübrigt, damit Meine Worte in die Welt hineinfließen. Das ist wichtig, das wünsche Ich von euch weiterhin und bedanke Mich, dass ihr immer wieder an Mich glaubt, Mich liebt und Mir die Treue haltet. Danke für eure Liebe. Ihr seid mit Göttlicher Liebe geliebt und gestärkt.

Es segne euch nun der Dreieinige Gott, der Vater, der Sohn und der Heilige Geist. Amen.

Ihr werdet geliebt von eurer liebsten Himmlischen Mutter und Königin vom Sieg und mit allen Engeln und Heiligen. Amen.

22. Mai 2016 – Dreifaltigkeitssonntag. Der Himmlische Vater spricht nach der Heiligen Tridentinischen Opfermesse in der Hauskirche in Göttingen durch Sein Werkzeug und Tochter Anne.

Anne: Im Namen des Vaters und des Sohnes und des Heiligen Geistes. Amen. Das Heilige Opfermahl wurde in aller Ehrfurcht am Opferaltar in Göttingen gefeiert. Alle Engel, Cherubim und Seraphim zogen in diese Hauskirche in Göttingen ein und gruppierten sich um den Tabernakel und auch um den Marienaltar. Die Rosen erblühten in einem goldenen Glanz.

Der Himmlische Vater wird in der Dreieinigkeit sprechen: Ich, der Himmlische Vater spreche jetzt und in diesem Augenblick durch Mein williges, gehorsames und demütiges Werkzeug und Tochter Anne, die ganz in Meinem Willen liegt und nur Worte wiederholt, die aus Mir kommen.

Meine geliebte kleine Schar, Meine geliebte Gefolgschaft, Meine geliebten Pilger von nah und fern und geliebte Gläubige, heute habt ihr das große Fest begangen, das Dreifaltigkeitsfest. Gott Vater, Gott Sohn und der Heilige Geist sind anwesend. Gestern habt ihr die Osterzeit beendet, indem ihr die Wunden der Christusstatue ein letztes Mal geküsst habt. Eine große Gnade ist von dieser Statue ausgegangen. Täglich habt ihr Seine Wunden geküsst und nie habt ihr es versäumt. Ich liebe euch darum desto mehr. Ihr seid in diesen Wunden nicht nur vereint, sondern ihr werdet geheilt. Glaubt und vertraut in dieser Zeit ganz besonders. Ihr, Meine geliebten Kinder, habt dieses Fest noch zusätzlich durch euer Patronatsfest in Mellatz, stellvertretend hier in Göttingen, gefeiert. Eigentlich solltet ihr zu diesem Zeitpunkt an diesem Ort Mellatz sein. Doch die Krankheit Meiner geliebten Katharina ist dazwischen gekommen.

Ich, der Himmlische Vater, werde euch alles hier kundtun, was ihr benötigt, und das ist nicht wenig. Ihr seid herausgenommen aus dieser Allgemeinheit der Modernistik. Ihr seid geschützt und abgeschirmt von diesem Modernismus, Ökuminismus und Protestantismus. Gebt acht, Meine Kinder, denn immer noch will der Böse euch von diesem wahren Glauben abbringen. Ihr sollt wankend werden. Doch euer Himmlischer Vater wird euch Weisungen geben und Er wird euch daran erinnern, was der Heilige Geist in eure Herzen hineinlegt, denn durch das Heilige Pfingstfest seid ihr vom Heiligen Geist überströmt worden.

Die Pfingstfrequenz hat euch vieles gebracht. Nie seid ihr im Glauben wankend geworden in dieser schwersten Zeit der Krankheit Meiner geliebten Katharina. Doch glaubt weiterhin und vertraut, denn Ich, der Himmlische Vater, bin der Lenker. Ich kann heilen wann und wo Ich will. In dem Augenblick, in dem Ich sage: „du bist geheilt“, wird es geschehen. Doch alles geht nach Meinem Willen und Plan, nicht nach euren Wünschen, und auch nicht zu dem Zeitpunkt, an dem ihr es wünscht. Deshalb sollt ihr blind vertrauen. Wenn ihr nichts seht und nichts hört, und alles unmöglich und unverständlich euch erscheint, nur dann kann Ich wirken. Ich kann in euren Seelen wirken.

Ich kann dich, Meine Kleine, so wirksam gestalten, dass man dir jedes Wort von den Lippen abliest. Warum, weil es nicht deine Worte sind, sondern die Worte des Dreifaltigen Gottes, heute an diesem Tag. Gott Vater, Gott Sohn und Gott Heiliger Geist sprechen aus dir.

Darum unterscheidet sich dieser Katholische Glaube von allen anderen Glaubensgemeinschaften. Es sind keine Religionen. Es gibt nur eine Religion und das ist der wahre Katholische Glaube.

Mein Sohn Jesus Christus hat dieses Sakrament eingesetzt und euch als Testament hinterlassen. Ihr könnt Ihn selber als Gottheit und Menschheit täglich in der Heiligen Opfermesse empfangen. Welch eine große Freude muss in euch sein, heute, an diesem besonderen Tag. Jubelnd habt ihr das Te Deum gesungen. Ja, freut euch, freut euch auf die ewigen Wohnungen im Himmel. Seid zu jeder Zeit vorbereitet, auch dann, wenn es euch unmöglich erscheint, glauben zu können. Erst recht dann bin Ich in euren Herzen und will bei euch sein, um euch zu trösten, um euch zu stützen. Ihr seid doch Meine Geliebten, besonders ihr, Meine geliebte kleine Schar. Welch große Opfer habt ihr in den letzten 12 Jahren auf euch genommen, und wie werdet ihr verfolgt. Doch das ist genau richtig.

Wenn ihr verfolgt werdet, so geht ihr in den Spuren Meines Sohnes Jesus Christus, denn Er hat gesagt: „Wenn man Mich verfolgt, so werden sie auch euch verfolgen." Und das ist die pure Wahrheit. Man wird euch vor die Gerichte schleppen, man wird euch verachten, schmähen und euch die Ehre nehmen. Doch ihr haltet durch in der Liebe, nicht in der menschlichen Liebe, sondern in der Göttlichen Liebe werdet ihr gestärkt. Ihr habt es bewiesen, dass ihr alles aus Liebe tut.

Wie sehr wird Meine kleine Tochter Katharina umhegt und gepflegt. Danke dir, Meine geliebte kleine Anne, dass ganz besonders du alles auf dich genommen hast. Du hast versprochen, alles zu tun, was Ich, als Himmlischer Vater, von dir verlangen kann. Da du die Weltensendung bekommen hast, wirst du auch die größten Opfer vollbringen können in Göttlicher Kraft, niemals in deiner Kraft. Denke daran, dass Ich in jedem Augenblick bei dir bin, dass das, was du tust und vollbringst, nicht dein Vollbringen ist, sondern Meins. Ich lenke und leite dich und Ich gebe dir Weisungen und Erkenntnisse, die du nicht haben könntest. Du bist Mensch und fehlbar. Und jeder Mensch begeht Fehler und hat Schwächen in seiner Menschlichkeit. In der Göttlichen Kraft und in den Weisungen des Himmels wirst du das Richtige tun können, weil der Heilige Geist dich belehrt und leitet.

Ich danke auch dir, Meiner kleinen Sühneseele Monika, dass du durchgehalten hast in deinen schweren Leiden, jetzt gerade zu dieser Zeit, wo deine Hilfe dringend gebraucht wird. Alles habt ihr auf euch genommen. Auch Mein geliebter Priestersohn hat euch gestützt, er hat euch Mut zugesprochen. Dann, wenn ihr meintet, „es ist zu schwer“ hat er eingegriffen und euch positiv beeinflusst und euch in die richtigen Bahnen gelenkt.

Eine Frauenseele ist immer empfindlicher als eine Männerseele. Als Mann setze ich sehr schnell den Verstand ein und als Frau regiert oft das Gefühl an erster Stelle. Deshalb macht euch keine Gedanken über das, was ihr denkt und fühlt. Es liegt in der Norm und ist in der Wahrheit. Ihr werdet von eurem Himmlischen Vater ganz besonders geliebt, der euch an diesem besonderen Tag umarmt. Denkt immer daran, dass ihr auch die Muldaner stützt, dass sie sich vermehren werden und dass sie euch Rückenstütze geben, im Gebet, im durchhaltenden Gebet des Rosenkranzes und im Opfer und in der Sühne. Wie viel haben sie bereits im Gebet erreicht? Würdet ihr das alles bewerkstelligen können, wenn ihr nicht eure Gefolgschaft hinter euch hättet? Sie greifen da ein, wo es erforderlich ist. Sie beschenken euch. Ihr seid geliebt, ganz besonders von der Gefolgschaft. Ansonsten würdet ihr nicht durchhalten in dieser schweren Zeit.

Und nun segne Ich euch in diesen beiden Kirchen, der Hauskapelle in Mellatz und der Hauskirche in Göttingen, in der Dreieinigkeit, mit allen Engeln, Cherubim und Seraphim, mit eurer Himmlischen Mutter und Königin vom Sieg, der Unbefleckt Empfangenen, im Namen des Vaters, des Sohnes und des Heiligen Geistes. Amen.

Ihr seid geschützt in jeder Lage. Liebt und vertraut und harrt aus bis zum letzten Atemzug. Amen.

26. Mai 2016 – Hochfest Fronleichnam. Der Himmlische Vater spricht nach der Heiligen Tridentinischen Opfermesse in der Hauskirche in Göttingen durch Sein Werkzeug und Tochter Anne.

Anne: Im Namen des Vaters und des Sohnes und des Heiligen Geistes. Amen. Heute haben wir das Fronleichnamsfest in aller Ehrfurcht durch eine Heilige Opfermesse im Tridentinischen Ritus nach Pius V. gefeiert. Welch eine Ehre heute an diesem besonderen Festtag. Der Opferaltar und der Marienaltar waren reichlich mit Blumen und Kerzen geschmückt und vor allen Dingen mit vielen Engeln umgeben. Die Engel zogen dann während der Heiligen Opfermesse ein und aus. Auch habe ich mehrere Chöre der Engel während der Heiligen Wandlung hören dürfen.

Der Himmlische Vater wird heute sprechen: Ich, der Himmlische Vater, spreche jetzt und in diesem Augenblick durch Mein williges, gehorsames und demütiges Werkzeug und Tochter Anne, die ganz in Meinem Willen liegt und nur Worte wiederholt, die aus Mir kommen.

Geliebte kleine Schar, geliebte Gefolgschaft und geliebte Pilger von nah und fern, und auch ihr Gläubigen, die ihr an die Botschaften glaubt und Mir vertraut, Ich danke euch allen für diese Ehre, weil ihr Mir den Trost und die Liebe beweist. Ich liebe euch alle sehr, denn Meine Katholische und Apostolische Kirche, die Mein Sohn im Heiligen Sakrament der Heiligen Eucharistie eingesetzt hat, ist völlig zerstört. Doch die Pforten der Hölle werden sie nicht überwältigen, auch dann nicht, wenn ihr seht, nichts ist mehr vorhanden, woran ihr festhalten könnt, wenn ihr katholisch seid. Ihr bleibt dann katholisch, wenn ihr Mir vertraut, wenn ihr Mir glaubt, wenn ihr Meine Botschaften zur Hand nehmt und dieses siebte Buch, das siebte Siegel öffnet. Gerade dort sind Meine Wahrheiten enthalten in ganzer Länge und Form. Die Apokalypse, Meine Geliebten, kommt jetzt zum Tragen. Ihr glaubt und vertraut, obwohl ihr seht, nichts ist mehr vorhanden, was früher war. Feiert das Heilige Tridentinische Opfermahl nach der DVD, die Ich euch geschenkt habe. Dann habt ihr ein würdiges, feierliches Opfermahl.

Ihr, Meine Geliebten, werdet geschützt in jeder Form. Ihr werdet den Glauben, nämlich den wahren Glauben verbreiten, wenn ihr nicht redet, auch dann, wenn ihr ihn nicht lautstark bezeugt. Zeugnis werdet ihr ablegen, wenn ihr glaubt und wenn ihr ausharrt in dieser schwersten und schwierigen Zeit.

Du, Meine Kleine, wirst mit deinem Weltenleiden seid langem überfordert. Habe Ich dir nicht prophezeit, dass Ich dich schützen werde, dass Ich dich stärken werde in jeder Form, dass du nicht mit deiner Kraft arbeitest, sondern mit Meiner Kraft? Deine Kraft ist bis zur Ohnmacht erlahmt. Und doch wirst du weitermachen und voranschreiten. Der Gipfel des Berges Golgotha ist noch nicht erreicht. Das kannst du nicht verstehen, Meine Kleine, dass Ich das Schwerste von eurer kleinen Schar nun verlangen muss. Und das ist bitter für Mich, denn wie wenige Gläubige gehen diesen Weg mit. Sie scheuen das Kreuz. Sie scheuen das Annehmen des Kreuzes. Alle, die Mir vertrauen und an Mich glauben, werden ihr Kreuz bekommen. Es wird nicht anders sein, wenn sie es ablehnen. Aber wie sie es tragen, das ist von Wichtigkeit. Ihr werdet stark werden. Auch in den schlimmsten Leiden seid ihr stark. Ihr spürt es oft nicht, weil euch auch Zweifel bedrohen. Ihr geht voran, niemals einen Schritt rückwärts. Lebt den Augenblick. Ich habe euch dies des Öfteren gesagt, dass es nicht einfach ist, nicht zurückzuschauen und auch nicht vorwärts zu blicken. Nur Ich, der Himmlische Vater in der Dreieinigkeit habe die volle Vorausschau. Nur Ich kann euch in jeder Lage leiten und lenken. Ihr würdet fallen und nicht wieder aufstehen können. Doch mit Meiner Kraft geht ihr weiter. Gebt nicht auf! Alles wird euch schwierig erscheinen, doch in Göttlicher Kraft ist alles zu meistern. Euer Himmlischer Vater wacht über euch und schaut auf euch. Auch in der schwierigsten Zeit bin Ich, der Himmlische Vater, bei euch und umarme euch und danke euch für euer Durchhaltevermögen. Nichts wird euch fremd sein in dieser Zeit, weil Mein Sohn Jesus Christus dieses Heilige Sakrament der Heiligen Eucharistie eingesetzt hat. Welch ein Jubel war heute in euch im Te Deum. Glaubt, dass diese innerliche Freude euch auch stärken kann. Dankt für diese großartige Hinterlassenschaft Meines Sohnes.

Er hat euch dieses Testament hinterlassen, um bei euch zu sein, – immer. Zu jeder Zeit könnt ihr Meinen Sohn Jesus Christus in der Heiligen Kommunion würdig empfangen. Aber die, die dieses Brot unwürdig empfangen, denen droht das Gericht. Es gibt heute viele, Meine Geliebten, die unwürdig dieses Brot empfangen. Welche Gesetze hat man heute in der Kirche vereinbart, um alle zu dieser Heiligen Kommunion zuzulassen. Die Wiederverheirateten Geschiedenen dürfen heute auch das Brot Meines Sohnes empfangen. Sie begehen damit eine der schwersten Sünden. Doch sie wissen es nicht, denn man lehrt sie, das zu tun. Man verwirrt sie, man zeigt ihnen, dass es keine Sünde ist. Heute gibt es keine schwere Sünde. Die zehn Gebote hat man an die Seite gestellt. Es gibt das Heilige Messopfer nicht mehr in würdiger Form. Es gibt eine Volksmesse. Da ist keine Heilige Opfermesse möglich, denn Mein Sohn Jesus Christus kann sich nicht verwandeln – Boshaftigkeit über Boshaftigkeit. Im Tabernakel ist der Böse. Es kann nicht anders sein, Meine Geliebten. Es ist eine Verunehrung im höchsten Maße, ein Sakrileg. Warum schaut man nicht in Meine Botschaften, die Ich euch allen gebe, um euch aufzuklären, um euch aus dieser Verwirrnis herauszuholen, um euch nicht in den ewigen Abgrund stürzen zu lassen.

Meine geliebten Priestersöhne, wo seid ihr? Wo bleibt ihr? Ist keine Scham bei euch vorhanden, was ihr tut? Glaubt ihr, dass ihr machen könnt, was ihr wollt, mit diesem Heiligen Messopfer, mit der Wahrhaftigkeit Meines Sohnes? Ist Er nicht für euch ans Kreuz gegangen? Hat Er euch nicht dieses Testament hinterlassen? Dieses ganz besonders große Sakrament der Heiligen Eucharistie? Und doch glaubt ihr, ihr könntet diese Verunehrung weiterhin vollziehen? Nein, Meine geliebten Priestersöhne. Ich muss eingreifen, leider, doch ganz anders, als ihr es erwartet. Ich Bin der große, Gewaltige Dreieinige Gott. Ich Bin der Vater im Himmel in der Dreieinigkeit, und werde dann Meinen Plan verwirklichen, erst dann, wenn ihr es nicht erwartet.

Seid vorbereitet auf diese Zeit und seid in der Heiligmachenden Gnade. Geht zum Heiligen Bußsakrament und bekennt eure Sünden in aller Demut, denn euch, Meine Priestersöhne, fehlt diese Demut. Ihr liegt im Stolz und glaubt, ihr könnt alles so machen, wie ihr es euch vorstellt und wie ihr es wünscht. Aber das ist nicht so. Dieses Heilige Sakrament hat Mein Sohn Jesus Christus eingesetzt, und dieses Fest feiert ihr heute.

In wie vielen Orten erlebt ihr diese Fronleichnamsprozession. Leider ihr, Meine Kleinen, könnt dieser Prozession nicht beiwohnen und Ich würde es auch nicht dulden, denn in diesem Sakrament, in dieser Volksmesse, werde Ich doch verunehrt. Auf die Würdigkeit warte Ich immer noch.

Ihr, Meine Priestersöhne, wann denkt ihr daran, das Heilige Opfermahl in würdiger Weise im Tridentinischen Ritus nach Pius V. zu feiern? Wann, Meine Geliebten? Glaubt ihr, ihr könnt weiterhin in die Irre gehen, und doch glauben, ihr werdet gerettet? Ihr müsst bereuen, alles tief bereuen, denn alles muss gesühnt werden. Eine tiefe Reue muss euch vorausgehen, ansonsten kann Ich euch nicht retten, obwohl Ich, der Himmlische Vater, es wünsche und will. Mein Sohn ist auch für euch gestorben – ganz allein für jeden Einzelnen von euch Priestern ist er gestorben. Er ist ans Kreuz gegangen. Und was macht ihr mit Ihm? Ihr schlagt Ihn erneut ans Kreuz und verachtet Ihn und verhöhnt Ihn in jeder Weise. Ihr verachtet Meine Boten, denen Ich diese Aufgabe, um euch zu retten, geschenkt habe.

Meine geliebte kleine Schar, haltet durch in dieser schwersten Zeit, denn Ich liebe euch unermesslich und segne euch nun in aller Ehre und Dankbarkeit mit allen Engeln und Heiligen, besonders mit eurer liebsten Himmlischen Mutter und Königin vom Sieg, der Dreifaltige Gott, der Vater, der

Sohn und der Heilige Geist. Amen. Lebt die Liebe und bleibt Mir treu in jeder Lage. Amen.

29. Mai 2016 – Sonntag in der Oktav vom Fronleichnamsfest. Der Himmlische Vater spricht nach der Heiligen Tridentinischen Opfermesse nach Pius V. durch Sein williges, gehorsames und demütiges Werkzeug und Tochter Anne.

Anne: Im Namen des Vaters, des Sohnes und des Heiligen Geistes. Amen. Der Opferaltar und auch der Marienaltar waren reichlich geschmückt mit Blumen und Kerzen. Die Engel zogen ein und aus. Auch habe ich die Chöre während der Wandlung das Sanctus singen hören.

Der Himmlische Vater wird auch heute sprechen: Ich, der Himmlische Vater, spreche jetzt und in diesem Augenblick durch Mein williges, gehorsames und demütiges Werkzeug Anne, die ganz in Meinem Willen liegt und nur Worte wiederholt, die aus Mir kommen.

Meine geliebte kleine Schar, Meine geliebte Gefolgschaft, Meine geliebten Pilger von nah und fern, alle Gläubigen, die an Meine Botschaften glauben und auch auf sie vertrauen, spreche Ich hiermit an.

Meine geliebten Priestersöhne, heute, an diesem Tag, habt ihr erfahren, dass dieses, Mein Heiliges Opfermahl im Tridentinischen Ritus nach Pius V. Gültigkeit hat. Wer nicht an jedem Sonntag als Priester das Heilige Opfer in würdiger Weise feiert, der empfängt Mich unwürdig und isst sich das Gericht.

Meine geliebten Priestersöhne, wie oft habe Ich euch ermahnt, dass ihr dieses Volksmahl nicht halten sollt. Doch ihr vollzieht es in unwürdiger Weise. Es ist eine schwere Sünde, ein Sakrileg. Warum setzt ihr den Verstand nicht ein? Wenn ihr eurem Meister, eurem liebsten Jesus den Rücken zukehrt, so könnt ihr nicht verlangen, dass Er sich in euren Händen verwandeln kann. Die Tabernakel in den Volksmessen sind leer, das heißt, der Böse hat Einzug gehalten. In diesen Tabernakeln befindet sich jetzt der Böse, der Teufel. Ihr werdet es recht bald erfahren, Meine geliebten Gläubigen, die ihr jetzt immer noch diese Volksmesse besucht. Ihr habt alle die Möglichkeit, nach der DVD täglich das Heilige Messopfer zu feiern, denn jeder, der willig und gläubig ist, kann erfahren, dass er dieses täglich in würdiger Weise mitfeiern kann. Wie Ich euch gesagt habe, könnt ihr alle diese DVD bestellen bei: Dorothea Winter, Tel.-Nr. 0551/3054480. Welch ein großes Entgegenkommen Meines Sohnes Jesus Christus für alle Gläubigen, die heute an Meine Botschaften glauben.

Wie verachtend gehen heute die Priester mit Meinem Sakrament, dem Sakrament der Heiligen Eucharistie, um. Sie verschmähen es, sie verunehren es und sie glauben nicht mehr, dass Mein Sohn Jesus Christus mit Gottheit und Menschheit anwesend ist. Ja, Er wirkt in euch und Er liebt euch alle, Meine Priestersöhne, und doch glaubt ihr nicht an diese Wahrheit. Ihr schlagt Meinen Sohn erneut ans Kreuz. Ich habe dies des Öfteren wiederholt und ihr geht keinen Schritt vorwärts, sondern rückwärts. Die Modernistik zerstört Meine ganze Heilige Katholische und Apostolische Kirche. Wie oft habe Ich wiederholt, dass ihr dieses Heilige Opfermahl in würdiger Weise im Tridentinischen Ritus feiern sollt. Doch leider glaubt ihr bis heute nicht an diese Wahrheit, sondern feiert die Volksmesse am Volksaltar, ohne Meinem Sohn die Ehrfurcht entgegenzubringen.

Am kommenden Dienstag, dem 31. Mai, feiert ihr das Fest Maria Königin. Ist dieses Fest auch im Modernismus enthalten? Nein, man hat es weggewischt. Man feiert es am 22. August. Warum, weil man das Fest der Unbefleckt Empfangenen unterlassen wollte. Man hat es nicht beachtet, dass der 31. Mai, der letzte Tag im Marienmonat Mai, das Fest Maria Königin ist. Und ihr, Meine Geliebten, feiert dieses Fest am Dienstag und darauf am Freitag das große Herz-Jesu-Fest. Auch das fehlt im Modernismus. Man achtet nicht auf diese besonderen Oktaven, die Oktav des Fronleichnamsfestes, die Oktav von Christi Himmelfahrt und die Oktav des Herz-Jesu-Festes. Nichts ist diesen Priestersöhnen heilig. Oft habe Ich sie ermahnt. Sie glauben nicht und sie verachten Mich. Ich, der Himmlische Vater, werde recht bald in gravierender Weise eingreifen müssen. Dann glaubt ihr ganz sicher, Meine geliebten Priestersöhne, denn ihr könnt nichts erklären, was Ich, als Himmlischer Vater, euch am Firmament zeigen werde. Es ist nicht zu erklären und es ist auch nicht wegzudiskutieren.

Meine Himmlische Mutter und Mein Sohn Jesus Christus werden am gesamten Firmament in der ganzen Welt in gewaltiger Größe erscheinen. Noch möchte Ich euch sagen, dass das Gericht auch kommen wird, die Seelenschau. Jeder wird erkennen, wie groß seine eigene Sündenschuld ist. Sterne werden vom Himmel fallen. Recht bald wird die Finsternis einkehren. Die Finsternis in den Seelen der Priester ist bereits eingekehrt. Gewaltig ist auch, dass man den Stuhl Petri in zweifacher Weise besetzt hat.

Wie unwürdig denkt man an dieses Petrusamt. Ich habe ihm, dem Heiligen Petrus, diese Gewalt übertragen: „Du bist Petrus, und auf diesem Felsen werde Ich Meine Kirche bauen." Glaubt man dieses heute noch, wenn man zwei Päpsten gehorcht? Ganz sicher nicht, Meine Geliebten.

Alles, und noch viel mehr, hätte Ich euch zu sagen. Doch Ich möchte euch bitten: kehrt endlich um, und empfangt das Heilige Bußsakrament, damit ihr eure Sünden in aller Demut vor Meinem Sohn Jesus Christus bekennt, denn ihr seid alle in schwerer Schuld und steht am Abgrund, Meine geliebten Priestersöhne. Nur ein kleiner Stoß und ihr werdet in die ewigen Abgründe hinabsinken. Wollt ihr das, oder bekehrt ihr euch noch im letzten Augenblick? Ergreift diesen Strohhalm, den Ich euch anbiete.

Und so segne Ich euch heute, Meine Geliebten, die ihr an Meine Botschaften glaubt, die ihr Mir vertraut, mit allen Engeln und Heiligen mit der ganzen Himmlischen Heerschar, mit eurer liebsten Himmlischen Mutter, der Mutter und Königin vom Sieg, im Namen des Vaters, des Sohnes und des Heiligen Geistes. Amen.

Lebt die Liebe, denn die Liebe ist das Größte. Die Welt wird euch hassen, aber euer Himmlischer Vater liebt euch unermesslich.

31. Mai 2016 – Fest Maria Königin. Der Himmlische Vater spricht heute nach der Heiligen Tridentinischen Opfermesse nach Pius V. durch Sein williges, gehorsames und demütiges Werkzeug und Tochter Anne.

Anne: Im Namen des Vaters, des Sohnes und des Heiligen Geistes. Amen. Heute, am 31. Mai 2016, haben wir das Fest Maria Königin gefeiert. Wir hatten eine würdige Heilige Opfermesse im Tridentinischen Ritus. Dieses Fest wurde von uns feierlich begangen. Der Opferaltar und der Marienaltar waren reichlich geschmückt.

Die Engel zogen ein und aus. Der Himmlische Vater segnete während der Heiligen Opfermesse. Die Gottesmutter verneigte sich vor Ihrem Sohn Jesus Christus. Ich habe sogar die Krönung der Gottesmutter erleben dürfen. Jesus Christus hat Seine Mutter während der Opfermesse sogar gekrönt.

Der Himmlische Vater wird sprechen: Ich, der Himmlische Vater, spreche jetzt und in diesem Augenblick durch Mein williges, gehorsames und demütiges Werkzeug und Tochter Anne, die ganz in Meinem Willen liegt und nur Worte wiederholt, die aus Mir kommen.

Geliebte kleine Schar, geliebte Gefolgschaft und geliebte Pilger und Gläubige von nah und fern, ihr seid Meine Geliebten. Heute habt ihr das Fest Meiner Mutter und Königin gefeiert, so auch in Wigratzbad, der Königin vom Sieg.

Ihr könnt es euch nicht vorstellen, was dieses Fest in Wirklichkeit bedeutet? Ihr hört nur: Maria, die Königin. Aber was die Königin wirklich beinhaltet, das könnt ihr nicht ermessen. Mein Sohn Jesus Christus hat sie nicht umsonst gekürt als Seine Königin. Alles hat Sie für die Menschheit, alles hat Sie geopfert. Sie war Ihrem Sohn treu bis zum Kreuz. Sie ist nicht davongelaufen, als Jesus Christus, Ihr einziger Sohn, der Sohn Gottes, am Kreuz sterben musste. Für alle, besonders für die, die in schwerer Sünde liegen, musste Er sterben, Er, der große Gott, der nicht eine Sünde begangen hat. Er hat alle Schuld auf sich genommen. Und Seine Mutter, die auch unsere Mutter ist, auch Sie hat bittere Tränen für das Weltenleiden vergossen. Sie stand bei Ihrem Sohn unter dem Kreuz und war vor Schmerz fast der Ohnmacht nahe. Und doch hat Sie durchgehalten. Nie ist Sie von Ihm gewichen. Auch in den schwersten Stunden hat Sie geglaubt. Und so sollen auch wir Glaubende werden, Glaubende in allen Lagen. Auch in den Schwierigkeiten, auch in den Unverständlichkeiten sollen wir glauben. Nichts soll uns zu schwer sein, weil Jesus Christus und Seine Mutter, unsere Königin, dieses Leid mitträgt. Als Mutter ist Sie immer um uns besorgt.

In Wigratzbad wird Sie als Mutter und Königin vom Sieg verehrt, auch in Schönstatt. Warum die Siegerin? Sie wird als Siegerin verehrt weil Sie auch heute der Schlange den Kopf zertreten wird, weil Sie die Schlangenzertreterin ist, das heißt, dann, wenn der Böse uns umgarnen will, ist unsere Mutter schon dabei, ihn zu verjagen. Sie will nicht, dass er uns Böses antun kann. Sie beschützt uns. Wir dürfen Ihre Heiligen Engel anrufen. Sie nimmt uns in die Arme, dann, wenn es uns zu schwer erscheint. Sie liebt uns als Himmlische Mutter. Stets ist Sie bei uns. Nicht einen Augenblick möchte Sie uns aus Ihren Augen lassen. Und darum dürfen wir Sie auch als Königin anrufen, weil Sie dann siegen will. Sie will über die Macht Satans siegen. Und die Macht Satans ist in der heutigen Zeit gewaltig.

Diese Großartigkeit der Königin des Himmels ist so hervorragend für uns, dass wir in Dankbarkeit vor Ihr niederfallen müssten, um Ihr zu danken, weil Sie all das Leid auch für uns getragen hat. Wir wollen Ihr in den Tugenden nachfolgen. Wir wollen durch Sie beim Himmlischen Vater diese Tugenden erbitten.

Alles erscheint uns oft zu schwer, aber die Mutter weiß immer Rat. Sie ist nicht unwissend über unsere Schwierigkeiten, im Gegenteil, Sie geht gleich zu Ihrem Sohn, zu Mir, dem Himmlischen Vater, und bittet für uns um Vergebung unserer Sündenschuld, besonders dann, wenn wir in Schuld geraten sind. Auch wegen unserer Schwächen und Fehler ist Sie bedacht, uns darauf aufmerksam zu machen, dass die Engel uns beschützen wollen, dass wir unsere Schutzengel anrufen dürfen. Ja, Cherubim und Seraphim wollen um uns sein. Wir dürfen sie alle anrufen, auch die Heiligen. Sie wollen um uns sein und sind unsere Vorbilder.

Natürlich können wir nicht das leisten, was diese Heiligen als Märtyrer wirklich für den Glauben geleistet haben. Aber wir sind Märtyrer der Seele, das heißt, unsere Seele leidet meistens mehr in der heutigen Zeit, als der Körper. Diese Verfolgung und Verachtung macht uns zu schaffen. Aber wir gehen zur Mutter und bitten um Ihre Hilfe, um Ihre Unterstützung.

So wollen wir uns heute bei Ihr bedanken, dass Sie immer wieder bei uns sein will, als Himmlische Mutter, um uns besorgt ist und uns umarmt in der Liebe, in der Liebe Gottes.

Und so segne Ich euch nun, Meine geliebten Kinder, mit allen Engeln und Heiligen in der Dreieinigkeit, im Namen des Vaters, des Sohnes und des Heiligen Geistes. Amen.

Meine Mutter ist auch eure Mutter. Die Liebe ist das Größte. Die Mutterliebe geht über alles. Amen.

3. Juni 2016 – Herz-Jesu-Fest. Der Himmlische Vater spricht nach der Heiligen Tridentinischen Opfermesse nach Pius V. durch Sein williges, gehorsames und demütiges Werkzeug und Tochter Anne.

Anne: Im Namen des Vaters, des Sohnes und des Heiligen Geistes. Amen. Heute, am 3. Juni 2016, haben wir das Fest des Heiligsten Herzens Jesu, gefeiert. Das Heilige Messopfer wurde in aller Ehrfurcht im Tridentinischen Ritus nach Pius V. mit wunderschönem Blumen- und Kerzenschmuck gefeiert. Die Engel zogen während der Heiligen Opfermesse ein und aus. Der Opferaltar war während der gesamten Heiligen Opfermesse in goldenes Licht getaucht, der Marienaltar erschien im gleißenden Licht, wie auch ganz besonders die Mutter Gottes.

Der Himmlische Vater wird sprechen: Ich, der Himmlische Vater, spreche heute, an diesem Festtag Meines Sohnes Jesus Christus, an Seinem Fest des Heiligsten Herzens, zu euch, Meine geliebten Kinder, Meine geliebte kleine Schar, durch Mein williges, und demütiges Werkzeug und Tochter Anne, die ganz in Meinem Willen liegt und nur Worte wiederholt, die heute aus Mir kommen.

Geliebte Kinder, geliebte Kinder des heutigen Festes, des Festes Meines Sohnes Jesus Christus. Ja, Meine Geliebten, es ist ein großes Fest, das ihr ganz sicher nicht verstehen könnt. So groß ist die Gnade, die heute über euch fließt.

Aus dem Herzen Meines Sohnes Jesus Christus ist Sein Heiliges Blut und Wasser geflossen. Seine Seite wurde mit der Lanze durchbohrt. Könnt ihr euch das vorstellen, was das bedeutet, das aus dieser Seite Meines Sohnes die Heilige Katholische Kirche entstanden ist?

Was hat man heute, ja, was haben Meine Priestersöhne, die unwürdigen Priestersöhne, aus diesem Fest heute gemacht? Sie begehen es nicht einmal. Sie denken nicht einmal daran, dieses große Fest zu feiern. Sie glauben nicht daran, dass diese Heilige Katholische und Apostolische Kirche daraus entstanden ist. Sie haben sie zerstört, vollkommen zerstört liegt sie am Boden.

Und doch, Meine geliebten Kinder, wird diese Kirche glorreich auferstehen, dann, wenn Ich es wünsche. Ich habe das Zepter bereits seit langem in die Hand genommen, weil der Heilige Stuhl Petri nicht in würdiger Weise besetzt ist. Ein falscher Prophet sitzt zu dieser Zeit auf diesem Thron und führt alle Gläubigen der Katholischen Kirche in die Irre.

Ihr glaubt es nicht, Meine Geliebten, was das heute bedeutet. Dieser Schmerz Meines Sohnes geht durch Mark und Bein. Alle Meine Geliebten, schart euch heute ganz besonders um das Kreuz. Weiht euch dem Herzen Meines Sohnes Jesus Christus, dem Göttlichen Herzen, denn das Blut ist für euch geflossen. Das Blut soll über euch und eure Kinder kommen. Verbindet das Göttliche Herz heute mit eurem Herzen, durch die besondere Weihe. Dieses Herz liebt euch, und wenn es nicht in so großer Liebe euch umarmen würde, so würdet ihr zerfließen vor Scham, vor euren eigenen Sünden, vor eurer großen Sündenschuld, denn all ihr Meine geliebten Kinder, wart in großer Schuld vor Meinem Sohn Jesus Christus, der euch durch Sein Kreuzesleiden erloste.

Nun habt ihr die Möglichkeit, das Heilige Bußsakrament zu empfangen. Nehmt dies oft wahr, Meine Geliebten. Das Blut Meines Sohnes Jesus Christus soll weiterfließen, und nicht an Unwürdige achtlos verteilt werden, denn wer dieses Brot isst, wird leben in Ewigkeit. Wer es aber unwürdig empfängt, der isst sich das Gericht. Und das ist bitter, Meine Geliebten, denn viele Gläubige essen sich heute das Gericht. Sie wissen es nicht, weil sie von der obersten Stelle, dem Stuhl Petri, in die Irre geführt werden. Sünde über Sünde häuft sich. Doch die oberste Gewalt sagt ihnen: „Sünde gibt es heute nicht mehr."

Ihr kommt zu Meinem Heiligen Opfermahl und empfangt diese Heilige Seelenspeise, die euch zum Himmlischen Vater in die ewige Herrlichkeit führen wird.

Auf dieser Erde werdet ihr viel Leid erleben müssen. Nur durch das Leid wird euch das ewige Heil zuteil. Im Kreuz ist Heil, wie ihr wisst, Meine Geliebten.

Gestern, in der Rasenkreuzandacht habt ihr erfahren, dass im Kreuz wirklich das Heil liegt. Das Kreuz in Meggen erscheint immer wieder. Die Menschen eilen dorthin, um ihr Kreuz besser ertragen zu können. Es fällt vielen nicht leicht, wenn ein schweres Kreuz sie trifft. Dann klagen sie oft und verzweifeln. Ihr, Meine Geliebten, sollt euch unter das Kreuz stellen, denn eure liebste Mutter ist euch darin das Vorbild und Sie hat bis zuletzt unter dem Kreuz Ihres Sohnes Jesus Christus gestanden. Auch ihr sollt glauben und vertrauen, dass ihr nur durch dieses Kreuzesleiden in die ewigen Herrlichkeiten eingeführt werdet.

Ich liebe euch im Kreuz, Meine Geliebten. Ganz besonders möchte Ich euch das heute sagen, an diesem großen Fest, damit ihr euch bewusst werdet, was das Leiden Jesu Christi für euch bedeutet: Liebe über Liebe und Treue über Treue.

In Dankbarkeit segne Ich euch nun in der Dreieinigkeit mit eurer liebsten Mutter und allen Engeln und Heiligen, der Dreifaltige Gott, der Vater, der Sohn und der Heilige Geist. Amen.

Lebet die Liebe, denn die Liebe ist das Größte.

4. Juni 2016 – Zönakel. Die Gottesmutter spricht nach der Heiligen Tridentinischen Opfermesse nach Pius V. durch Ihr williges, gehorsames und demütiges Werkzeug und Tochter Anne.

Anne: Im Namen des Vaters, des Sohnes und des Heiligen Geistes. Amen. Heute, am 4. Juni 2016, haben wir das Zönakel gefeiert. Der Marienaltar war heute besonders mit vielen Blumen geschmückt. Der Opferaltar war in gleißendes, goldenes Licht getaucht, sowie auch der Marienaltar. Die Engel zogen ein und aus.

Die Gottesmutter wird heute sprechen: Ich, eure Himmlische Mutter, spreche jetzt und in diesem Augenblick, durch Mein williges, gehorsames und demütiges Werkzeug und Tochter Anne, die ganz in Meinem Willen liegt, und nur Worte wiederholt, die heute aus Mir kommen.

Meine geliebten Marienkinder, Meine geliebte kleine Schar, Meine geliebte Gefolgschaft und auch Pilger von nah und fern. Ihr seid heute in das Zönakel eingetreten und habt Meine Botschaft empfangen. Ich, eure Himmlische Mutter, führe euch in Meine sichere Zufluchtsstätte, denn es ist erforderlich, dass ihr diese Stätte aufsucht. Die Zeit ist reif, Meine geliebten Kinder, denn der Himmlische Vater in der Dreieinigkeit, wird recht bald eingreifen müssen.

Darum ist eure Himmlische Mutter sehr besorgt um euch. Sie möchte euch in jeder Lage schützen. Betet viel und haltet durch. Seid einig untereinander und liebt den Himmlischen Vater in jeder Phase. Oft spürt ihr es nicht, wenn der Himmlische Vater euch lenkt. Einiges wünscht ihr anders, als es der Himmlische Vater erdacht hat. Er berichtigt eure Fehler.

Ich weiß, dass du, Meine Kleine, vollkommen am Ende bist, ja, der Ohnmacht nahe. Und doch verlangt der Himmlische Vater gerade von dir das Äußerste. Du musst durchhalten, auch in dieser letzten Phase. Auch, wenn du meinst, es bricht alles über dir zusammen, so wirst du doch in der letzten Zeit eine besondere Stärke erfahren müssen.

Vieles hätte eure Himmlische Mutter noch zu sagen. Doch du, Meine Kleine, benötigst jetzt eine Ruhepause. Du wirst diese Botschaften noch aufschreiben wollen, doch nicht heute. Deine Mutter weiß um deine Kräfte. Du sollst dir alles einteilen.

Ich liebe dich und Ich möchte dir danken, dass du immer wieder bereit bist, dem Himmlischen Vater die Freude zu bereiten, Seine Worte, beziehungsweise heute, Meine Worte, entgegenzunehmen.

Auch, wenn du meinst, du liegst am Boden. Du wirst das vollbringen, was der Himmlische Vater von dir verlangt, und nicht mehr, aber auch nicht weniger. In dieser Phase wirst du besonders geliebt, weil der Himmlische Vater auf deine Ohnmacht schaut. Dann kann Er Seine Wirkkraft in dir vollenden. Sei tapfer und schreite mutig voran. Der ganze Himmel liebt dich und auch euch. Ich segne euch in der Dreieinigkeit mit allen Engeln und Heiligen, im Namen des Vaters, des Sohnes und des Heiligen Geistes. Amen. Seid mutig und tapfer. Ihr werdet geliebt. Amen.

5. Juni 2016 – 3. Sonntag nach Pfingsten, in der Oktav des Herz-Jesu Festes spricht der Himmlische Vater nach der Heiligen Tridentinischen Opfermesse nach Pius V. durch Sein williges, gehorsames und demütiges Werkzeug und Tochter Anne.

Anne: Im Namen des Vaters, des Sohnes und des Heiligen Geistes. Amen. Der Opfer- und der Marienaltar waren beide in gleißendes goldenes Licht getaucht, heute an diesem Festtag, an diesem Sonntag.

Die Engel zogen wieder ein und aus. Der Himmlische Vater war während der Heiligen Opfermesse hell erleuchtet, hell erstrahlt und auch der Tabernakel und die Tabernakelengel waren in strahlendem Licht während der Heiligen Tridentinischen Opfermesse, die wir heute in aller Ehrfurcht gefeiert haben.

Ich, der Himmlische Vater werde heute sprechen: Ich, der Himmlische Vater spreche jetzt und in diesem Augenblick durch Mein williges, gehorsames und demütiges Werkzeug und Tochter Anne, die ganz in Meinem Willen liegt und nur Worte wiederholt, die aus Mir kommen.

Geliebte Vaterkinder, geliebte Marienkinder, geliebte kleine Schar, geliebte Gefolgschaft von nah und fern. Heute habt ihr im Evangelium gehört, dass ihr für eure Verfolger beten sollt. Das ist die Feindesliebe. Ich gehe Meinen verlorenen Schafen nach. Das sind Meine Priestersöhne, die Mir keinen Gehorsam erweisen wollen und diese Heilige Opfermesse nicht in aller Ehrfurcht im Tridentinischen Ritus nach Pius V. feiern wollen. Sie haben alle die Möglichkeit, dieses Heilige Opfermahl zu feiern. Niemand kann sagen: „Ich darf diese Heilige Opfermesse nicht feiern, weil es mein Bischof verbietet."

Meine Geliebten, seid ihr nicht alle im Tridentinischen Ritus groß geworden. Habt ihr nicht alle gewusst, das ist Mein Heiliges Opfermahl? Es gibt kein zweites Heiliges Opfermahl. Wenn ich das Opfermahl als Volksmesse am Volksaltar feiere, so liege ich in der Irre und begehe ein Sakrileg. Und doch gehe ich weiterhin Meinen verlorenen Schafen nach.

Und ihr, Meine Geliebten, betet für Meine Verfolger und für eure Verfolger, die euch umringen und euch vom wahren Glauben abbringen wollen, für die, die euch verachten, die euch die Ehre nehmen, auch dann, Meine Geliebten, habt ihr die Pflicht, sogar für sie zu beten. Ihr seid auserwählt. Diese Auserwählung ist ein Geschenk von Mir. Ihr habt sie nicht von euch selbst erarbeiten können. Diese Gnade habe Ich euch geschenkt, und ihr habt diese Gnade angenommen. Genauso hättet ihr diese Gnade auch ablehnen können, wie es viele tun.

Doch immer wieder achte Ich auf Meine verlorenen Schäflein, denn Ich habe 99 Gerechte, denen werde Ich nicht nachgehen, sondern dem einen einzelnen verlorenen Schaf werde Ich nachgehen. Ich möchte gerade dieses retten.

Ich sehe alle Priester, die am Abgrund stehen. Nur ein kleiner Stoß, und sie fallen in den ewigen Abgrund. Ich werde ihnen nachgehen, ganz besonders heute, an diesem Tag, denn ihr sühnt für diese Verfolger. Ihr betet für eure Feinde, und das ist eure Pflicht und es bleibt eure Aufgabe.

Es wird nicht leicht für euch sein, für die, die euch verachten, die euch schmähen, immer erneut zu beten. Ihr seid Menschen, und ihr seid oft von euren Gefühlen abhängig. Dann werde Ich euch zeigen, wie es möglich ist. Beginnt mit neuem Mut und mit neuer Kraft und betet, denn jedes Schäflein, jeden Sünder möchte Ich retten, und Ich möchte ihn an Meiner ewigen Herrlichkeit teilhaben lassen.

Es ist nicht leicht in der heutigen Zeit für diese Menschen zu beten, denn es gibt viele Sünder unter euch. Bedenkt aber auch, Meine Geliebten, dass aber auch ihr vor eurer Erwählung große Sünder ward. Ich habe euch erwählt und habe euch verziehen, denn es ging von euch eine große Reue voraus. Ihr habt bereut und ihr habt eure Sünden vor Mir in einer Heiligen Beichte bekannt. Dafür danke Ich euch. Das heißt aber nicht, dass ihr die anderen, die noch nicht zur Reue gefunden haben, verachten dürft. Nein, betet für sie und glaubt daran, dass sie gerettet werden können. Ich werde ihnen die Gnade schenken. Sie haben aber ihren eigenen Willen und sie können mit diesem Willen diese Gnade ablehnen oder sie auch annehmen. Auf diese Annahme der Gnade warte Ich, auch heute noch, denn Ich liebe jeden einzelnen Priester. Meine Himmlische Mutter bittet an Meinem Thron täglich für Ihre Priestersöhne, damit sie gerettet werden, und nicht in den ewigen Abgrund hinabsinken.

Ich liebe alle und es segne euch nun in der Dreieinigkeit, mit allen Engeln und Heiligen, besonders mit eurer liebsten Mutter, der Dreieinige Gott, der Vater, der Sohn und der Heilige Geist. Amen.

Betet für eure Verfolger und seid gnädig mit ihnen und erbarmt euch ihrer.

12. Juni 2016 – 4. Sonntag nach Pfingsten. Die Gottesmutter spricht nach der Heiligen Tridentinischen Opfermesse nach Pius V. durch Ihr Werkzeug und Tochter Anne.

Anne: Im Namen des Vaters und des Sohnes und des Heiligen Geistes. Amen. Heute haben wir den vierten Sonntag nach Pfingsten gefeiert am 12. Juni 2016. Auch ist es der Marientag, heute der 12. an dem die Muldaner in Heroldsbach anwesend sind und die Sühnenacht verbringen. Während der Heiligen Opfermesse war der Opferaltar und auch der Marienaltar in goldenes Licht getaucht. Auch der Blumen-und Kerzenschmuck war überwältigend groß. Es war wie ein großer Festtag, besonders das Jesuskind und auch der Kleine König der Liebe, waren in helles Licht getaucht.

Die Gottesmutter wird heute sprechen: Ich, eure liebste Mutter, spreche heute an diesem Sonntag, der auch Mein Festtag ist, zu euch Meine geliebten Kinder, durch Mein williges, gehorsames und demütiges Werkzeug und Tochter Anne, die ganz im Willen des Himmlischen Vaters liegt und nur Worte wiederholt, die heute aus Mir kommen.

Geliebte Marienkinder, geliebte Vaterkinder, geliebte kleine Schar, Gefolgschaft und auch Pilger von nah und fern. Wie sehr habe Ich heute auf diesen Tag gewartet. Weil Ich euch liebe, seid ihr beschützt in jeder Lage, doch der Böse geht um. Er will euch im letzten Augenblick noch von der Wahrheit abbringen, und wird es immer wieder versuchen, euch Steine in den Weg zu legen. Aber habt Vertrauen, denn die Liebe Gottes wird alles überdauern.

Heute, Meine geliebten Marienkinder, habt ihr vom reichen Fischfang gehört. Ja, auch der Himmlische Vater benötigt eure Hilfe, Er benötigt eure Füße, damit ihr zu denen geht, die noch weit weg sind vom Glauben, damit ihr durch euer Zeugnis, durch euer ablegendes Zeugnis, den wahren Glauben verbreitet, durch euer Sosein, durch eure Liebe, die ihr dem Anderen entgegenbringt. Ihr müsst Verständnis für Viele haben, die nicht glauben, die weit weg, weit entfernt sind vom Glauben, die, die in der Welt leben und die weltlichen Genüsse genießen. Die Welt sieht anders aus, Meine geliebten Kinder, ihr habt eure Leiden und in diesen Leiden dürft ihr danken. Vieles könnt ihr nicht begreifen, und vieles werdet ihr in euren Herzen auch nicht erfahren, denn es ist nicht nach euren Wünschen. Ich, der Himmlische Vater, weiß alles, was euch noch fehlt zum Heil, zum ewigen Heil. Vieles ist in euren Herzen, was noch geläutert werden muss. Das Ego ist in manchen Menschen sehr stark vorhanden, wenn Ich diese Menschen auserwählt habe, so werde Ich sie läutern, damit sie ganz Mein sind, ganz Mein heißt, dass sie Meinen Willen anerkennen und nicht ihren Wünschen nachgehen.

Ja, was bedeutet wirklich der reiche Fischfang? – Liebe weitergeben, Feindesliebe leben, darauf achten, dass ich den anderen Menschen nicht verletze, sondern ihn so belasse, wie er ist. Oft möchte ich den anderen Menschen ändern, weil er nicht meinen Wünschen entspricht. Doch ich werde bald spüren, dass er sich nicht ändern will. Dann Meine Geliebten, verzweifelt nicht, sondern gebt ihn willig in Meine Hände. Was Mein ist, ist auch dein. Die Liebe, die Ich in die Herzen der Ungläubigen gebe, sieht anders aus, als ihr es euch erdenkt. Ich liebe jeden Menschen, auch die, die nicht glauben, auch die, die Mich verachten, verhöhnen, verleugnen, auch denen gehe Ich nach. Und durch eure Sühne Meine Geliebten, kann Ich sie retten. Ja, Meine geliebten Marienkinder, oft ist es nicht einfach, den Willen des Himmlischen Vaters, den Willen Meines Sohnes zu erfüllen.

Diese Leiden sind oft auf Erden unerträglich, doch dann schaut auf Mein Leid, und schaut auch auf Meine Hilfe. Hab Ich euch, als Himmlische Mutter, jemals allein gelassen?

Bin Ich gleichgültig gewesen, gegenüber euren Leiden? Nein, Ich habe euch an die Hand genommen und habe euch zum Vater geführt. Ständig bitte Ich den Vater, Er möge eure Leiden erträglich machen, das heißt nicht, dass ihr vor den Leiden bewahrt werdet auf Erden, nein, im Gegenteil, die Leiden sind sehr schwer, unerklärlich und doch führen euch diese Leiden zum ewigen Heil, zur ewigen Herrlichkeit. Dort sieht alles anders aus, dort hört das Wehklagen auf, dort sind die ewigen Freuden, denn auch ihr wollt doch einmal am ewigen Hochzeitsmahl teilhaben.

Wie sehr liebe Ich doch Meine Priestersöhne, die nicht glauben, die nicht anbeten, und nicht hoffen und nicht lieben. Ich schaue auf ihre Hände, auf ihre gesegneten Hände und bitte den Himmlischen Vater, Er möge sie neu segnen und neu weihen, ansonsten wären sie dem Untergang geweiht. Und niemals möchte Ich einen Priestersohn in die ewigen Abgründe hinab stürzen sehen, denn Mein Leid wird dann als Mutter, als Himmlische Mutter, unerträglich.

Meine geliebten Kinder, ihr glaubt weiterhin, ihr vertraut und schaut auf Mein Leid, das Leid Meines Sohnes, und ihr opfert und sühnt, besonders ihr Muldaner. Ich danke euch heute, dass ihr die Sühnenacht mit vielen Opfern verbringt. Betet und sühnt und scheut keine Mühe. Am morgigen Tag seid ihr in der Mulde, und ihr feiert dort das Heilige Tridentinische Opfermahl. Wie viele Gnaden werden euch heute zuteil werden, und diese Gnaden sollt ihr mitnehmen in eure Wohnorte. Dort wird man spüren, etwas Heiliges geht von euch aus und das wird der reiche Fischfang sein.

So segne Ich euch heute alle in der Dreieinigkeit, vor allen Dingen segnet euch heute eure Rosenkönigin von Heroldsbach, die Siegerin und Königin von Wigratzbad, mit allen Engeln und Heiligen, der Dreifaltige Gott, der Vater, der Sohn und der Heilige Geist. Amen.

Anne: Gelobt und gepriesen sei das Allerheiligste Altarssakrament von nun an bis in Ewigkeit. Amen.

13. Juni 2016 – Fatima- und Rosa-Mystika-Tag. Die Gottesmutter spricht nach der Heiligen Tridentinischen Opfermesse nach Pius V. durch ihr williges, gehorsames und demütiges Werkzeug und Tochter Anne.

Anne: Im Namen des Vaters, des Sohnes und des Heiligen Geistes. Amen. Heute waren der Opferaltar und auch der Marienaltar nach der Heiligen Tridentinischen Opfermesse hell erleuchtet. Der Blumenschmuck war in ein goldenes, gleißendes Licht getaucht. Die Perlen in den Rosen waren mit Diamanten geschmückt. Die Engel zogen während der Heiligen Opfermesse, wie immer, ein und aus.

Die Rosenkönigin von Heroldsbach wird heute sprechen: Ich, eure liebste Mutter, eure Rosenkönigin von Heroldsbach, spreche jetzt und in diesem Augenblick, durch Mein williges, gehorsames und demütiges Werkzeug und Tochter Anne, die ganz im Willen des Himmlischen Vaters liegt und nur Worte wiederholt, die heute aus Mir kommen.

Geliebte Marienkinder, geliebte Vaterkinder, geliebte Gefolgschaft und Pilger von nah und fern. Ihr alle, Meine Geliebten, glaubt und vertraut. Ihr seid heute zu Meinem Gnadenort nach Heroldsbach geeilt, um dort die

Gnaden, die Ich ausschütte, entgegenzunehmen. Ich danke euch, Meine geliebten Kinder, für all die Mühen, die ihr auf euch genommen habt, um diesen weiten Weg zurückzulegen und in der Sühnenacht auszuharren. Ihr betet und opfert euren Schlaf für die Sühnenacht.

Welch großes Erlebnis war doch diese Heilige Sühnenacht. Ich, als Himmlische Mutter und Rosenkönigin, war bei euch. Ich war in euren Herzen. Ich habe euch die Kraft vermitteln dürfen, durchzuhalten. Ihr, Meine geliebte kleine Schar, habt die größten Opfer auf euch genommen, denn eure Katharina, eine eurer kleinen Schar, ist schwer erkrankt und liegt im Krankenhaus und wurde operiert. Die schwere Operation der Beseitigung des Tumors ist erfolgreich verlaufen.

Meine Geliebten, Ich habe gewünscht, dass dieser Ausgang des Darms noch nicht zurückverlegt werden sollte. Es ist zwar sehr beschwerlich für Meine geliebte Tochter Katharina. Doch sie wird dieses Leid für die Priester auf sich nehmen. Ich, der Himmlische Vater, verlange von euch allen sehr viel, von Meiner geliebten kleinen Schar am meisten. Darum ist die Gefolgschaft mit ihrem Leid erfolgreich. Viele Priester, die ihr nicht kennt, Meine Geliebten, sind in dieser Sühnenacht umgekehrt und konnten glauben und vertrauen. Ich habe sie vor der ewigen Verdammnis bewahren können und habe sie in die Hände des Himmlischen Vaters gelegt. Ich danke euch für diese Opfer.

Ihr seid weiterhin bereit, auszuharren und durchzuhalten. Immer mehr wird eure Gefolgschaft glauben und in der Anzahl der gläubigen Pilger steigen. Ihr werdet es spüren, dass diese Gefolgschaft gefestigt wird, gefestigt im Glauben in der Sühne und im Gebet.

Ihr, Meine geliebte kleine Schar, haltet durch. Die größten Opfer werden nun von euch verlangt. Der Himmlische Vater wird recht bald eingreifen, und zwar in ganz massiver Form. Die dunklen Tage kommen unweigerlich auf euch zu und auch die Seelenschau.

Die Menschen werden es nicht ertragen, wenn sie die Sünden vor sich sehen. Manche werden nicht überleben können, weil die Sündenschuld zu groß ist. Sie werden vor den eigenen Sünden erschrecken und tot umfallen.

Die Verfolgung, die gegen euch lief, ist im hohen Maße gestiegen. Man verfolgt euch, man glaubt euch nicht und man nimmt euch die Ehre. Doch Mein geliebter Sohn Jesus Christus wurde auch verfolgt. Man hat Ihn verachtet, man hat Ihm die Dornenkrone aufs Haupt gedrückt und man hat Ihn gekreuzigt, obwohl Er für die ganze Menschheit dieses Kreuzesleiden auf sich genommen hat, um alle zu erlösen.

Die Priester glauben auch heute noch nicht an dieses Kreuzesleid, denn sie feiern heute noch nicht das Heilige Opfermahl in würdiger Weise. Sie haben allerlei Ausreden, um dieses Opfermahl nicht zu feiern, sondern sie feiern das Volksmahl, bei dem sie kein Opfer bringen müssen. Sie sehen nicht ein, dass sie dem Volk dienen und nicht ihrem liebsten Herrn Jesus Christus in der Dreieinigkeit. Sie wenden sich vom Tabernakel ab und kehren Ihm den Rücken zu. Wie oft habe Ich, als Himmlische Mutter, Meine Priestersöhne gewarnt. Sie stehen am Abgrund und Ich möchte sie vor der ewigen Verdammnis bewahren. Ich, als Himmlische Mutter, flehe beim Himmlischen Vater ständig um ihre Bekehrung. Ich warte darauf, dass sie umkehren.

Wie viel Leid hat doch Meine kleine Schar und die Gefolgschaft auf sich genommen. – Die Priestersöhne könnten daran erkennen, wie viel Leid erforderlich ist, um in die ewigen Wohnungen einzugehen.

Mein geliebter Priestersohn feiert am kommenden Freitag sein 60-jähriges Priesterjubiläum. Sechzig Jahre Priester bedeutet sechzig Jahre Opfer bringen, Opfer für Mich, Opfer für Meinen geliebten Sohn Jesus Christus in der Dreieinigkeit. Auch heißt es, täglich das Heilige Messopfer am Altar zu feiern und nicht die Mahlgemeinschaft vorzuziehen, das Heilige Bußsakrament in Ehren halten und es achten, und immer wieder die Menschen von ihrer Sündenlast zu befreien.

Beten ist das oberste Gebot Meiner Priestersöhne. Sie beten nicht mehr. Das Brevier ist ihnen gleichgültig geworden. Das Zölibat haben sie an die Seite gestellt. Alles ist ihnen in der Welt möglich und diese genießen sie in vollen Zügen. Wie bitter ist es für Mich, als Himmlische Mutter, zuzuschauen, dass sie nicht Meinem Sohn Jesus Christus nachfolgen wollen.

Ihr, Meine geliebten Muldaner, ihr seid heute in Heroldsbach. Freut euch, dass ihr Mir, der Rosenkönigin von Heroldsbach, diesen Dank bringen dürft. Euer Herz darf voller Freude an eure Wohnorte zurückkehren, damit ihr die Kraft bekommt, durchzuhalten in dieser letzten Etappe vor dem Eingreifen eures Himmlischen Vaters.

Ja, Meine Geliebten, der Himmlische Vater greift nicht gerne ein. Er würde jeden einzelnen Priester vor der ewigen Verdammnis schützen wollen. Doch die Priester geben sich nicht mit ihrem eigenen Willen dem

Himmlischen Vater hin, sondern sie sehen ihre eigenen Wünsche, die sie erfüllt haben möchten. Der eigene Wille ist nicht für die ewige Herrlichkeit maßgebend.

Danke, Meine geliebte kleine Schar, Meine geliebte Gefolgschaft und auch danke, ihr Meine Pilger von nah und fern, die ihr durchhaltet und den festen Willen habt, weiterhin zu opfern, wie es der Himmlische Vater von euch wünscht.

Eure Himmlische Mutter wird euch beschützen in jeder Lage, denn sie liebt euch und trägt euer Kreuz mit. Wendet euch in allen Situationen an Mich, eure liebte Mutter, denn Ich kann alles beim Himmlischen Vater erbitten, wenn es eurem eigenen Heil dient.

So segne Ich euch nun an diesem 13., Meinem Marientag, dem Fatima- und dem Rosa-Mystika-Tag, mit allen Engeln und Heiligen, im Namen des Vaters, des Sohnes und des Heiligen Geistes. Amen.

Bleibt dem Himmel treu und harrt aus bis zum Ende. Amen.

17. Juni 2016 – Der Himmlische Vater spricht zum 60-jährigen Priesterjubiläum von Pfr. R. Lodzig nach der Heiligen Tridentinischen Opfermesse nach Pius V. durch Sein williges, gehorsames und demütiges Werkzeug und Tochter Anne.

Anne: Im Namen des Vaters, des Sohnes und des Heiligen Geistes. Amen. Der Himmlische Vater war anwesend, denn über dem Altar befindet sich das wunderschöne Vatersymbol. Von diesem Symbol aus hat Er Seinen Priestersohn gesegnet, und Er sagte: „Du bist Mein Priestersohn auf ewig, nach der Ordnung des Melchisedechs."

Während der Heiligen Wandlung habe ich plötzlich gesehen, dass der Himmlische Vater, Jesus Christus und der Heilige Geist, drei Personen in einer Einheit, eine Myrthenkrone von oben auf das Haupt des Priestersohnes getragen und gesetzt haben. Diese Krone war eine Myrthenkrone, besetzt mit kleinen Perlen und auch Diamanten, denn der Himmlische Vater sagte dazu: „Das 60-jährige Jubiläum bedeutet ein diamantenes Jubiläum, und darum die kleinen Diamanten in der Myrthenkrone."

Nun wird der Himmlische Vater eine Einsprechung zum 60. Priesterjubiläum sprechen: Ich, der Himmlische Vater in der Dreieinigkeit, spreche jetzt und in diesem Augenblick, zum 60. Jubiläum Meines Priesters Rudolf Lodzig, durch Mein williges, gehorsames und demütiges Werkzeug

und Tochter Anne, die ganz in Meinem Willen liegt, und nur Worte wiederholt, die aus Mir kommen.

Mein geliebter Priestersohn, zu deinem 60. diamantenem Priesterjubiläum, möchte Ich dir, der Himmlische Vater in der Dreieinigkeit, zuerst gratulieren.

Du bist Mein Priestersohn auf ewig, nicht dass du dich selbst würdig fühlen solltest, nein, du bist Mein erwählter Priestersohn. Wie du bereits in der Predigt selbst gesagt hast: „Ich fühle mich nicht würdig.“ Das wirst du nie, dich würdig fühlen. Aber das heißt nicht, dass du die Erwählung nicht annehmen sollst.

Nochmals habe Ich all Meine Priestersöhne einzeln befragt: „Wirst du bereit sein, auch diese Opfer, die dieser, Mein Priestersohn in den letzten 12 vergangenen Jahren geopfert hat, auch zu bringen? Wirst du auch diese

Opfer bringen können und wollen?" – Jeder einzelne Priester hat Mir ein klares Nein entgegengesetzt.

Mein geliebter Priestersohn, glaubst du, dass das bitter für Mich, den Himmlischen Vater, war, keinen Nachfolger zu haben?

Nun wirst du noch einige Jahre dieser Aufgabe gewachsen sein. Ist es nicht das größte Geschenk, das Ich dir als Zielsetzung deines Lebens gegeben habe? Ist das nicht das größte Geschenk, diese Auserwählung der Seelenführung, für die Weltenaufgabe einer Seherin zu sein? Weltenaufgabe bedeutet, Weltenopfer bringen.

Nie ist ein Tag vergangen, ohne ein Opfer bringen zu wollen. Ich, als Himmlischer Vater in der Dreieinigkeit, verlange von euch das Äußerste. Du, Mein geliebter Priestersohn, hast heute ganz allein mit deiner Seherin, die du als Seelenführer begleitest, das Heilige Messopfer gefeiert. Zwei, der kleinen Schar, waren im Hintergrund und mussten beide sühnen. Sie konnten nicht durch ihre Sühneopfer anwesend sein. Doch ihr beiden seid heute ganz besonders zusammengeschweißt worden, weil Ich es so wollte, weil es Mein Wunsch war. Ihr gehört zusammen und ihr werdet diese Einsprechung nie vergessen.

Während der Heiligen Wandlung sind eure Herzen mit Meinem Herzen verschmolzen worden.

Nichts soll von dir sein, Mein geliebter Priestersohn, alles ist aus Mir, das ist Mein Wunsch, und es bleibt auch Mein Wunsch. Du wirst die nächsten Jahre weiterhin Meinen Plan erfüllen. Mein Plan ist, dass du Priester auf ewig bist, nach der Ordnung des Melchisedechs. Das heißt, du wirst alle Opfer bringen können. Du wirst weiterhin den steilen Weg bergauf gehen, begleitet von deiner lieben Gefolgschaft, die im Hintergrund für dich betet und sühnt.

Du wirst Meine Seherin, die Ich ernannt habe, begleiten können, weil Ich es so wünsche, nicht weil deine Kraft ausschlaggebend ist. Nein, Meine Kraft wirst du erhalten, Meine Göttliche Kraft. Die Liebe wird ausschlaggebend sein, wenn du deinen Dreieinigen Gott, deinen liebsten Jesus, liebst, so kannst du alles überstehen, auch das Schwerste. Oft werde Ich dich noch fragen, Mein geliebter Priestersohn: Bist du heute noch bereit, weiterzugehen, nicht stehenzubleiben, sondern vorwärtszuschreiten? Viel Schweres wird auf euch beide, ganz besonders auf euch beide, noch zukommen. Doch ihr werdet gestützt von eurer gesamten Gefolgschaft, die

nicht nur im Hintergrund ist, sondern zahlreicher und fester im Glauben werden wird.

Ich liebe alle, die Mich lieben, die sich ganz Mir hingeben und Meinen Wünschen entsprechen. Eure liebste Mutter, auch der bist du geweiht, Mein geliebter Priestersohn, wird dich begleiten, und wird auch euch begleiten, in allen schweren Zeiten.

Euer Himmlischer Vater wird etwas auf euch zukommen lassen müssen, was ihr nicht begreifen könnt. Ich, der Himmlische Vater, muss leider eingreifen, weil Meine Priestersöhne Mir keinen Gehorsam erweisen wollen. Jetzt, und auf lange Zeit, nicht. Darum wird dieser Eingriff sein müssen. Meine Priestersöhne werden dann wehklagen, und mit ihren eigenen Augen all ihre Sünden schauen dürfen.

Doch die wahre Kirche wird glorreich auferstehen, auch wenn diese Kirche im Morast noch tiefer sinken wird.

Die glorreiche Kirche wird so überwältigend schön sein, dass ihr vor Ehrfurcht und Dankbarkeit niederfallt.

Ich liebe euch alle, und ganz besonders dich, Mein geliebter Priestersohn. Ich danke dir für all die Jahre, in denen du Mir in den letzten zwölf Jahren bewiesen hast, dass du Mich liebst, und den steilen Weg weitergehen willst. Ich danke euch allen und segne euch mit allen Engeln und Heiligen in der Dreieinigkeit, im Namen des Vaters, des Sohnes und des Heiligen Geistes. Amen.

19. Juni 2016 – 5. Sonntag nach Pfingsten. Der Himmlische Vater spricht nach der Heiligen Tridentinischen Opfermesse nach Pius V. durch sein williges, gehorsames und demütiges Werkzeug und Tochter Anne.

Anne: Im Namen des Vaters und des Sohnes und des Heiligen Geistes. Amen. Der Opferaltar und auch der Marienaltar waren nicht nur in gleißendes Licht getaucht, sondern waren mit wunderschönen Rosen, Lilien und Orchideen geschmückt. Die Gottesmutter erfreute sich dieses Heiligen Messopfers, das in aller Ehrfurcht an diesem Sonntag gefeiert wurde.

Der Himmlische Vater wird auch heute sprechen: Ich, der Himmlische Vater, spreche jetzt und in diesem Augenblick, durch Mein williges, gehorsames und demütiges Werkzeug und Tochter Anne, die ganz in Meinem Willen liegt und nur Worte wiederholt, die aus Mir kommen.

Geliebte kleine Schar, geliebte Gefolgschaft, geliebte Pilger und Gläubige von nah und fern. Ihr alle seid Meinem Ruf gefolgt. Heute, an diesem Sonntag, möchte Ich euch einige besondere Weisungen mit auf den Weg geben. Ihr seid berufen, Zeugnis abzulegen, Zeugnis von der Wahrheit, Zeugnis von der Göttlichen Liebe.

An eurem Mitleiden und eurer Barmherzigkeit werden die Menschen erkennen, es gibt noch Heiligkeit, die aus euren Herzen kommt, und die in die Welt hinausgeht.

Nichts ist von dieser heutigen Kirche übrig geblieben. Alles wurde von der Obrigkeit zerstört. Meine Heilige Kirche, die Kirche Meines Sohnes, hat man dem Erdboden gleich gemacht.

Doch Meine Auserwählten habe Ich berufen, nun Zeugnis von der Wahrheit abzulegen. Durch sie und in ihnen werden Wunder geschehen, die zu erkennen geben, dass es einen Dreieinigen Gott gibt. Dieser große Gott in der Dreieinigkeit wird in gewaltiger und unaussprechlich massiver Form eingreifen. Nicht gerne, Meine geliebten Kinder, greife Ich ein; Ich als Vater, wollte Meine geliebten Priestersöhne beschützen und wollte sie zur Wahrheit führen. Doch leider erweisen sie Mir keinen Gehorsam. Im Gegenteil, ihr betet für die Umkehr dieser Priester, denn sie wollen nicht Meinem Willen entsprechen. Sie gehen ihren eigenen Wünschen und Gelüsten nach. Doch Ich will sie durch euer Gebet, durch euer Durchhalten, durch eure Feindesliebe, retten.

Liebt die, die euch verfolgen, das heißt, betet für sie, damit nicht so viele Priester in den ewigen Abgrund hinabstürzen.

Sie verfolgen euch, sie lästern euch, sie nehmen euch die Ehre, sie verachten euch, ja, sie hassen euch. Doch ihr segnet sie. Dieser Segen ist für Mich das Wichtigste. Wenn ihr segnet, so kann Ich ihnen helfen. Die, die umkehrwillig sind, werde Ich in Meine Arme schließen und werde sie, wie die verlorenen Söhne behandeln. Glücklich werde Ich über jeden Priester sein, der Mir die Umkehr beweist. Ich liebe sie alle und möchte heute, an diesem Sonntag, alle zur Umkehr aufrufen.

Übt Barmherzigkeit, und verachtet nicht die, die euch hassen. Es wird nicht einfach für euch sein, die Göttliche Liebe diesen Menschen zu vermitteln, denn sie stehen vor einem Umbruch. Das Göttliche haben sie aus ihrem Herzen hinausgeworfen. Sie sagen: „Für mich gibt es die Welt und sonst nichts. Den Dreieinigen Gott gibt es nicht. Ich glaube nicht an die Dreifaltigkeit. Ich glaube nicht an das Heilige Altarssakrament." – So sagen sie und beweisen sie es, indem sie alles ablehnen, was Göttlich ist.

Meine geliebten Kinder, Meine geliebte kleine Schar, Ich rufe euch als Auserwählte auf, liebet eure Feinde. Betet und sühnt täglich für sie, da sie alle vor dem gewaltigen Eingriff stehen. Wenn der Eingriff geschieht, dann ist es zu spät für sie. Heulend und wehklagend werden sie durch die Straßen irren, doch niemand kann ihnen dann zur Seite stehen. Ihre eigene Sündenschuld ist so groß, dass sie erkennen: „Es ist zu spät für mich. Ich habe alle Gnaden verscherzt. Ich habe alle Hilferufe Meines Himmlischen Vaters in den Wind geschlagen. Alles war mir wichtig, nur die Göttlichkeit nicht. Wo stehe ich nun, nämlich vor dem ewigen Richter. Die, die ich verfolgt habe, sie werden nun die Gerechtigkeit, Barmherzigkeit und Liebe des Himmlischen Vaters erfahren. In Dankbarkeit müsstet ihr nun vor Ihm stehen."

Nochmals rufe Ich Meine geliebten Priestersöhne auf: Kehrt im letzten Augenblick um. Noch ist es nicht zu spät. Ich liebe euch alle, und möchte euch doch endlich in Meine liebenden Arme schließen. Doch eure Umkehr ist erforderlich.

Ich segne euch nun alle in der Dreieinigkeit durch Mein liebendes, Heiligstes Herz, denn in diesem Monat sollen alle zu Meinem Herzen kommen und in diesem Herzen wohlgeborgen sein. Ich segne euch mit allen Engeln und Heiligen, besonders mit eurer liebsten Mutter, im Namen des Vaters, des Sohnes und des Heiligen Geistes. Amen.

Liebet die, die euch verfolgen, und betet für die, die euch hassen.

24. Juni 2016 – Das Fest des Heiligen Johannes, des Täufers. Der Himmlische Vater spricht nach der Heiligen Tridentinischen Opfermesse nach Pius V., durch Sein williges, gehorsames und demütiges Werkzeug und Tochter Anne.

Anne: Im Namen des Vaters, des Sohnes und des Heiligen Geistes. Amen. Wir haben heute, am 24. Juni 2016, das Fest des Heiligen Johannes des Täufers, in einer würdevollen Tridentinischen Opfermesse nach Pius V., gefeiert.

Der Opferaltar und auch der Marienaltar, besonders der Tabernakel und die Tabernakelengel waren in goldenes Licht getaucht. Auch die Krone, die der Priester zu seinem 60. Priesterjubiläum vom Himmlischen Vater in der Dreieinigkeit aufgesetzt bekommen hat, war in goldenes, gleißendes Licht getaucht, sowie auch die Diamanten in der Krone, die zudem noch funkelten.

Zu diesem Fest wird der Himmlische Vater heute sprechen: Ich, der Himmlische Vater, spreche jetzt und in diesem Augenblick, durch Mein williges, gehorsames und demütiges Werkzeug und Tochter Anne, die ganz in Meinem Willen liegt und nur Worte wiederholt, die aus Mir kommen.

Geliebte kleine Schar, geliebte Gefolgschaft und geliebte Pilger und Gläubige von nah und fern. Ihr alle seid heute aufgerufen, Meinem Ruf zu folgen, denn der Heilige Johannes hat eine besondere Fürbittmacht bei Mir für euch im Himmel erworben. Dieses Fest ist ein besonderes Fest für euch alle. Mein Priestersohn hat seine Primiz vor 60 Jahren an diesem Tag gefeiert. Wie ihr alle wisst, Meine Geliebten, ist dieser Heilige Johannes der Vorläufer Meines Sohnes Jesus Christus. Auch heute ist er der Vorläufer. Denn, wie ihr wisst, ist die Katholische Kirche bis zur Unkenntlichkeit zertreten und im Boden zerstampft worden.

Doch euer Himmlischer Vater wird eine Neue Kirche im Glanz- und Glorienschein erstehen lassen. Nichts wird in dieser Kirche fehlerhaft sein. Im Augenblick schaut ihr nur auf diese zerstörte Kirche.

Doch ihr, Meine geliebte kleine Schar und Gefolgschaft, seid aus diesem Modernismus, der nur den Irrtum und die Verwirrnis lehrt, herausgenommen. Ihr glaubt und vertraut. Ihr seid die Gefolgschaft, die hinter Meinem Sohn Jesus Christus steht.

Ihr alle nehmt euer Kreuz willig und in Liebe auf eure Schultern. Dieses Kreuz bleibt euch allen nicht erspart, weil ihr die geliebten Marienkinder seid. Schaut immer wieder auf Meine Mutter, auf die Himmlische Mutter. Sie hat das größte Kreuz vorausgetragen, und Sie wird es auch jetzt euer Kreuz anheben. Sie ist die Mutter aller, ganz besonders die Mutter der Priester.

Alle Priester rufe Ich heute noch einmal zur Umkehr auf.

Du, Mein geliebter Priestersohn, bist der Rufer in der Wüste. „Kehrt um“, sagst du.

Geliebte Priestersöhne, ihr liegt im Irrtum und in der Verwirrnis. Ihr steht am Rande des Abgrundes. Doch, ich, als Priester, rufe euch noch einmal auf, im Namen des Himmlischen Vaters: „Kehrt um, noch ist die Zeit der Umkehr gegeben. Noch eine kleine Weile, dass ihr diesen Strohhalm noch ergreifen könnt. Dann seid ihr für immer verloren.“

Das wollt ihr doch nicht, Meine geliebten Priestersöhne. Ihr wollt glauben und vertrauen. Ich, als Himmlischer Vater, werde euch im letzten Augenblick der Umkehr in Meine Arme schließen.

Ich werde über jeden Priestersohn dankbar sein, den Ich durch eure Sühne, durch euer Gebet und durch eure Mühe und Arbeit in Meinem Weinberg retten konnte.

Ihr habt nicht aufgegeben, im Gegenteil. Ihr habt auf den Himmel vertraut. Darum seid ihr die Gerechten, die Auserwählten, die jeder Verfolgung standgehalten haben. Ihr werdet auch weiterhin dem Himmel treu sein.

Ich liebe euch, ganz besonders dich, Meine geliebte kleine Katharina, die du im Augenblick den größten Anteil an der Erlösung Meines Sohnes hast. Dein Leid ist unaussprechlich groß. Ohne deinen Himmlischen Vater wirst du dieses Leid nicht ertragen können. Doch mit Ihm kannst du alles meistern. Alles Leid ist zu deinem Heil. Glaube daran und vertraue noch tiefer.

Ich liebe dich und liebe euch alle. Ich segne euch nun in der Dreieinigkeit, im Namen des Vaters, des Sohnes und des Heiligen Geistes. Amen.

Anne: Gelobt und gepriesen sei das Allerheiligste Altarssakrament in Ewigkeit, Amen.

26. Juni 2016 – 6. Sonntag nach Pfingsten. Der Himmlische Vater spricht nach der Heiligen Tridentinischen Opfermesse nach Pius V., durch Sein williges, gehorsames und demütiges Werkzeug und Tochter Anne.

Anne: Im Namen des Vaters, des Sohnes und des Heiligen Geistes. Amen. Wir haben heute die Heilige Opfermesse in aller Ehrfurcht und Dankbarkeit im Tridentinischen Ritus nach Pius V. gefeiert.

Der Himmlische Vater spricht: Ich, der Himmlische Vater, spreche jetzt und in diesem Augenblick, durch Mein williges, gehorsames und demütiges Werkzeug und Tochter Anne, die ganz in Meinem Willen liegt, und nur Worte wiederholt, die heute aus Mir kommen.

Geliebte kleine Schar, geliebte Gefolgschaft, geliebte Pilger und Gläubige von nah und fern. Heute spreche Ich euch alle an und gebe euch besondere Weisungen mit auf euren Weg. Ihr seid Meine Geliebten, denn ihr habt euch für diesen schwersten Weg entschieden. Ihr wollt bis auf den Berg Golgotha voranschreiten.

Ihr, Meine Geliebten, müsst der Sünde entsagen, das heißt, der Welt entsagen. Alles, was die Welt euch bieten kann, ist nicht für euch bestimmt, denn Ich, der Himmlische Vater, verlange von euch, dass ihr den schwersten Weg geht, den Weg der Verfolgung. Dann erst seid ihr Meine Geliebten. Dann erst kann Ich euch die Wahrheit kundtun.

Ihr sollt Meine Zeugen sein. Durch euch werden Wunder geschehen, Wunder, die man nicht auf menschlicher Basis erklären kann. Doch in Göttlicher Hinsicht sind sie wunderbar zu ergründen. Ihr, Meine Geliebten, werdet viele Wunder erleben. Ihr werdet die Göttliche Kraft bekommen. Aus euch werden Worte der Wahrheit kundgetan. Die Menschen werden staunen. Sie werden diese Wunder nicht in menschlicher Hinsicht erklären und begründen können, denn sie sind übernatürlich.

Weltweit wird man diese Wunder am gesamten Firmament sehen können. Allen Menschen wird das Kreuz sichtbar erscheinen. Niemand wird es erklären können. Die Seelenschau wird folgen. Die drei dunklen Tage sind auch in Sicht.

Ich, der Himmlische Vater, werde diesen Eingriff des Göttlichen bestimmen. Niemand wird vorher erfahren, wann dies genau geschieht, denn es liegt in Meinem Willen und Plan.

Alles Übernatürliche lehnt man im Augenblick ab, denn die wahre Katholische Kirche liegt völlig zerstört am Boden. Doch Ich, der Himmlische Vater in der Dreieinigkeit, werde diese Kirche glorreich erstehen lassen. Niemand wird erklären können, wie das geschehen wird. Das Unmögliche mache Ich möglich.

Alles, was dann geschieht, liegt im Göttlichen. Vor Ehrfurcht und Ergriffenheit werden die Menschen niederfallen, denn die eigenen Sünden werden ihnen vor Augen geführt. Sie haben die Möglichkeit, diese noch im letzten Augenblick zu bereuen. Erst, wenn alle Wunder nicht fruchten, wird es zu spät sein.

Meine geliebten Priestersöhne, erwacht aus eurem Tiefschlaf, denn eure Sünden sind riesengroß. Ich, der Erlöser der ganzen Welt, bin doch für eure Sünden gestorben. Ich habe euch erwählt und erlöst. Wollt ihr nicht doch den Weg der Verfolgung gehen, den Weg der Wahrheit? Wollt ihr weiterhin eure Augen vor der Wahrheit verschließen? Ihr seid doch Meine Jünger. Ihr habt einstens gesagt: „Mein Herr und Mein Gott, Du bist alles für mich. Für Dich werde in jedem Augenblick eintreten, mag kommen, was will." Habt ihr dies alles vergessen? Wollt ihr nicht doch noch diesen Weg beschreiten? Ich warte auf euch, sehnlichst mit tiefem, liebenden Blick. Ich schaue euch einzeln an und ströme die Wahrheit in eure Herzen hinein.

Ihr benötigt die wahre Erkenntnis und müsst den wahren und schwersten Weg beschreiten. Ihr seid Meine Auserwählten. Nur wenige von euch werden ‚Ja, Vater' zu Meinem Wunsch und Willen sagen: „Ja, Vater, wenn es auch noch so schwer für mich sein sollte, und wenn auch mein Leben kosten sollte, so werde ich diesen Weg beschreiten, denn Du bist mein ein und alles." Das solltet ihr sagen, Meine geliebten Priestersöhne, denn Ich liebe euch alle.

Ich habe euch alle in Mein liebendes, Göttliches Herz geschlossen. Ich möchte euch im letzten Augenblick der Reue umarmen, weil es der neue Anfang sein wird. Vergesst nie, dass Ich die Göttliche Liebe bin und alles verzeihen kann, was ihr bisher getan habt. Dann erst seid ihr Meine geliebten Auserwählten, denen Ich Mich erfreuen kann.

Ich segne euch nun heute, an diesem Sonntag, weil Ich euch liebe und in jeder Lage beschützen möchte, in der Dreieinigkeit, im Namen des Vaters, des Sohnes und des Heiligen Geistes. Amen.

Liebet einander, wie Ich euch geliebt habe, denn die Liebe eint euch.

1. Juli 2016 – Fest des Kostbaren Blutes Jesu Christi. Der Himmlische Vater spricht nach der Heiligen Tridentinischen Opfermesse nach Pius V. durch Sein williges, gehorsames und demütiges Werkzeug und Tochter Anne.

Anne: Im Namen des Vaters, des Sohnes und des Heiligen Geistes. Amen. Die Heilige Opfermesse wurde wieder in aller Ehrfurcht im Tridentinischen Ritus nach Pius V. gefeiert. Der Opferaltar und auch der Marienaltar waren beide in gleißendes, goldenes und rotes Licht getaucht.

Der Himmlische Vater wird auch heute sprechen: Ich, der Himmlische Vater, spreche jetzt und in diesem Augenblick, durch Mein williges, gehorsames und demütiges Werkzeug und Tochter Anne, die ganz in Meinem Willen liegt, und nur Worte wiederholt, die heute aus Mir kommen.

Geliebte kleine Schar, geliebte Gefolgschaft und geliebte Pilger und Gläubige von nah und fern. Ihr fragt euch heute: „Warum war am Fest des Heiligen Petrus und Paulus, keine Einsprechung, keine besondere Botschaft?“ Ja, Meine Geliebten, Ich habe euch im Dunkeln gelassen. Der Stuhl Petri ist nicht besetzt, Meine Geliebten. Wie sehr leidet doch Mein Sohn Jesus Christus, der den Nachfolger Petri bestimmt hat, in dieser Zeit. Der falsche Prophet hat diesen Platz eingenommen.

Die gesamte Katholische Kirche liegt in der Verwirrnis und im Irrtum. Die Obersten wissen nicht mehr, dass sie den Katholischen Glauben vertreten müssen, und vor allen Dingen bezeugen. Wenn der Oberste Hirte nicht mehr in der Wahrheit liegt, so haben die Kardinäle und Bischofe die Pflicht, ihn darauf hinzuweisen, dass er den Irrtum und die Verwirrnis in der ganzen Welt nicht weiter verbreiten darf. Darum, Meine Geliebten, habe Ich an diesem Tag ganz besonders gelitten. Ihr, Meine geliebten Gläubigen, die ihr auserwählt seid, habt mit Mir an diesem Tag gelitten.

Heute, lasse Ich das Blut Meines Sohnes Jesus Christus in die Herzen der unwürdigen Priester fließen, ja, Ich habe gesagt, der unwürdigen Priester. Ich bin für diese unwürdigen Priester gestorben und habe sie durch Mein Kreuzesopfer erlöst. Diese Priester haben Meine besonderen Gnaden nicht angenommen. Sie sträuben sich dagegen, das Heilige Messopfer in besonderer Ehrfurcht nach Pius V. zu feiern.

Noch immer ist in ihren Köpfen: „Wir halten das modernistische Mahl nach dem 2. Vatikanum.“ Alle sollen diese Mahlgemeinschaft auch bezeugen und weitergeben. Doch es ist ein Mahl, was nicht Meinen Wünschen entspricht. Nur das Tridentinische Opfermahl nach Pius V. liegt in der vollen Wahrheit. Diese Feier wünsche Ich von all Meinen Priestersöhnen.

Noch ist es Zeit, Meine Geliebten, aufzuwachen, und zu erkennen: „Ich bin Priester auf ewig und ich habe die Pflicht, wenn der Oberste Stuhl mir diese Weisungen nicht gibt, aufzutreten und zu sagen: ‚Das entspricht nicht dem katholischen, wahren Glauben, sondern, es liegt in der Verwirrnis.‘ Ich, als Priester, werde mich ganz allein für die Wahrheit entscheiden, oder ich gehe den Irrweg.“

Ihr, Meine Priestersöhne, steht am Abgrund, wenn ihr dieses immer noch nicht bekennen wollt.

Wie viele Sühneseelen habe Ich bisher ernannt. Sie sühnen für euch, damit diese Wahrheit in eure Herzen einfließen kann. Heute lasse Ich das Kostbare Blut Meines Sohnes Jesus Christus, fließen. Bekennt euch zur Wahrheit, kehrt um und legt eine würdige Beichte ab.

Alles Unmögliche mache Ich, als Himmlischer Vater, möglich. Ihr fragt euch nun: „Bei welchem Priester soll ich denn eine würdige Beichte ablegen, wenn doch alle Priester in der Verwirrnis liegen?“ – Ich werde diese Priester für euch benennen, wenn ihr bereit seid, die Wahrheit zu bekennen und zu bezeugen.

Das Kostbare Blut Meines Sohnes fließt weiterhin in dieser Heiligen Opfermesse, hier in Göttingen, durch Meinen Priestersohn, der das wahre Heilige Opfermahl an jedem Tag feiert. Er bekennt sich zur Wahrheit. Nichts kann ihn davon abhalten, die ganze Wahrheit auch zu bezeugen.

Wie oft habt ihr es erfahren, Meine geliebten Priestersöhne, dass ihr aufgefordert wurdet, doch endlich umzukehren. Ihr habt es bisher nicht befolgt. Ihr habt aber jetzt noch einmal, an diesem großen Tag, an dem das Kostbare Blut Meines Sohnes Jesus Christus geflossen ist, die Möglichkeit umzukehren. Ihr habt noch einmal die Möglichkeit, aus diesem Irrtum und dieser Verwirrnis herauszugehen. Feiert das Heilige Opfermahl in der Wahrheit, im wahren Tridentinischen Ritus und bekennt euch dazu. Dann seid ihr Meine geliebten Priestersöhne, die Mir den Gehorsam erweisen, und nicht diesem falschen Propheten, denn wie ihr wisst, habe Ich seit langem das Zepter dieses Oberhirten in die Hand genommen, weil er diese Unwahrheit und diese Verwirrnis in die ganze Welt hineinströmt.

Ich, euer Himmlischer Vater, werde alles richten. Ich werde die wahre Katholische Kirche im vollen Glanz und in der Glorie neu gründen. Ihr werdet sehen, wie diese Kirche glorreich auferstehen wird.

Ich segne euch nun heute mit dem Kostbaren Blut Meines Sohnes Jesus Christus in der Dreieinigkeit, im Namen des Vaters, des Sohnes und des Heiligen Geistes. Amen.

Seid bereit, Meinen Willen zu tun, und nur Mir Folge zu leisten, denn Ich warte auf euch alle. Ich möchte euch doch endlich in Meine liebenden Arme schließen. Doch eure Umkehr ist erforderlich.

2. Juli 2016 – Fest Mariä Heimsuchung und Zönakel. Die Gottesmutter spricht nach der Heiligen Tridentinischen Opfermesse nach Pius V. durch Ihr williges, gehorsames und demütiges Werkzeug und Tochter Anne.

Anne: Im Namen des Vaters, des Sohnes und des Heiligen Geistes. Amen. Der Opferaltar und auch der Marienaltar waren mit reichlichem Kerzen- und Blumenschmuck versehen. Die Engel zogen während der Heiligen Opfermesse ein und aus. Der Erzengel Gabriel kniete vor der Gottesmutter nieder und verkündete Ihr den Engelgruß und Sie sagte: „Ich bin die Magd des Herrn, Mir geschehe nach Deinem Wort." Diesen Gruß des Engels haben wir heute gefeiert.

Die Gottesmutter wird heute zu Ihrem Fest der Heimsuchung und des Zönakels sprechen: Ich, die Himmlische Mutter, spreche jetzt und in diesem Augenblick, durch Mein williges, gehorsames und demütiges Werkzeug und Tochter Anne, die ganz in Meinem Willen liegt und nur Worte wiederholt, die aus Mir kommen.

Geliebte Marienkinder, geliebte Vaterkinder, geliebte kleine Schar, geliebte Gefolgschaft und geliebte Gläubige von nah und fern. Ich liebe euch alle und begrüße euch heute zu Meinem Fest der Heimsuchung und des Zönakels.

Auch Ich wünsche von euch, dass ihr heute ein bereites Fiat sprecht. Ihr werdet die Schönstattweihe erneuern und die Mitgliedschaft dadurch bekunden, dass ihr die Marienkinder seid, die sich ganz Meinem Unbefleckten Herzen geweiht haben. Ich begrüße euch heute ganz besonders und danke euch für eure Liebe, die ihr Mir, eurer Himmlischen Mutter durch euer ‚Ja, Vater' bezeugt. Ich habe den Sohn Gottes, den Einzigen Sohn Gottes empfangen und habe Ihn in die Welt getragen. Ich bringe Ihn auch heute zu euch. Die Mutterliebe ist die Freude, die Ich euch übermitteln möchte. Die Freude und Zuversicht soll heute in eure Herzen hineingetragen werden. Von dieser Freude zehrt, Meine geliebten Kinder. Diese Liebe kann euch niemand nehmen. Die Liebe soll eure Herzen ausfüllen. Sagt immer wieder ein bereites ‚Ja, Vater' zu all euren Problemen, zu all euren Krankheiten und Beschwernissen, denn die Liebe eures Himmlischen Vaters deckt alles zu. Sie stärkt euch und Ich beschütze euch in jeder Lage der Krankheit, in jeder Lage eurer Probleme. Viele Sorgen umgeben euch. Doch eure größte Sorge soll sein, „endlos sorglos zu sein“, so wie es Pater Kentenich gesagt hat.

Was heißt endlos sorglos zu sein? All eure Sorgen übergebt dem Himmlischen Vater. Er wird das Beste daraus machen, denn Er allein weiß, was ihr benötigt. Auch im Leid ist Er bei euch, ganz besonders dann, wenn es euch zu schwer erscheint, dieses Leid zu tragen. Dann schaut Er in eure Augen und Er spiegelt Seine Liebe darin wieder.

Diese Liebe ist für euer ganzes Leben ausschlaggebend, denn nur Seine Göttliche Liebe kann euch so in dieser Liebe voranschreiten lassen, dass es euch nicht zu viel wird, sondern dass ihr aus Dankbarkeit alles annehmt, so wie es der Himmlische Vater von euch wünscht.

Oft erkennt ihr Seine Liebe nicht. Er selbst ist vorausschauend. Mein Sohn Jesus Christus ist für euch, Meine geliebten Priestersöhne, gestorben. Er hat für euch, Meine Geliebten, das Fiat gesprochen. Warum erkennt ihr nicht, dass es gerade heute so wichtig ist, dieses ‚Ja, Vater‘ zu wiederholen, zu sagen: „Himmlischer Vater, ich verstehe Dich nicht, aber ich vertraue Dir.“

Meine geliebten Priestersöhne, Ich, als Himmlische Mutter, möchte euch zum Himmlischen Vater bringen. Ich möchte Ihm alle Sorgen vortragen, damit Er euch hilft und beisteht und euch in der Wahrheit unterrichtet. Er sorgt dafür, dass ihr die Wahrheit kündet, das Evangelium in der Wahrheit. Er wünscht, dass ihr niemals dem Modernismus verfallt.

Es gibt nur einen einzigen Glauben, und das ist der Katholische Glaube. Alle anderen Glaubensgemeinschaften gibt es nicht. Sie liegen im Irrtum und in der Verwirrnis. Warum, Meine Geliebten, versteht ihr das nicht? Ich liebe euch so sehr, und möchte euch in Meine Arme schließen. Weiht euch Meinem Unbefleckten Herzen, damit ihr geschützt seid für die kommende Zeit, denn Mein Sohn Jesus Christus wird Seine Wahrheit in die Welt hinausschreien. Der Himmlische Vater wird Seinen Plan verwirklichen und eingreifen, dann, wenn Er es zu Seinem Zeitpunkt wünscht. Dieser Zeitpunkt ist nicht dann gegeben, wenn ihr glaubt: „Jetzt wird es geschehen.“

Ja, der Himmlische Vater steht vor dem großen Eingriff. Er will noch viele Priester vor dem ewigen Untergang retten.

Wie viele Sühneseelen hat Er bestellt, damit Er recht vielen Priestern die Wahrheit künden kann. Er hat die erwählt, die vor allen Dingen umkehren wollen, damit sie die Sieben Sakramente spenden, damit sie das Heilige Opfermahl in aller Ehrfurcht feiern. Sie sollen Opferpriester werden. Sie sollen keine gleichgültigen Modernisten werden, die nichts als die Unwahrheit und die Verwirrnis künden.

Ich liebe euch, Meine geliebten Priestersöhne, und Ich möchte euch endlich zum Himmlischen Vater bringen. Vertraut Mir und schenkt Mir euer Herz. Dann schenke Ich euch Mein Mutterherz und verbinde es mit eurem Herzen, damit Ich euch zum Vater bringen kann, und ihr dieses ‚Ja, Vater‘ sprecht.

Ich segne euch heute, an diesem Tag, an Meinem Festtag Mariä Heimsuchung, an dem ihr auch gleichzeitig dieses Zönakel gefeiert habt. Ich liebe euch und segne euch in der Dreieinigkeit, im Namen des Vaters, des Sohnes und des Heiligen Geistes. Amen. Bleibt in Meiner Liebe und verkündet weiterhin die Wahrheit und bezeugt sie.

3. Juli 2016 – 7. Sonntag nach Pfingsten. Der Himmlische Vater spricht nach der Heiligen Opfermesse im Tridentinischen Ritus nach Pius V. durch Sein williges, gehorsames und demütiges Werkzeug und Tochter Anne.

Anne: Im Namen des Vaters, des Sohnes und des Heiligen Geistes. Amen. Die Heilige Opfermesse wurde heute in aller Ehrfurcht im Tridentinischen Ritus nach Pius V. gefeiert. Der Opferaltar war in goldenes Licht getaucht. Auch der Marienaltar war in gleißendes und goldenes Licht gehüllt. Der Blumenschmuck war besonders schön. Die dunkelroten Rosen bei der Gottesmutter zeigten die Liebe ihres Unbefleckten Herzens.

Der Himmlische Vater wird heute sprechen: Ich, der Himmlische Vater, spreche jetzt und in diesem Augenblick, durch Mein williges, gehorsames und demütiges Werkzeug und Tochter Anne, die ganz in Meinem Willen liegt und nur Worte wiederholt, die aus Mir kommen.

Geliebte kleine Schar, geliebte Vaterkinder, geliebte Gefolgschaft und geliebte Pilger und Gläubige von nah und fern. Ich möchte euch heute, am Sonntag, besondere Weisungen geben. Das Evangelium sagt euch alles. Ich, der Himmlische Vater, zeige den Verfolgern Meine Auserwählten.

Kann ein guter Baum schlechte Früchte, und kann ein schlechter Baum gute Früchte hervorbringen? Nein, Meine Geliebten. So ist es nicht. Ihr, Meine Geliebten, fragt: „Wo sind denn unsere guten Früchte?“ Ihr erkennt sie nicht, Meine Geliebten.

Habt ihr nicht an der Gefolgschaft, habt ihr nicht an der wachsenden Gefolgschaft, an der Heiligen Opfermesse in der Mulde und an der Rosenkranzgemeinschaft erkannt, dass die guten Früchte wachsen und gedeihen? Das Unkraut ist entfernt worden. Diese, Meine Gefolgschaft, hat alles auf sich genommen. Sie steht fest hinter euch und ist nicht wankelmütig, im Gegenteil, sie wird zahlenmäßig und im Glauben wachsen.

Seid bereit, weiterhin Meinem Willen Folge zu leisten. Ich werde euch beschützen und zeigen, dass ihr Meine Worte verkünden könnt, und zwar in der vollen Wahrheit.

Alle Mühen, alle Krankheiten und alle Probleme habt ihr ertragen, und ihr sagt weiterhin: „Ja, Vater, so wie Du es willst, so soll es geschehen." – Danke, Meine Geliebten, für diese Antwort.

Wenn ihr weiterhin diesen Weg beschreiten wollt, so benötigt ihr Meine Kraft. Nur in der Göttlichen Kraft könnt ihr diese Zukunft meistern. Bleibt in der Zuversicht und in der Hoffnung, dass Ich, der Himmlische Vater, alles in Kürze regeln werde.

Ein völliges Durcheinander, ein Chaos, hat sich in der Kirche Meines Sohnes Jesus Christus, eingeschlichen. Alles, was in der Ehrfurcht und Wahrheit des Katholischen Glaubens liegen sollte, ist bis zur Unkenntlichkeit zerstampft worden. Niemand kann den wahren Katholischen Glauben erkennen, und niemand wird auf die Bitten eines Priesters umkehren wollen, der unwürdig das Heilige Messopfer feiert, denn es ist eine Mahlgemeinschaft, in der er sich befindet. Die Laien teilen auch heute noch die Heilige Kommunion in der Handkommunion aus. Die Sakramente werden nicht mehr ehrwürdig gespendet. Die Priester haben sich dem 2. Vatikanum verschrieben. Sie erkennen zwar, dass alles nicht mehr der Wahrheit entspricht, doch sie ändern nichts daran.

Meine geliebten Priestersöhne haben nicht den Mut, sich zu der Wahrheit zu bekennen. Jeden einzelnen Priester habe Ich durch das Blut Meines Sohnes Jesus Christus erkauft. Ich habe ihn besonders befähigt, Meine Worte zu befolgen und das wahre Priesterleben in die Welt zu tragen, viele Menschen zur Umkehr zu bewegen und die Sakramente würdig zu spenden.

Vor allen Dingen habe Ich sie dazu berufen, Mein Heiliges Opfermahl in der vollen Wahrheit und Ehrfurcht nach Pius V. im Tridentinischen Ritus zu feiern. Sie haben Mir bisher keinen Gehorsam darin erwiesen.

Wie traurig ist doch der gesamte Himmel, weil die Priestersöhne trotz mehrerer Ermahnungen sich immer wieder zurückgezogen haben. Sie haben dem Modernismus ihr volles Ja gegeben. So öffne ich damit dem Bösen Tür und Tor.

Sie könnten nicht umkehren, wenn Ich, der Himmlische Vater, nicht so viele Sühneseelen bestellt hätte. Sie ermöglichen ihnen die Wahl: „Will ich umkehren, will ich dem Himmlischen Vater folgen, oder sage ich Ihm in der Verwirrnis und im Irrtum ein volles Nein?“

Sie können sich entscheiden. Doch wer nicht den Willen Meines Vater erfüllt, der soll auch nicht Mein Jünger sein und in ihm bin Ich auch nicht. Er ist dem Untergang geweiht. Er wird den Weg des Bösen weiterhin gehen und ihm Folge leisten.

Die liebste Mutter, wie ihr alle seht, Meine Geliebten, schaut sehnsuchtsvoll auf ihre Priestersöhne, und Sie will sie trotz allem zur Umkehr bewegen. Sie leidet unter ihnen, wie eine Himmlische Mutter nur leiden kann. Sie fleht Tag und Nacht an Meinem Thron für die Umkehr der Priester, weil Sie die Mutter der Priester ist. Sie bittet diese Priester sich Ihrem Unbefleckten Herzen zu weihen. So werden sie gerettet. Doch wenn dieses nicht geschieht, so werden sie dem ewigen Feuer, dem Abgrund verfallen. Ewig in die Abgründe hinabsinken, ist für jeden Priester grausam. Darum, Meine Geliebten, wird Meine Himmlische Mutter immer erneut diese Priestersöhne auffordern, endlich umzukehren. Sie mögen sich doch endlich zur Wahrheit bekehren und diese Wahrheit bezeugen.

Ich liebe sie weiterhin. Ich, der Himmlische Vater, werde auf diese Priestersöhne bis zum letzten Augenblick warten und Ich werde ihnen erneut Chancen geben, umkehren zu können. Ihr Leben soll ein Priesterleben auf Ewig sein. Das soll Mir jeder Priester bezeugen.

Wie traurig bin Ich weiterhin um jeden einzelnen Priester, um den Ich kämpfe. Jede einzelne Person ist ein Individuum, eine Persönlichkeit, die Ich mit außergewöhnlichen Gnaden beschenkt habe. Leider werden diese Gnaden oft nicht angenommen, obwohl Ich sie in jeder Heiligen Opfermesse erneut ausschütte. Die Gnadenströme sind Meine Liebe. Meine Liebe wird nie aufhören.

Jeden Einzelnen werde Ich erneut fragen: „Bist du nun bereit, Mein geliebter Priester, Mir diesen Wunsch zu erfüllen, um Mir zu folgen, und all Meine Gebote zu halten?“

Erkennt ihr nicht, Meine Geliebten, dass dieser falsche Prophet in allem gefehlt hat, was den wahren Katholischen Glauben bezeugt? Dieser falsche Papst liegt völlig im Irrtum und in der Verwirrnis. Warum kehrt ihr nun nicht endlich um?

Voller Sehnsucht schauen Meine Augen euch an. Es sind die Augen der Liebe, geliebte Priester. Könnt ihr diesen Augen widerstehen? Ich, der Himmlische Vater, muss leider eingreifen, obwohl Ich es gar nicht möchte. In gewaltiger und unverständlicher Weise werde Ich eingreifen müssen. Es ist bitter für Mich.

Die Dunkelheit wird am ganzen Firmament erscheinen. In dieser Dunkelheit wird das Göttliche Kreuz in voller Lichtstärke am gesamten Himmel erscheinen. Die Menschen werden vor der Allmacht des Dreifaltigen Gottes niederfallen und sie werden ihre Sünden erkennen. Viele werden sie bereuen, weil sie diese Schuld nicht ertragen können. Andere werden aber darin umkommen, weil ihre Sündenschuld zu groß ist, um vor Mir, dem Himmlischen Vater, bestehen zu können. Sie glauben nicht an das Bußsakrament. Sie glauben nicht daran, dass Ich ihnen in jeder Weise verzeihe, wenn sie mit ihrer Sündenschuld belastet zu Mir, dem Himmlischen Vater, kommen. Immer will Ich ihnen vergeben, denn Ich werde sie bitten: Komm Mein Kind in Meine Arme. Ich liebe dich und Ich werde dir nichts nachtragen, im Gegenteil, du bist Mein verlorener Sohn, den Ich auf Meine Schultern nehme und den Ich in das Reich Meines Vaters führen werde.

Glaubt daran, Meine Geliebten, denn Ich Bin der verzeihende, liebende Himmlische Vater, der all Seine Schäflein auf die grünen Auen führen wird. Mein Sohn Jesus Christus ist der Gute Hirte. Der Heilige Geist wird euch erleuchten. Wenn ihr den Wunsch hegt, umkehren zu wollen, so wird Er euch zur Erkenntnis bringen.

Glaubt an Meine Liebe und vertraut Mir. Gebt euch ganz Meinem Willen hin. Dann seid ihr geschützt.

Vertraut auf die Liebe eurer Himmlischen Mutter. Sie wird der Schlange den Kopf zertreten. Sie wird alles für euch tun, was für euch gut ist. An nichts wird es euch fehlen, wenn ihr euch dem Unbefleckten Herzen eurer Himmlischen Mutter weiht.

Ich segne euch nun in der Dreieinigkeit mit allen Engeln und Heiligen, besonders mit eurer Himmlischen Mutter, im Namen des Vaters und des Sohnes und des Heiligen Geistes. Amen.

Ich tauche euch in dem Monat Juli in das Kostbare Blut Meines Sohnes Jesus Christus ein. Seid bereit und folgt Mir, dem Himmlischen Vater, in der Gänze.

10. Juli 2016 – 8. Sonntag nach Pfingsten. Der Himmlische Vater spricht nach der Heiligen Tridentinischen Opfermesse nach Pius V. durch Sein williges, gehorsames und demütiges Werkzeug und Tochter Anne.

Anne: Im Namen des Vaters, des Sohnes und des Heiligen Geistes. Amen. Heute haben wir den achten Sonntag nach Pfingsten in einer wahren und ehrwürdigen Opfermesse im Tridentinischen Ritus nach Pius V., gefeiert. Der Opferaltar und auch der Marienaltar waren in gleißendes, goldenes Licht getaucht. Die roten Rosen am Marienaltar waren mit kleinen, strahlenden Diamanten besetzt. Der Tabernakel war während der Heiligen Opfermesse hell erleuchtet und auch das Vatersymbol über dem Opferaltar war nicht nur in goldenes Licht getaucht, sondern der Himmlische Vater segnete uns mehrmals während der Heiligen Opfermesse.

Der Himmlische Vater wird heute sprechen: Ich, der Himmlische Vater, spreche jetzt und in diesem Augenblick, durch Mein williges, gehorsames und demütiges Werkzeug und Tochter Anne, die ganz in Meinem Willen liegt und nur Worte wiederholt, die aus Mir kommen.

Geliebte kleine Schar, geliebte Gefolgschaft und Pilger von nah und fern, geliebte Vater- und geliebte Marienkinder. Heute benenne Ich euch so. Warum, Meine Geliebten? Heute möchte Ich euch Weisungen über die Gerechtigkeit, die Barmherzigkeit und die Göttliche Liebe geben. Eine Gerechtigkeit ohne Barmherzigkeit ist nicht möglich. Ich Bin der gerechte Gott in der Dreieinigkeit. Ich möchte gegenüber dem anderen barmherzig sein, der über seine eigene Schuld eine tiefe Reue empfindet. Barmherzigkeit ohne Gerechtigkeit bedeutet eine Auflösung der Kirche, die heute stattfindet.

Ich, der Himmlische Vater in der Dreieinigkeit, bin die Liebe, die niemals aufhört. Was heute gelehrt wird, ist die Liebe im menschlichen Sinne. Man zieht diese Liebe vor, weil man sagt: „Die Liebe kann sich in dem einen Eheverhältnis und auch im nächsten sogenannten Zweierverhältnis wiederholen.“ Das stimmt nicht, Meine Geliebten. Eine Liebe, die durch das Ehesakrament besiegelt wird, ist unauflöslich. Diesem Gebot geht man heute nicht nach. Man sagt: „Die nächste Gemeinschaft in einem eheähnlichen Verhältnis nach einer gescheiterten Ehe ist möglich." Ich sage dazu: Nein; diese Ehepartner begehen eine schwere Sünde. Diese Sünde bedeutet, dass Mein Sakrament der Heiligen Kommunion in dieser Zeit der schweren Sünde nicht empfangen werden darf. Sollte man aber diese schwere Sünde bereuen und beichten und aus dieser Sünde hinausgehen, so kann man erneut dieses Sakrament empfangen.

Sollte diese Person aber nochmals heiraten, das heißt, eine zweite Ehe eingehen, so bedeutet das, sie begeht vor Mir eine schwere Sünde. Es ist nicht möglich, Mein Sakrament der Heiligen Kommunion zu empfangen. Man kann auch geistig nicht kommunizieren. Das ist nicht möglich. Leider wird heue vom Obersten Stuhl die Unwahrheit verkündet.

Ihr seid im Irrtum und in der Verwirrnis, wenn ihr diese gleichgültigen Möglichkeiten wahrnehmt. Verachtet die Sünde, geht aus dieser schweren Sünde hinaus und folgt Mir nach. Sünde bleibt Sünde. Diese muss bereut werden. Sünde bedeutet eine Abkehr vom wahren Glauben. Ihr, Meine Geliebten, seid in diesem Augenblick von Mir abgetrennt. Bereut diese schwere Sünde und kommt zurück zu Meinen Heiligen Sakramenten.

Es ist nach einer gescheiterten Ehe möglich, allein zu bleiben, oder einen Partner zu suchen, der die Josefsehe mitvollziehen möchte. Doch bei fast allen Paaren ist dies nicht möglich, weil sie nicht den festen Willen haben, diese Möglichkeit anzunehmen und zu vollziehen. Aber die Möglichkeit von Mir, dem Himmlischen Vater, ist gegeben.

Viele Priester klären diese Wiederverheirateten falsch auf. Sie sagen kein eindeutiges Ja zur Sünde. Die schwere Sünde müsst ihr bereuen, von tiefem Herzen bereuen. Dann kommt in Meine Arme und Ich werde euch wie ein verlorenes Schaf von Meinen Armen umfangen. Ich werde euch dann zu den Heiligen Sakramenten zurückführen. Niemals werdet ihr allein gelassen. Doch eine tiefe Reue ist erforderlich.

Die wahre, Göttliche Liebe zu euch wird nie aufhören. Trennt sie von der menschlichen Liebe, denn diese Liebe wird euch leider gelehrt. Der Oberste Stuhl weist euch auf die menschliche Liebe hin, dass man mehrmals lieben kann, mal den einen und mal den nächsten Partner. Wichtig ist, dass ihr ihn liebt.

Ich aber sage euch: Wenn ihr die Liebe nicht mit Göttlicher Liebe messt, so seid ihr von Mir abgestorben. Warum glaubt ihr nicht, dass Ich die wahre Liebe bin. Bleibt in der Wahrheit und bezeugt diese mit ganzem Herzen.

Ihr, Meine geliebten Priestersöhne, seid gefragt, allen diese Wahrheit zu künden. Heute tritt leider diese Wahrheit in den Hintergrund, da der Irrtum und die Verwirrnis an die erste Stelle gesetzt wird.

Ich, als Göttlicher Schöpfer und Erlöser der Dreieinigkeit, werde völlig vergessen. Man grenzt Mich aus. Man schaut auf die Menschlichkeit. Das Weltliche steht im Vordergrund: „Ich kann den Nächsten nicht beleidigen. Ich will keinen Streit zwischen meinen Familienangehörigen, wenn ich mich zur Wahrheit bekenne." – Ist das richtig, Meine Geliebten? Wollt ihr weiterhin diesem Streit aus dem Weg gehen und Mir nicht bezeugen, dass ihr Mich wirklich liebt? Dann, wenn der Ehepartner euch vom Glauben und der Wahrheit entfernen will, und auch von der wahren Opfermesse, dann müsst ihr diesen Weg allein gehen, um in der Wahrheit zu bleiben.

Ihr müsst euch von Vater, Mutter, Kindern und Geschwistern, ja, sogar vom Ehemann und von allem Unrat und Besitz trennen können, wenn es um die Wahrheit geht. Das verlange Ich von euch.

Wie sieht es mit eurem Leid aus? Habt ihr nicht alle ein schweres Leid zu tragen? Nehmt ihr auch dieses Leid um meinetwillen an? Oder sagt ihr: „Lieber Himmlischer Vater, dieser Weg, der bringt in meinem Leben Unfrieden. Darum kann ich diesen Weg nicht weiterhin mit Dir gehen, bitte verstehe mich." – Nein, Meine Geliebten, ihr sollt Meinen Willen ganz und gar erfüllen. Dieser Wille erfordert auch manchmal Abtrennung und Unfrieden, wo es um den wahren Glauben geht. Ihr müsst Mich bezeugen und wahrheitsgemäß verkünden. Das ist in der heutigen Zeit nicht einfach, in der man das Religiöse aus dem Leben entfernen will, wo es im Globalismus um Glaubensgemeinschaften geht. Alles wird gleich gemacht, alles ist heute möglich. Grenzenlos lebt der Mensch weiter. Ihm werden keine Grenzen gesetzt.

Wo sind heute die Grenzen für euch, Meine Geliebten? Die zehn Gebote, die Heilige Opfermesse, die sieben Sakramente. Darin erhaltet ihr die Göttliche Kraft. Wenn ihr aber dies alles ausspart und sagt: „Das kann ich nicht bekennen, dann habe ich den Unfrieden mit der Umwelt, mit meinen Verwandten", dann seid ihr nicht Meine Jünger, die Mir nachfolgen, denn Ich sage: Nehmt euer Kreuz auf euch und folgt Mir nach. Ich sage nicht: Folgt denen nach, die euch gut gesinnt sind. Ihr spürt oft nicht die List Satans, die euch vom wahren Glauben abbringen will. Es kann sogar einer aus eurer Verwandtschaft sein, der euch von der Wahrheit abbringen will.

Das reicht schon, um wankelmütig zu werden und um in die Verwirrnis hineinzukommen. Ihr sollt standhaft werden, ihr sollt zu Persönlichkeiten heranwachsen. Jedes Geschöpf habe Ich gleich lieb und habe jedem seine Aufgabe gerecht verteilt. Ich bin der Barmherzige Gott. Ich werde Mich jedem, der gerecht ist, barmherzig nähern. Ich werde ihm nicht seine Fehler vorhalten, die er in seinem Leben begangen hat. Nein, Ich werde ihn nach einer wahren Reue in Meine Arme schließen und in dem Augenblick alles vergessen, was er in seinem Leben an Fehlern begangen hat. Ich beachte die Reue. Ein reumütiger Mensch, der in einer guten Heiligen Beichte zu Mir kommt, hat alle Chancen zur Wahrheit zu gelangen.

Das verlange Ich von Meinen heutigen Priestersöhnen. Wenn sie reumütig zu Mir kommen, diese Volksmesse im Modernismus vor Mir bekennen und bereuen, werde Ich Mich ihrer erbarmen. Diese Volksmesse kann Ich nicht akzeptieren, denn das 2. Vatikanum ist für Mich nicht maßgebend, sondern die Heilige Opfermesse zum Opferaltar. Vor den Opferaltar sollt ihr treten, zu Mir sollt ihr sprechen, Meine geliebten Priester. Dann feiert ihr eine wahre, Heilige Opfermesse und werdet Opferpriester, die Mir gefallen, die sich mit Mir allein verbinden.

Ich möchte in der Heiligen Wandlung eine Verschmelzung der Priester mit Mir vornehmen. Dies kann Ich aber nicht, weil die Priester leider die Volksmesse mit den Gläubigen halten. Sie wenden sich dem Volk zu und nicht Mir, dem wahren Schöpfer, ihrem Herrn und Meister, Jesus Christus in der Dreieinigkeit. Er, Mein Sohn Jesus Christus, will sich in Seinen Priestern verwandeln. Diese Priester werden eins mit ihm. Darin liegen die Gnadengaben, die über die Gemeinden, die Gläubigen und darüber weit hinaus, ausgeschüttet werden. Darum wünsche Ich, dass recht bald in allen Gemeinden, von allen Priestern das Heilige Opfermahl im Tridentinischen Ritus nach Pius V. gefeiert wird.

Ja, es entspricht der Wahrheit, dass dieser Vorsitzende des Liturgieausschusses, diesen Wunsch geäußert hat, dass alle Priester ab dem 1. Advent in würdiger Weise das Heilige Opfermahl zum Altar begehen sollten. Das ist auch Mein Wunsch. Ich habe ihn mit dem Heiligen Geist überströmt und er wird auch Meinen Wunsch erfüllen wollen.

Wie wichtig ist doch das Heilige Opfermahl. Wie viel Kraft, Göttliche Kraft, könnt ihr aus diesem Opfermahl schöpfen? Ihr, Meine geliebten Priestersöhne, seid Meine Geweihten, Meine Lieblinge. Wie kann Ich euch nicht beachten? Wie sehr liebe Ich euch? Meine Sehnsucht nach euch wird täglich größer. Wie viele Tränen habe Ich um euch vergossen, weil ihr euch dem Modernismus hingebt und ein Volksmahl statt eine Heilige Opfermesse feiert?

Erkennt ihr es nicht, wie sehr Ich euch liebe, wie sehr Ich euch herbeisehne, um Meine Glorreiche Kirche erstehen zu lassen?

Um Jeden einzelnen Priester kämpfe Ich heute mit der Himmlischen Mutter, der Unbefleckt Empfangenen, die euer Herz mit Meinem Herzen verbinden möchte. Auch Ihr Herz, Ihr Unbeflecktes Herz, weint und ist um jeden Priester traurig, um jeden Priester, der sich vom Glauben abkehrt.

Seid weise, Meine Geliebten, und auch klug, denn der Böse ist listig. In jedem Menschen kann er wirken, wenn dieser Mensch in der Sünde verharrt. Seid vorsichtig, gebt euch immer wieder dem Heiligen Geist hin, bittet um die sieben Gaben des Heiligen Geistes und fleht vor einer wichtigen Entscheidung den Heiligen Geist an. Er möge euch die richtigen Worte in den Mund legen und nicht euren Egoismus voranstellen. Oft sind eure Wünsche nicht Meine Wünsche. Sie entsprechen nicht Meinem Willen.

Seid dankbar und bleibt gelassen und ruhig. Nicht in der Lautstärke der Aggressivität ist der Heilige Geist anwesend, sondern in der Ruhe und der Gelassenheit.

Ich liebe euch alle, Meine Geliebten, unermesslich. Jeden einzelnen möchte Ich mit all den Gnadengaben, die Ich ihm geschenkt habe, zu einer Persönlichkeit heranwachsen lassen.

Meine Geliebten, ihr steht vor dem großen, gewaltigen Eingriff, vor Meinem Eingriff. Darum möchte Ich noch viele von euch retten. Und die, die zu Mir stehen, möchte Ich zu einer Persönlichkeit heranwachsen lassen, damit sie nicht wankelmütig werden. Wankelmütige Menschen können sich sehr schnell auf die andere Seite schlagen, und sie fallen in der letzten Minute doch noch um, wenn es schwierig wird. Aber starke Menschen, die sich Meiner Wahrheit hingeben, lieben Mich mit allen Fasern des Herzens ganz allein Mich, den Himmlischen Vater in der Dreieinigkeit. Sie sind als Werkzeuge bereit, alles erfüllen zu wollen, was in Meinem Willen liegt. Sie geben sich ganz und gar Mir hin, und sie gehen auch keiner Schwierigkeit aus dem Weg. Das Leid und das Leiden nehmen sie dankbar und willig an. Die Göttliche Kraft wird wirksam in ihnen und euch, wenn ihr die Göttliche Liebe voransetzt.

Meine Geliebten, Ich liebe euch über alle Maßen, jeden Tag mehr und möchte euch an Mich ziehen in der Göttlichen Kraft. Schaut auf Mich, schaut auf Meine Liebe. Sie ist grenzenlos.

Ich segne euch heute mit der Göttlichen Kraft, mit allen Engeln und Heiligen, besonders mit eurer siegreichen Mutter und Königin, im Namen des Vaters, des Sohnes und des Heiligen Geistes. Amen.

Seid bereit für diesen, Meinen Eingriff. Ich schütze euch und werde euch mit Meiner Göttlichen Liebe überströmen.

12. Juli 2016 – Die Gottesmutter spricht in der Sühnenacht von Heroldsbach, nach der Heiligen Opfermesse im Tridentinischen Ritus nach Pius V. durch Ihr williges, gehorsames und demütiges Werkzeug und Tochter Anne.

Anne: Im Namen des Vaters, des Sohnes und des Heiligen Geistes. Amen. Heute haben wir die Sühnenacht in unserer Hauskirche in Göttingen gehalten. Wir haben uns mit den Heroldsbacher Pilgern in dieser Nacht verbunden, die im Gebet und in der Sühne durchhalten wollen. Die Gottesmutter wird heute sprechen und uns einige kleine Weisungen mit auf unseren Lebensweg geben.

Die Gottesmutter wird sprechen: Ich, eure liebste Himmlische Mutter und Rosenkönigin von Heroldsbach, spreche heute durch Mein williges, gehorsames und demütiges Werkzeug und Tochter Anne, die ganz im Willen des Himmlischen Vaters liegt, und nur Worte wiederholt, die heute aus Mir kommen.

Geliebte Marienkinder, geliebte kleine Schar, geliebte Gefolgschaft, besonders ihr Muldaner und geliebte Pilger von Heroldsbach und nah und fern. Ihr, Meine Geliebten, habt wieder alle Mühe auf euch genommen, um in dieser Nacht für die schweren Sünden der Priester zu sühnen.

Wie ihr alle wisst, ist die Kirche völlig am Boden zerstört. Ihr sühnt hierfür, weil Ich, als Himmlische Mutter, unaussprechlich leide. Dieses Leid bringe Ich zum Vater. Ich trage Ihm alles vor und bitte Ihn, dass Er allen vergeben möge, die willig umkehren wollen, die erkannt haben, dass sie so nicht weiterleben können. Es sind einige Priester, die in dieser Nacht die Bekehrungswunder erleben. Meine Geliebten, dankt dafür.

Ihr seid dafür da, weiterhin zu sühnen. Ihr liebt Meinen Sohn Jesus Christus in der Dreieinigkeit von ganzem Herzen, denn ihr seid auch die

Vaterkinder. Ihr seid auserwählt, ihr, die ihr in jedem Monat die Mühen auf euch nehmt, um an diese Gebets-, Gnaden- und Wallfahrtsstätte Heroldsbach zu eilen. Dort schaut ihr auf die Rosenkönigin von Heroldsbach.

Ja, eure liebste Mutter, hat hier geweint und Sie weint auch heute viele Tränen. Doch ihr tröstet Sie, Meine Geliebten. Dafür danke Ich euch. Wie viele Schmerzen haben die Priester in der letzten Zeit dem Herzen Meines Sohnes zugefügt? Sie haben Seine Wunden weit geöffnet. Das Blut floss erneut, und dieses Blut fließt über die Priester. Sie mögen durch das Kostbare Blut, das über sie ausgeschüttet wird, endlich diese Erlösungsgnaden annehmen.

Ich schaue auf ihre Herzen, weil Ich jedes Priesterherz ganz besonders liebe. Weiht euch doch, Meine geliebten Priester, Meinem Unbefleckten Herzen, damit ihr vor der ewigen Verdammnis bewahrt bleibt.

Wie oft hat der Himmlische Vater wiederholt gesagt, dass ihr vor dem großen Eingriff steht. Es wird ein gewaltiger Umbruch in der gesamten Kirche stattfinden. Niemals wird die Katholische Kirche untergehen, weil Mein Sohn Jesus Christus sie aus Seiner Seitenwunde erkauft hat. Er hat alle erlöst. Doch alle nehmen leider diese Erlösungsgnaden nicht an. Wie viel Herzblut ist seitdem geflossen. – Doch die Liebe Meines Sohnes, und besonders die Liebe eures Himmlischen Vaters, wird alles überdauern. Er sendet euch morgen, Meine geliebten Muldaner, in die Mulde. Dort werdet ihr ein Heiliges Opfermahl mitfeiern.

Wie viele Gnaden werden dann dort ausgeströmt, die ihr in euren Heimatort mitnehmen werdet. Vielen Menschen werdet ihr begegnen. Diese werden, ohne dass ihr es spürt, gesegnet. Die Liebe eures Vaters wird in eure Herzen hineingeströmt. Diese Liebe werdet ihr weitergeben können. Kraftvoll werdet ihr in eure Heimatorte zurückkehren. Doch das Leid, Meine Geliebten, bleibt euch nicht erspart. Nehmt die Leiden an, so wie es der Himmlische Vater von euch wünscht, auch wenn es euch sehr schwer erscheinen sollte. Trennt euch von euren Familienangehörigen, wenn sie euch von dem wahren Glauben, besonders von der Heiligen Opfermesse, fernhalten wollen. Dann trennt euch wirklich und wartet auf die Umkehr eurer Verwandten. Erst dann könnt ihr den Kontakt erneut aufnehmen.

Ja, viele eurer Kinder und nahen Verwandten liegen in schwerer Sünde. Sie gehen weiter in die modernistischen Kirchen und feiern das Volksmahl mit. Dieses Volksmahl ist kein Opfermahl. Es sind auch keine Opferpriester, die es halten.

Beichten, oder ein Beichtgespräch führen, könnt ihr nicht mit ihnen, da sie in der schweren Sünde von Mir, dem Himmlischen Vater in der Dreieinigkeit, getrennt sind.

Erst, nachdem sie eine würdige gute Beichte abgelegt haben, können sie ein Heiliges Opfermahl feiern. Wenn sie die Gnade annehmen, umkehren zu wollen, nicht umkehren zu können, befinden sie sich in der Heiligmachenden Gnade. Jeder Priester, der umkehren will, kann umkehren. Diese Gnade wird ihnen allen geschenkt.

In dieser Sühnenacht werden wieder besondere Gnaden auf die Priester ausgeschüttet.

Betet weiterhin, Meine Kinder und Geliebten, für diese zerstörte Kirche, für die vielen schweren Sünden, die auch vom Obersten Hirten begangen werden, auch von seinen Kardinälen, Bischöfen und Priestern, die immer noch nicht bereit sind, umkehren zu wollen. Sühnt weiter für diese Sünden und Sakrilegien.

Ich liebe euch alle und schließe euch in dieser Sühnenacht in Meine Arme, als Rosenkönigin von Heroldssbach. Diese Rosen werde Ich in dieser Nacht über euch ausschütten. Es sind die Rosen der Gnade und der Liebe.

Ich segne euch mit allen Engeln und Heiligen, im Namen des Vaters, des Sohnes und des Heiligen Geistes. Amen.

Bleibt dem Himmel treu und sühnt für die schweren Sünden der Priester und der heutigen Katholischen Kirche.

13. Juli 2016 – Jahrestag der Rosa Mystika und Fatima-Tag. Die Gottesmutter spricht nach der Heiligen Tridentinischen Opfermesse nach Pius V. durch Ihr williges, gehorsames und demütiges Werkzeug und Tochter Anne.

Anne: Im Namen des Vaters, des Sohnes und des Heiligen Geistes. Amen. Der Marienaltar war heute besonders mit wunderschönen Blumen geschmückt und der Opferaltar war in gleißendes, goldenes Licht getaucht. Während der Heiligen Opfermesse verbeugten sich die Tabernakelengel vor dem Allerheiligsten und bekundeten damit, dass das Allerheiligste Altarssakrament das Wichtigste in unserem Leben sein soll.

Die Gottesmutter wird sprechen: Ich, eure Himmlische Mutter und eure Rosenkönigin von Heroldsbach, spreche jetzt und in diesem Augenblick, durch Mein williges, gehorsames und demütiges Werkzeug und Tochter Anne, die ganz im Willen des Himmlischen Vaters liegt, und heute die Worte wiederholt, die aus Mir kommen.

Geliebte Marienkinder, geliebte kleine Schar, geliebte Gefolgschaft, besonders ihr Muldaner und geliebte Pilger von nah und fern, Ich liebe euch alle und möchte euch heute einige Weisungen für euer Miteinader im Lebenssinn des Göttlichen geben.

Ja, ihr habt richtig verstanden, Meine Geliebten, Ich bin die Mutter der Schönen Liebe. Die Liebe ist bei Mir ausschlaggebend. Da Ich euch, Meine geliebten Marienkinder, so sehr liebe, möchte Ich euch heute die Weisungen für euer zukünftiges Leben vermitteln. Es wird für die kommende Zeit nicht einfach sein, diesem Sturm der Welt und Kirche standzuhalten. Ja, wie ihr gehört habt, brennt heute das Feuer lichterloh in der heutigen Kirche. Das heißt, man wirft sich gegenseitig die Fehler vor. Man behebt sie nicht und spricht nicht darüber, wie man neu beginnen kann, sondern man macht die gleichen Fehler weiterhin, denn die Schuld liegt immer beim anderen. Ihr müsst bei euch selbst zuerst anfangen. So möchte Ich euch heute sagen: Beginnt bei eurer eigenen Schuld und kehrt vor eurer eigenen Tür. Dort ist genug Unrat zu beseitigen.

Ihr, Meine Geliebten, seid geschützt und bekommt besondere Weisungen, um euch ändern zu können. Nun kommt euer Wille hinzu: „Will ich das eigentlich? Will ich einiges in meinem Leben ändern, wenn die Gottesmutter es so vorgesehen hat?"

Sie befolgt im Gehorsam immer die Worte ihres Sohnes Jesus Christus. So sollen wir auch ein freies Fiat zum Willen des Himmlischen Vaters in der Dreieinigkeit sprechen, auch dann, wenn es unverständlich und schwer erscheint. Die Liebe Gottes wird uns im Heiligen Geist durchströmen.

Ihr seid die Geliebten und Auserwählten des Himmlischen Vaters.

Einiges möchte Er in euch und durch euch ändern. Der Umgang miteinander ist wichtig, Meine Kinder. Geht liebevoll miteinander um. Bleibt in der Liebe und ändert euch darin, wenn es dem Willen des Himmlischen Vaters entspricht.

„Wenn ich versuche, alles das zu tun, was in meinen Kräften steht, so gefalle ich dem Himmlischen Vater. Wenn ich aber dem anderen alles aufzwinge, was ich eigentlich selbst in die Hand nehmen könnte, ist der Himmlische Vater nicht mit mir einverstanden."

Es gibt vom Charakter her eines Menschen aktive und inaktive Personen. Deshalb kann ich nicht sagen, der eine gleicht dem anderen.

Ihr könnt euch aber alle die Mühe geben, wenn ihr miteinander auskommen wollt, die Unstimmigkeiten, die in einer Gemeinschaft entstehen, zu beheben. Unstimmigkeiten ergeben Ärger und mehren sich. Ihr sollt im Willen des Himmlischen Vaters eins sein. Dort zieht sich der rote Faden durch eure Gemeinschaft. Geht aufeinander zu. Ihr habt alle eure Schwächen und Fehler. Niemand von euch ist fehlerlos, nur eure liebste Himmlische Mutter. Ich, als Himmlische Mutter, bin ohne Erbsünde empfangen und habe den Sohn Gottes geboren. Auf Ihn sollt ihr hören. Mit Ihm sollt ihr alles meistern, der in euch lebt und wirkt.

Diese Wirksamkeit, Meine Geliebten, kann zunehmen oder abnehmen, wenn ihr das Menschliche an die erste Stelle setzt. Ihr könnt den anderen Menschen beleidigen. Im Grunde genommen habt ihr dann den Himmlischen Vater in der Dreieinigkeit beleidigt. In Ihm wirkt der andere und ist der andere.

Das müsst ihr glauben und es muss zu eurem Ziel werden. Euer Wille muss zunächst dem Willen des Himmlischen Vaters gleichförmig werden. Es wird euch nicht immer gelingen. Dafür seid ihr Menschen und fehlerhaft. Nur Ich, als eure liebste Gottesmutter, habe nie in Meinem Leben eine Sünde begangen.

Ich will euch im Heiligen Geist führen. Ich kann es als Mutter der Schönen Liebe. Schaut immer auf die Göttliche Liebe. Einigt euch darin. Niemand kann bezeugen: „Ich habe Recht und der andere steht immer im Unrecht." – Es gehören immer zwei dazu, der eine, der meint, Recht zu haben und der andere, der ihm Recht gibt. Wenn es so zugeht, steht es nicht im Willen des Himmlischen Vaters. Aufeinander zugehen heißt, den anderen sein zu lassen, wie er ist und ihm keine Vorwürfe machen, um ihn ändern zu wollen. Ich soll ihm liebevoll begegnen, auch dann, wenn er einen Fehler begangen hat. Ich darf ihn darauf aufmerksam machen, aber dann liebevoll und rücksichtsvoll.

Wenn er sich nicht ändert, kann ich ihm nicht befehlen und herausfordern. Nehmt dann die Engel als Hilfe hinzu und auch den Heiligen Geist. Vor allen Dingen ruft Mich, als Himmlische Mutter an, Ich werde euch helfen, weiterhin liebevoll miteinander umgehen zu lernen. Es ist ein Lernprozess, der noch in jedem Alter möglich ist. So soll es heute sein.

Die Menschen achten sich heute nicht mehr gegenseitig, sondern jeder sieht nur seinen eigenen Vorteil. Die Liebe, die wahre Liebe, bleibt außer acht. Die menschliche und die Göttliche Liebe stimmen oft nicht überein. Ich kann den Menschen lieben, ohne den Dreifaltigen liebenden Gott hinzuzunehmen. Dann gehe ich auf die Forderungen des anderen ein. Der menschliche Frieden ist mir dann gewiss. Ich beachte aber nicht, dass ich hiermit dem Himmlischen Vater keinen Gefallen erweise, sondern Ihn ausklammere. Ich frage Ihn nicht: „Lieber Himmlischer Vater, was willst Du mir damit sagen?“ Entweder mit den Schwächen und Fehlern des anderen umzugehen, oder ich erkenne meine eigenen. Ihr müsst aufeinander zugehen, und euch nicht bösartig die Meinung sagen. Ihr sollt wieder eins im Glauben werden. Das muss euer Wunsch und Wille bleiben. In Zukunft wird das nicht einfach sein.

Glaubt daran, dass Ich, als Himmlische Mutter, euch beistehen werde und euch auch darin liebe, dass ihr vor dem Himmlischen Vater bestehen könnt. Ihr sollt zufriedener werden. Mit eurem Egoismus, eurem eigenen Ich habt ihr die Schwierigkeiten. Dieser Egoismus ist auch im heiligmäßigen Menschen vorhanden. Wie schnell sehe ich die Fehler des anderen, doch die eigenen nicht.

Wenn ihr ruhig und gelassen antwortet und bleibt, so wirkt der Heilige Geist in euch. Er gibt euch manche Erkenntnis, die ihr nicht hattet. Auch erkennt ihr manches in der Stille, wenn ihr nachdenkt, nicht grübelt, was ihr vorher in der Aggressivität nicht erkannt habt.

Wie schnell wirft man dem anderen doch etwas vor, was man nicht wollte. Dann bereut es von Herzen. Nehmt das Bußsakrament in Anspruch und bereut aus tiefstem Herzen. Der Himmlische Vater in der Dreieinigkeit, Jesus Christus, der Sohn Gottes, wird euch verzeihen und erneut in die Arme schließen, weil er Seine Kinder liebt. Letztendlich will Er all Seine Kinder in der Ewigen Herrlichkeit bei sich haben. Darauf steuert zu, Meine Geliebten. Lasst dieses Ziel nicht außer acht.

Bedankt euch jeden Tag für das, was ihr geschenkt bekommen habt. Oft spürt ihr nicht einmal, wie oft ihr die Beschenkten des Himmlischen Vaters seid. Die Gnadengaben hören nicht auf, sie fließen in jeder Heiligen Opfermesse.

Wenn ein Opferpriester diese Wandlung vornimmt, so werden die Gnadenströme freigesetzt. Wenn sich dieser Priester aber in schwerer Sünde befindet, so wird keine Gnade übergehen können.

Darum geht aus dieser modernistischen Kirche hinaus, aus dieser Volksmesse. Besucht eine würdige, Heilige Opfermesse. Wenn es örtlich nicht möglich ist, dann schaut die DVD an, die Ich für euch alle bereitgestellt habe. Das ist für euch alle möglich, denn diese DVD ist für alle zugänglich. Niemand kann deshalb behaupten: „Ich habe es nicht gewusst. Ich musste leider mit dieser Volksmesse vorlieb nehmen.“ – Nein, Meine Geliebten, wenn ein Priester Mir den Rücken zukehrt, kann es keine Heilige Opfermesse sein. Warum glaubt ihr Mir nicht, dass es keine würdige Heilige Opfermesse im Modernismus sein kann. Dem Volk wird gewürdigt, nicht Mir, dem Sohn Gottes Jesus Christus, der am Gründonnerstag das Heilige Opfermahl eingesetzt hat.

So sage Ich es euch, eure geliebte Himmlische Mutter, und warte, bis die Gläubigen, die im Modernismus gefangen gehalten werden, umkehren wollen. Ich helfe euch in jeder Lage, in der ihr euch auch befindet.

Ruft die Engel an, damit sie euch zu erkennen geben, wo ihr gefehlt habt, damit ihr einen Neubeginn starten könnt. Jeder Tag kann ein Neubeginn sein. Bereut eure Fehler immer wieder aufs Neue. Das muss euer zukünftiges Ziel sein.

Eure liebste Mutter und Rosenkönigin von Heroldsbach, ist bei euch. Heute feiere Ich, als Rosa Mystika, dieses Fest, immer am 13. Juli eines Jahres. Darum werden heute besondere und doppelte Gnaden frei.

Es segnet euch nun in der Dreieinigkeit mit allen Engeln und Heiligen eure Himmlische Mutter, im Namen des Vaters, des Sohnes und des Heiligen Geistes, Amen.

17. Juli 2016 – 9. Sonntag nach Pfingsten. Der Himmlische Vater spricht nach der Heiligen Tridentinischen Opfermesse nach Pius V. durch Sein williges, gehorsames und demütiges Werkzeug und Tochter Anne.

Anne: Im Namen des Vaters, des Sohnes und des Heiligen Geistes. Amen. Der Opferaltar und auch der Marienaltar waren in gleißendes, goldenes Licht getaucht. Der Blumenschmuck war besonders schön. Der weiße Mantel der Gottesmutter war mit kleinen Perlen und Brillanten besetzt. Das Jesuskind segnete uns während der Heiligen Opfermesse und der

Heilige Erzengel Michael hielt alles Böse von uns ab. Der Tabernakel mit den Engeln war auch in goldenes Licht getaucht und der Himmlische Vater über dem Opferaltar segnete uns und gab uns neue Kraft.

Der Himmlische Vater wird heute, am 9. Sonntag nach Pfingsten, sprechen: Ich, der Himmlische Vater, spreche jetzt und in diesem Augenblick, zu euch, Meine geliebten Vaterkinder, durch Mein williges, gehorsames und demütiges Werkzeug und Tochter Anne, die ganz in Meinem Willen liegt und nur Worte wiederholt, die aus Mir kommen.

Meine geliebten Vaterkinder, Meine geliebten Marienkinder, Meine geliebte kleine Schar, Meine geliebte Gefolgschaft und Pilger von nah und fern. Ihr alle seid aufgerufen, Meinen Weisungen zu folgen.

Wie sehr liebe Ich Meine wahre, Katholische Kirche. Mein Sohn Jesus Christus weint um diese Kirche, die Er selbst mit Seinem Kostbaren Blut und Wasser aus Seiner Seite, eingesetzt hat.

Ist das nicht traurig für euch, Meine Geliebten, die den wahren und schweren Weg weitergehen wollen? Der Himmel weint und sieht, wie die Katholische Kirche von der obersten Spitze an zerstört wird und niemand Einhalt gebietet. So ist es für die Glieder der Kirche bitter, in dieser Kirche zu sein.

Ihr spürt, dass diese Kraft, die ihr bisher hattet, aus euch schwindet. Auch die Zuversicht leidet. Ihr kommt zu Mir mit einem bittenden Herzen. Ihr schaut auf das Leid eurer liebsten Mutter, die täglich an Meinem Thron Fürsprache für euch hält, besonders für die zerstörte Kirche.

Man hat diese Kirche zu einer Räuberhöhle gemacht. In diesen modernistischen Kirchen könnt ihr zu keinem Gebet finden. Ihr wisst nicht, zu wem ihr beten sollt, denn man hat alles Heilige entfernt.

Wo bleibe Ich mit Meiner Gnadenfülle, die Ich in jeder Heiligen Opfermesse über euch ausschütten möchte? Wo bleibe Ich, der Himmlische Vater, wo bleibe Ich, der Sohn Gottes, an den ihr glauben sollt? Zieht man Mich noch heute zu Rate? Schüttet man heute noch Mir das mit Sorgen beladene Herz aus? Man sollte bitten: „Himmlischer Vater, schaue auf diese Kirche, die der völligen Zerstörung ausgesetzt ist. Gib uns die Kraft, durchzuhalten. Wir wissen nicht, wie unser Weg weitergehen soll, wenn Du uns diese Kraft nicht verleihst." – „Traurig gehen wir diesen Weg mit Dir. Wir wissen, dass dieser Weg nur in der ganzen Wahrheit fortgesetzt werden kann."

Doch wer bezeugt heute diese Wahrheit? Wenn ein Priester die Wahrheit lebt und verkündet, so wird er von seiner Gemeinde unumwunden getrennt. Er ist ausgeschlossen aus der Gemeinschaft, ausgeschlossen von Meinem Bund der Liebe.

Meine geliebten Priestersöhne, schaut dann auf das Kreuz Meines geliebten Sohnes. Ist Er nicht auch verfolgt worden? Ja, man hat Ihn sogar gesteinigt. Man hat Ihn verachtet und die Ehre geraubt und sogar ans Kreuz geschlagen.

Und wie geht es euch, Meine Geliebten, die diesen Weg weitergehen wollen? Es geht euch genau so. Wenn ihr diese Göttliche Kraft nicht von Mir erhalten würdet, so könntet ihr nicht weitergehen. In dieser Ohnmacht, in der ihr lebt, beginnt doch erst die Göttliche Kraft, sich zu entfalten.

Glaubt daran, dass dieser Weg vorwärts geht. Ihr bleibt nicht stehen, Meine Geliebten, obwohl es euch so erscheint. Ihr meint, nichts geht weiter, alles geht weiter abwärts, und ihr bleibt in der Dunkelheit dieser Zeit stehen.

Ihr, Meine Geliebten, sollt das Licht verbreiten. Ihr seid das Salz der Erde. Der Himmlische Vater wird die Kirche in aller Glorie neu erstehen lassen, obwohl ihr nichts seht. Ihr meint, es geht rückwärts, statt vorwärts. Und doch ist irgendwo ein Licht, das euch leuchtet. Es ist das Licht des Vertrauens. Das ist Mein Sohn Jesus Christus, der euch nach einer guten Heiligen Beichte in Seine Arme schließt, der euch liebt und euch täglich beweist, dass ihr Seine geliebten Kinder seid.

„Wenn ihr traurig seid, so kommt zu Mir, und klagt Mir euer Leid“, so sagt Er euch. Wenn ihr aber den Menschen euer Leid klagt, so lasst ihr euch noch mehr in die Tiefe ziehen. Die Menschen sind fehlbar und unvollkommen und sind noch zudem abhängig von ihren wechselnden Stimmungen. Darum geht es bei euch nicht vorwärts, sondern rückwärts.

Nur Ich, der Himmlische Vater allein, kenne die Zukunft.

Es wird weitergehen. Doch leider muss Ich eingreifen. Dieser Eingriff wird ganz gewaltig beginnen. Einige Erkenntnisse habt ihr von Mir bereits bekommen. Wie die Vorbereitungen des Eingriffes genau aussehen werden, werde Ich durch manche Ereignisse zeigen. Leider hören die Menschen nicht auf Mein Kommen.

Die Dunkelheit an manchen Tagen, die Witterungsverhältnisse, die vielen Katastrophen in der ganzen Welt und die Morde sollten die Menschen aufrütteln. Doch sie überlassen alles dem Zufall und klammern Mich aus. Sie sagen: „Wo bleibt der Himmlische Vater, wenn es einen gibt? Wird Er diesen Menschen, welche die Welt und die Kirche zerstören, nicht Einhalt gebieten?"

Meine Geliebten, ihr sollt vertrauen. Wann Ich, der Himmlische Vater, eingreifen werde, das bestimme Ich ganz allein. Niemand wird den genauen Zeitpunkt des Eingriffs erfahren. Ihr, Meine Geliebten seid geschützt. Ihr steht unter dem Schutz eurer liebsten Gottesmutter. Sie lässt euch nicht allein, obwohl ihr manches Mal meint: „Wo bleibt der Himmel, wo ist die Gottesmutter? Sieht Sie nicht mein Leid? Kann Sie nicht eingreifen, Sie kennt mich doch? Sie ist doch meine liebste Mutter."

Meine geliebten Kinder, die Himmlische Mutter ist immer bei euch. Ansonsten müsstet ihr in der Dunkelheit verharren. Sie zeigt euch, dass es weitergeht. Das Licht ist die Liebe Gottes, die euch umgibt. Diese Liebe seht ihr oft nicht. Alles, was geschieht, bestimmt der Himmel. Niemals straft der Himmel.

Ihr sollt nur erkennen, wo die Liebe Gottes in eurem Leben sichtbar wird. Der Himmlische Vater sagt uns: „Mein liebes Kind, hier hat der Himmel bei dir eingegriffen, hier habe Ich dich beschützt und hier war Ich anwesend und habe dir den richtigen Weg gewiesen."

Bleibe gelassen und ruhig, dann wird der Heilige Geist dich überströmen. Auch in der Verlassenheit bin Ich anwesend. Manchmal musst du solche Tiefen erleben, Mein geliebtes Kind, um Mir zu beweisen, dass du ohne Mich kraftlos bist. Sage Mir: „Lieber Vater, ohne Deine Hilfe bin ich kraftlos. Aber mit Dir geht der Weg stets weiter, weiter vorwärts. An Deiner Hand fühle ich mich geborgen. Alles andere ist mir unwichtig. Die Welt sagt mir nichts, aber das Göttliche zieht mich nach oben, zu Dir. Ich glaube an Dich, an die Dreieinigkeit und werde sie bezeugen, bekennen und leben. Alles wird manchmal nicht nach meinen Wünschen ablaufen."

Doch der Himmel weiß genau, was geschehen wird. Glaubt und vertraut. Gerade dann, wenn ihr nichts erkennt, wird der Himmel euch führen und leiten. Niemals zieht er euch nach unten, sondern stärkt euch und zieht euch nach oben, zum Licht des Heiligen Geistes.

Und wenn es noch so dunkel in eurem Leben aussehen sollte, so wird trotzdem das Licht in euren Herzen leuchten, denn Mein Sohn Jesus Christus wohnt doch in euren Herzen. Ihr empfangt ihn täglich in der Heiligen

Kommunion. Ihr empfangt die Himmelsspeise. Ihr habt dadurch die Gewissheit, dass Er in euch wohnt.

Wenn ihr aber der Welt zusagt und das Weltliche an die erste Stelle setzt, so werdet ihr diese Göttliche Kraft verlieren. Was in der Welt geschieht, ist oft nicht gut für euch. Es bringt euch Leid und Unstimmigkeiten. Das Göttliche muss doch den Vorrang haben, Meine geliebten Vaterkinder.

Glaubt ihr nicht, dass Ich, der Himmlische Vater, alles für euch sein will? Habt ihr Mich nicht in jedem Augenblick lieb? – Schaut auf Mich, auf euren lieben Himmlischen Vater, auf Meine zärtlichen Augen, die euch in jedem Augenblick anschauen.

In einem einzigen Augenblick eurer Besinnung, werde Ich mit liebenden Augen auf euch schauen. Glaubt an Mich, glaubt mit Zuversicht an das Zukünftige, denn alles wird gut werden.

Noch eine kleine Weile, dann wird alles geschehen, was in Meinem Willen steht. Dann werde Ich die um Mich scharen, die Mich in der schwersten Zeit begleitet haben, die um Mich waren und Mir bezeugten: „Ja, Vater, mein Leid ist das Leid, das Du für mich erdacht hast. Ich werde nicht mehr als Du zulässt, ertragen müssen. Oft verstehe ich Deine Zulassung nicht. Dann gib mir die Kraft, ein freies Ja zu Deinem Willen zu sagen. Ja, Vater, Du bist der Größte in meinem Leben. Du bist der Dreieinige, der Gewaltige Gott, der Allwissende. Du weißt um meine Not und ich darf in jeder Lage zu Dir kommen. Du verstehst mich und ich glaube an Deine Allmacht."

Liebt Mich und beweist Mir, dass ihr in dieser schwersten Zeit das Göttliche liebt. Trennt euch von allem Weltlichen. Glaubt daran, dass dieser Weg weiter geht. Vorwärts geht euer Weg, niemals rückwärts. Schaut nicht zurück.

Umarmt euch in der Nächstenliebe. Seid gut zueinander. Dadurch beweist ihr Mir, dass ihr in Mir eins seid. Je mehr ihr die Liebe in euch einströmen lasst und die Nächstenliebe übt, die bis zur Feindesliebe führt, beweist ihr Mir, dass Ich der Größte in eurem Leben bin.

Beklagt eure Nöte und kommt zu Mir, Ich werde euch erhören. Alles möchte Ich von euch wissen. Allen Unrat werde Ich aus euren Herzen entfernen. Wenn Ich die Liebe in euren Herzen bin, dann kann nur das Gute in euch hineinströmen. Das Böse muss weichen, Meine Geliebten.

Wenn Ich, der Himmlische Vater, euch versichere, dass Ich euch in jedem Augenblick anschaue, dann bin Ich doch der Größte in eurem Leben, zu dem ihr aufschaut, zu dem ihr das größte Vertrauen haben dürft. Ich nehme euch an die Hand und führe euch den Weg, den ihr beschreiten sollt.

Meine Kinder, lasst Mich nie allein. Liebt Mich in jedem Augenblick und beweist Mir, dass ihr ein tiefes Vertrauen zum Himmel habt. Alles wird gut werden. Wenn ihr tief vertraut, wird sich alles in eurem Leben ändern. Nichts wird geschehen, was der Himmel nicht vorgesehen hat. Glaubt daran, Meine geliebten Vaterkinder.

Ich segne euch nun in der Dreieinigkeit, in voller Stärke mit allen Engeln und Heiligen, besonders mit eurer liebsten Mutter, im Namen des Vaters des Sohnes und des Heiligen Geistes. Amen.

Ihr seid von Ewigkeit her geliebt. Ihr seid Meine Jünger. Folgt Mir nach. In jeder Lage bin Ich bei euch.

24. Juli 2016 – 10. Sonntag nach Pfingsten. Der Himmlische Vater spricht nach der Heiligen Tridentinischen Opfermesse nach Pius V. durch Sein williges, gehorsames und demütiges Werkzeug und Tochter Anne.

Anne: Die Heilige Opfermesse wurde wieder im Tridentinischen Ritus nach Pius V., in aller Ehrfurcht in der Hauskirche in Göttingen gefeiert. Der Opferaltar und auch der Marienaltar waren mit reichlichem Blumen- und Kerzenschmuck versehen.

Der Himmlische Vater wird sprechen: Ich, der Himmlische Vater, spreche jetzt und in diesem Augenblick, durch Mein williges, gehorsames und demütiges Werkzeug und Tochter Anne, die ganz in Meinem Willen liegt und nur Worte wiederholt, die heute aus Mir kommen.

Geliebte kleine Schar, geliebte Gefolgschaft, geliebte Pilger von nah und fern, geliebte Vater- und Marienkinder, heute, an diesem zehnten Sonntag nach Pfingsten, möchte Ich euch wieder einige Weisungen für euer Leben geben, und zwar steht heute die Demut im Vordergrund.

Wer demütig seine Sünden vor Mir bekennt, dem verzeihe Ich von ganzem Herzen.

Meine geliebten Priestersöhne, noch immer warte Ich auf eure Reue.

Meine geliebte kleine Schar, Meine geliebten Marienkinder und auch Vaterkinder, ihr bereut eure Sünden von Herzen, denn ihr nehmt oft das Bußsakrament in Anspruch. Dadurch werden viele Gnadenströme frei gesetzt. Ich möchte diese Gnadenströme in die Welt hineinfließen lassen. Dafür sorgt ihr, Meine geliebten Marienkinder. Eure liebste Mutter hat euch sehr lieb. Sie umgibt euch mit Ihrem Gnadensegen. Ihr schöpft aus Ihrer Heiligkeit. Ihr seid Ihre Geliebten, Meine geliebten Marienkinder, die ihr glaubt und vertraut, betet und sühnt für die, die sich noch nicht in der Heiligmachenden Gnade befinden. Die Sühne, Meine Geliebten, ist in der heutigen Zeit sehr wichtig. Wie sehr leidet ihr in Deutschland unter der Islamisierung, die immer mehr fortschreitet.

Der Dreifaltige Gott und der Gott des Islam sind ganz bestimmt nicht gleich zu werten. Nein, es gibt nur einen einzigen Gott, den Dreifaltigen Gott. Alles andere ist teuflisch. Ihr wisst es, Meine Geliebten und ihr glaubt daran. Ihr habt die Gnade der Erkenntnis bekommen.

Ihr, Meine Gläubigen, habt verschiedene Gnadengaben geschenkt bekommen. Der eine hat die Gabe der Weissagung, der andere die Gabe der Wissenschaft und wieder ein anderer die Gabe der Unterscheidung der Geister und viele andere Gnadengaben.

Ihr seid die Beschenkten und ihr dankt Mir, dem Himmlischen Vater, indem ihr vor Mir niederkniet und bittet für die, die noch nicht zum Glauben gefunden haben, für die, die noch mit sich selbst hadern, für die, die sich noch in der Irre und Verwirrnis befinden.

Durch die Verbreitung dieses falschen Propheten, der heute noch den Obersten Stuhl Petri bekleidet, Meine Geliebten, wie viele erkennen es heute nicht, dass dieser sogar eine Häresie verbreitet. Das ist ein Sakrileg, das ist Unglaube im höchsten Maße. Die Gläubigen werden dadurch durcheinander gebracht. Sie erkennen ganz sicher nicht mehr die Wahrheit.

Was bedeutet heute, barmherzig sein? Müsst ihr mit allen Sündern, die weiter die Sünde pflegen, Barmherzigkeit üben? Nein, dieses bedeutet es ganz sicher nicht. Die Sünde müsst ihr meiden und die Sünde in Liebe aufklären, wenn die Person dazu aufnahmebereit ist.

Weil die Gläubigen die Wahrheit nicht erkennen, wenden sich die, die glauben wollen, an euch. Sie möchten euch vertrauen und Glauben schenken. Ihr, Meine Geliebten, strahlt etwas aus. Von euch geht die Liebe Gottes aus. In euch wohnt der Dreieinige Gott.

Er ist der Größte, der liebste, der mächtigste, der Allwissende und Allgewaltige Gott, vor dem sich jedes Knie beugen sollte. Er möchte alle an Sein liebendes Herz ziehen, denn Er ist die Liebe in Person. Von dieser Liebe sollt ihr zehren und diese Liebe weitergeben. Die Liebe ist doch das Größte.

Ihr sollt den Nächsten lieben wie euch selbst. Auch euch selbst sollt ihr nicht vernachlässigen, weder euren Körper noch eure Seele. Viele Menschen achten heute nicht mehr auf ihren Körper und verfallen den Süchten, den Süchten, die ihnen das Leben bietet. Das sind die Süchte, die es in der Welt gibt. Sie sind der Welt zugewandt.

Doch Ich, der barmherzige, liebende Vater, bin derjenige, zu dem ihr aufschauen sollt. Ich führe euch ins Übernatürliche. Nicht die Welt ist wichtig, und was sie euch bietet und sagt. Das Überirdische, das Himmlische ist doch das Wichtigste. Es nährt eure Seele. Eure Seele benötigt diese Stärkung, um weiterleben zu können. Körper und Seele sollen eins sein. Das lehrt euch der liebende Vater im Himmel.

Manchmal ist es nicht einfach, euch zu entscheiden, das Richtige zu erkennen. Bittet dann um den Heiligen Geist der Erkenntnis. Er wird euch das Richtige eingeben, oder auch die Worte, die der andere gerade benötigt.

Die anderen sollen an euch erkennen, was Wahrheit bedeutet. Es gibt nur eine einzige Wahrheit, und diese Wahrheit ist Gott Vater, Jesus Christus und der Heilige Geist, drei Personen in der Einheit. Niemals kann der moslemische Glaube die Wahrheit sein.

Ihr, Meine Geliebten, erkennt es. Doch wie viele gehen in die Irre. Sie schauen nicht auf diese Wahrheit und verfehlen den wahren Weg, denn sie haben niemanden, der sie aufklärt.

Die Obrigkeit in der heutigen Katholischen Kirche lehrt nicht mehr die Wahrheit. Sie befindet sich in einem völligen Chaos. Die Katholische Kirche ist bis zur Unkenntlichkeit zerstört. Ihr könnt es nicht fassen, Meine Geliebten. Ihr, die ihr glaubt, leidet an dieser zerstörten Kirche, denn ihr liebt sie.

Ihr wisst, welche Bedeutung eine einzige wahre Heilige Opfermesse hat, die ihr täglich mitfeiert. Viele Menschen erkennen es bis heute nicht. Zusätzlich habt ihr die Sieben Sakramente und die Zehn Gebote, die für euch richtungsweisend sind.

In der Welt herrscht heute ein großes Durcheinander. Der Himmlische Vater in der Dreieinigkeit leidet unsagbar darunter.

Wie Ich gesagt habe, geliebte Gläubige, steht ihr kurz vor Meinem Eingriff. Ich greife nicht gerne ein. Es fällt Mir sehr schwer, denn noch vor Meinem Eingriff möchte Ich viele Seelen, besonders Priesterseelen, vor der Ewigen Verdammnis retten. Sie müssen bereit sein, ihren Eigenwillen an die letzte Stelle zu setzen und sich Mir ganz und gar zur Verfügung stellen und sich zur Wahrheit bekennen. Sie sollen sich ganz verschenken an Mich, den Himmlischen Vater in der Dreieinigkeit.

Der Priester wird in der Heiligen Opfermesse eins mit Meinem Sohn, Jesus Christus. In der Heiligen Wandlung vollzieht sich das große Geheimnis, das niemand fassen kann. Dieses Geheimnis ist das kostbarste Geschenk Meines Sohnes Jesu Christi in eurem Leben. Ihr dürft diesen großen Gott in der Seelenspeise in eurem Herzen empfangen. Er kommt in euer geöffnetes Herz, denn Er kehrt gerne ein. Er wartet auf die geöffneten Türen eurer Herzen. Verschließt sie nicht, Meine Geliebten. Öffnet diese Herzenstüren weit, und bittet darum, dass noch viele würdig diesen Leib Christi empfangen. Gleichzeitig empfangen sie Meine Liebe, die Ich hineinströmen lassen möchte.

Es gibt heute viele Lebenszeugnisse. Diese Personen haben erkannt, dass Ich der große Dreifaltige Gott bin. Sie bekennen sich öffentlich zu dieser Wahrheit. Sie haben gespürt, dass diese Liebe einmalig ist. Sie bekennen, dass sie plötzlich alles loslassen konnten, was ihnen bisher in dieser Welt so wichtig erschien. Sie bekennen: „Für mich gibt es nur noch den wahren Dreifaltigen Gott. Alles andere ist unwichtig geworden. Niemand kann mir diesen Glauben rauben, denn er durchströmt mich."

Ihr wisst in diesem Augenblick: Diese Liebe, die mich durchströmt, ist einmalig in meinem Leben. Es ist die Liebe, nach der ich schon immer gesucht habe.

Nun haben wir diesen Schatz in unseren Herzen empfangen und wir halten ihn fest. Diesen Schatz möchten wir weitergeben, weil diese Liebe weiterströmen will. Nicht nur für euch persönlich habt ihr diese Liebe empfangen, sondern um sie weiterzugeben.

Liebe empfangen und sie weitergeben, das ist euer Ziel, die wahre Liebe, die Wahrheit, nichts als die Wahrheit. Leider erkennen heute viele Menschen diese Wahrheit nicht und erfahren deshalb auch nicht die wahre Liebe. Sie verwechseln sie mit der menschlichen Liebe.

Ich möchte es noch einmal wiederholen, wir leben in der Verwirrnis, weil die Menschen heute nicht mehr aufgeklärt werden. Ich habe die Menschen jedoch befähigt, den Glauben weiterzugeben, denn Ich habe ganz besonders die Priester dazu geweiht, die Mir in einer Weihestunde das Versprechen gegeben haben, Meine Liebe weiterzugeben und den Menschen die Wahrheit zu künden. Warum Meine geliebten Priestersöhne, erinnert ihr euch nicht an eure Priesterweihe? Das war doch euer größtes Geschenk in eurem Leben. Seid ihr nicht dankbar dafür? Und wollt ihr nicht dieses, was immer in euren Herzen fest verankert war, weitergeben? Die Gläubigen warten auf euch. Sie warten auf eine gültige, wahre Heilige Beichte. Sie sind voll beladen mit Sünden und möchten sie vor Meinem Sohn Jesus Christus bekennen. Manche sind in große Schuld geraten und sie wissen nicht, wohin sie gehen sollen, da kein Priester sich heute die Zeit nimmt, sie anzuhören. Sie wissen nicht, wie ihr Weg weitergehen soll, sie haben sich verstrickt in ihren Sünden. Die Priester sollen sie aufklären. Sie haben die Gabe geschenkt bekommen und diese bedeutet Aufgabe. Diese Beichtwilligen möchten die Wahrheit erfahren. Der wahre Friede ist nicht in der Welt zu suchen. Ein anderer Friede strömt in die Herzen der Menschen, wenn sie sich der Göttlichen Liebe aussetzen. Es ist der Friede, den die Welt nicht geben kann. Durch den Strom der Liebe werden die Menschen eins mit dem liebenden Himmlischen Vater. Dann sieht ihr Leben anders aus, leuchtender und klarer, voller Erkenntnis. Auf diese Erkenntnis warten viele Gläubige, die sich allein gelassen fühlen und niemanden finden, der sie anhören möchte.

Meine geliebten Priestersöhne, wollt ihr euch nicht zu dieser Wahrheit, die Ich euch heute gelehrt habe, bekennen? Auf dieses Bekenntnis von euch warte Ich seit langem, denn Meine Liebe, Meine geliebten Priestersöhne, ist doch ausschlaggebend. Die Göttliche Liebe könnt ihr doch ganz sicher von der menschlichen Liebe unterscheiden.

Lebt diese Göttliche Liebe und kündet sie, dann werdet ihr glücklich.

Erfüllt diese Aufgabe, die Ich euch gestellt habe für euer ganzes Priesterleben.

Geliebte Priestersöhne, wacht endlich auf, denn es ist fünf Minuten vor zwölf. Ich liebe euch und Meine Sehnsucht nach euch wird täglich größer. Ihr könnt es euch nicht vorstellen, wie groß Meine Sehnsucht nach euch ist. Wenn ihr das wüsstet, würdet ihr sofort umkehren wollen. Lasst diese Liebe in euer Herz hineinstrahlen, dann wird alles gut werden. Vereint euch mit Mir, dann lebt ihr ein glückliches Priesterleben, das anders aussehen wird, wie bisher, vorbildhaft und gut, denn viele Menschen warten auf euch. Sie schauen nicht nur auf euer Vorbild, sondern auch auf euer Bekenntnis der Wahrheit.

Ich liebe euch alle und segne euch nun in der Dreieinigkeit mit allen Engeln und Heiligen, besonders mit eurer liebsten Himmlischen Mutter, der Mutter und Königin vom Sieg und der Rosenkönigin von Heroldsbach, im Namen des Vaters, des Sohnes und des Heiligen Geistes, Amen.

Streut diese Liebe aus, damit sie weiterfließen kann, und ihr euch dieser erfreuen dürft.

26. Juli 2016 – Fest der Mutter Anna. Der Himmlische Vater spricht nach der Heiligen Tridentinischen Opfermesse nach Pius V. durch Sein williges, gehorsames und demütiges Werkzeug und Tochter Anne.

Anne: Im Namen des Vaters, des Sohnes und des Heiligen Geistes. Amen. Heute haben wir das Fest der Heiligen Mutter Anna in aller Ehrfurcht gefeiert.

Viele Gläubige haben heute den besonderen Gnadensegen in der Heiligen Opfermesse der Hauskirche in Göttingen erhalten. Ein Gnadenstrom ist in ihre Herzen eingeflossen. Es waren unverdiente Geschenke, die der Himmlische Vater ausgeschüttet hat.

Der Opferaltar und besonders der Marienaltar waren heute mit reichlichem Blumen- und Kerzenschmuck versehen.

Der Himmlische Vater wird heute sprechen: Ich, der Himmlische Vater, spreche jetzt und in diesem Augenblick, durch Mein williges, gehorsames und demütiges Werkzeug und Tochter Anne, die ganz in Meinem Willen liegt und nur Worte, die aus Mir kommen, wiederholt.

Geliebte kleine Schar, geliebte Gefolgschaft, geliebte Gläubige und Pilger von nah und fern und geliebte Vater- und Marienkinder, Ich, der Himmlische Vater, möchte heute der Mutter Anna für ihr Fiat, das sie Mir gegeben hat, ein herzliches Danke sagen. Sie hat Meine liebste Mutter, die Königin des Weltalls und die Mutter aller, geboren. Sie, die Mutter Anna, hat sie empfangen. Dieses Fest haben wir heute in gebührender Weise gefeiert, denn wir verehren sie ganz besonders.

Sie ist hautsächlich als Fürbitterin für die Familien anzuflehen. Geliebte Familien, die ihr euch oft in Schwierigkeiten befindet, ruft die Mutter Anna an, denn sie wird euch ganz bestimmt erhören und zur Seite stehen. Sie ist auch die Mutter der Familien. Vielen Menschen in schwierigen Situationen hat sie auf ihre Fürsprache geholfen. Ruft sie weiterhin an, denn sie wird euch beistehen und helfen.

Viele Gnadengaben hat sie zu verschenken, denn wie ihr alle wisst, hat sie ihre Tochter Maria, die den Sohn Gottes empfangen sollte, geboren. In ihrem reinsten Herzen wurde sie empfangen und auch geboren. Deshalb werden heute diese besonderen Gnadengaben über alle ausgeschüttet, die daran glauben. Diese Gnadengaben sind ein besonderes Geschenk, das in die Welt hineinfließt. Ruft sie heute an, Meine Geliebten. Sie wird auch mit euch diesen schwersten Weg des Glaubens mitgehen. Sie wird euch in vielen anderen Situationen behilflich sein. Sie will euch in all euren Nöten begleiten.

Die Mutter Anna hat vom Anfang ihres Lebens eine große Glaubensmacht von Gott erhalten. Ich, der Himmlische Vater in der Dreieinigkeit, habe sie erwählt. Somit hat die Mutter Anna ihr Fiat zu ihrer Heiligen Tochter Maria gesagt.

Sie ist die Mutter Jesu Christi, des Dreieinigen Gottes. Diese Heiligkeit ist nicht zu erklären und zu verstehen, denn es übersteigt euren Verstand. Nicht durch menschliches Hinzutun ist diese Mutter Gottes empfangen und geboren. Das sollten wir glauben und in Göttlicher Hinsicht betrachten und darüber meditieren.

Die liebste Mutter Anna rufen wir auch an jedem Dienstag an. Das ist nämlich ein besonderer Tag für sie, denn dieser Tag ist für sie ganz allein ausersehen. Nämlich an einem Dienstag ist sie in das Himmelreich eingetreten.

In Schlesien wird die Mutter Anna ganz besonders verehrt. Auch Mein Priestersohn hat sie heute in seiner Predigt erwähnt, da er in Schlesien geboren wurde.

Sie hat in vielen Nöten den glaubenden Menschen beigestanden und wird auch deshalb von vielen heute verehrt.

Mütter, die bisher unfruchtbar waren, wurden von ihr erhört. Auch in vielen anderen Nöten ist sie eine große Helferin. Sie möchte euch allen ganz nahe sein, denn sie ist für euch ein besonderes Vorbild.

Sie hat die Heilige Mutter Jesu im Glauben lehren dürfen, denn in ihr war eine besondere Glaubenstiefe zu finden. Die Mutter Maria, die Unbefleckt Empfangene, hat an Ihrer Mutter, der Mutter Anna, eine Glaubenstiefe erfahren dürfen.

Auch hat Sie auf ihre Hände geschaut, die nie aufhörten, beispielhaft zu arbeiten. Für alle hat sie gesorgt. Darum dürfen wir von ihr lernen. Immer waren ihre Hände tätig, und so soll es auch heute sein in den heutigen Familien. Seid für eure Familie da, sorgt für eure Ehemänner, für eure Kinder. In der heutigen Zeit hat jede Familie es bitter nötig.

Wie ihr wisst, gehen viele Familien auseinander, weil sie in Freud und Leid nicht zusammenhalten, und das Eheversprechen nicht ernst nehmen.

Wie viele Familien leben in wilder Ehe miteinander, ohne Trauschein, was ich, als Mutter Anna, nicht billigen kann.

Wie traurig ist es für mich, wenn Paare auseinandergehen, die zunächst fest zusammengehalten haben. Doch im Leid hat sich ihre Liebe zueinander nicht bewährt. Gerade, wenn Leid oder Krankheit auf sie zukommen, so brechen viele Ehegemeinschaften auseinander.

Dann ruft mich an, denn ich möchte euch als Fürsprecherin beistehen.

Ich, als Himmlischer Vater, habe der Mutter Anna besondere Gnadengaben verliehen, die wirksam werden sollen. Heute, an diesem Tag, warte Ich, als Himmlischer Vater in der Dreieinigkeit, auf euer Bittgebet, denn an diesem Tag sollt ihr sie besonders verehren. Sie hatte eine besondere Liebe und diese Liebe strahlt auch noch heute aus ihren Augen, wenn ihr sie anschaut und auf ihre Fürbitte vertraut.

Schaut sie doch an, wie sie, die liebe Mutter Anna, ihre Tochter Maria, geliebt hat. Nie in ihrem Leben hat diese Liebe aufgehört. Sie hat ihre Liebe mit dem Himmel verbunden.

So sollt auch ihr, Meine Geliebten, nicht Erdenkinder sein, sondern Kinder des Himmels, die zum Himmel aufschauen, die sich an der Mutter Anna ein Beispiel nehmen. Sie wird euch an die Hand nehmen, weil sie euch führen und leiten möchte, leiten im Glauben. Sie möchte euch im Glauben auch heute noch unterrichten.

Der Glaube ist doch heute an vielen Dingen verloren gegangen. In vielen Situationen wird der Glaube an die Seite gestellt. Er ist einfach nicht mehr wichtig. Wenn es schwierig wird, so möchte man die Situationen menschlich lösen. Doch das ist nicht möglich. Wenn ihr euch nicht mit dem Himmel verbindet, so werden diese Situationen nicht im göttlichen Sinn gemeistert. Das Göttliche wird heute ausgeklammert, doch es bleibt immer ausschlaggebend. So lehrt es euch eure liebste Mutter Anna heute.

Auch dir, Meiner geliebten Kleinen, möchte Ich zum Fest deiner Namenspatronin gratulieren, denn du trägst auch den Namen Anna. Sie will dir in deinen Nöten der Weltensendung beistehen. Sie hat dich auch noch nie allein gelassen. Das weißt du auch ganz sicher. Sie liebt dich und nimmt dich auch heute an die Hand, denn du hast eine schwierige Aufgabe zu bewältigen, ja, die Weltenaufgabe. Dabei wird sie auch dir behilflich sein. Vertraue auf sie und gehe diesen Weg stets weiter. Vorwärts geht dieser Weg, denn er bleibt nicht stehen. Die Schwierigkeiten kommen auf euch alle zu in dieser Endzeit.

Der Terrorismus ist heute so weit in der Welt verbreitet, dass sich große Ängste bei allen Menschen entwickelt haben. Leider fehlt heute der Glaube an die Übernatur, Meine Geliebten. Ich, die Mutter Anna, möchte euch diesen Glauben wieder nahe bringen.

Wo ist heute noch der Glaube in den Familien zu finden? Wo wird heute noch in der Familie gebetet?

In der Politik, in der Kirche, in der Welt, nirgends kann der Mensch sich noch sicher fühlen. Überall ergreift ihn die Angst vor der Zukunft. Der Glaubensschwund ist so enorm gewachsen. Die Menschen suchen nach dem wahren Sinn ihres Lebens und erfahren nur noch den Irrglauben, denn niemand wagt heute öffentlich, sich zum Glauben zu bekennen. Niemand achtet auf das Göttliche. Alles ist mit menschlichem Ermessen erklärbar. Das Vertrauen auf den Himmel ist verloren gegangen.

Ich, der Himmlische Vater, stehe kurz vor dem Eingriff, welcher einen Umbruch zur Folge hat. Wie Ich bereits gesagt habe, ist es kurz vor zwölf. Achtet auf Meine Worte und schlagt sie nicht in den Wind, denn es ist Mir ernst. Achtet auf Meine Weisungen. Sie sind Lebenshilfe für euch alle, denn Ich will euch beistehen und nicht allein lassen.

Ihr alle seid Meine Geliebten, die Ich fest an Mein Herz drücke. Die, die heute glauben, sind Meine Geliebten. Ich schütze sie und halte sie fest. Niemals werde Ich, der Himmlische Vater, jemand allein lassen, der Mir sein volles Vertrauen schenkt. Ihr fühlt euch zwar allein, doch ihr seid es nicht, denn Ich Bin alle Tage bei euch.

Ihr empfangt Mich täglich in dem Sakrament der Heiligen Kommunion, der Himmelsspeise. Oft wird sie mit dem täglichen Brot verwechselt, wenn ihr am Volksaltar unwürdig dieses Brot esst. Es ist ein Sakrileg und es bleibt schwere Sünde für jeden Priester, der dies vollzieht und zulässt.

Ihr, Meine Geliebten, empfangt den Leib und das Blut Meines Sohnes in der Seelenspeise. Er, Mein Sohn Jesus Christus, will mit Gottheit und Menschheit unter euch weilen. Empfangt Ihn deshalb würdig, kniend und in der Mundkommunion. Das ist die wahre Ehrfurcht, die dem Sohn Gottes gebührt. Kniet vor dieser Heiligkeit nieder, und seid euch dessen bewusst, was Er für euch bedeutet. Das Heiligste dürft ihr empfangen.

Ich warte deshalb auf die Umkehr Meiner Priestersöhne.

Meine geliebte Mutter Anna bittet heute an Meinem Thron für diese Umkehr der Priester und für die Neugestaltung der Wahren, Heiligen, Katholischen und Apostolischen Kirche. Meine Geliebten, lebt wieder den Glauben, denn nur dort ist die volle Wahrheit, ganz allein die Wahrheit. Nirgends anders könnt ihr sie finden.

Liebt den Himmel und seid wachsam, denn der Böse geht um, wie ein brüllender Löwe. Er möchte auch heute noch alles verschlingen.

Doch ihr, Meine Geliebten, reicht dem Bösen nicht die Hand, sondern bietet ihm die Stirn. Der Heilige Erzengel Michael wird alles Böse von euch abhalten. Er hat heute wieder sein Schwert in alle vier Himmelsrichtungen geschlagen, und so wird er es auch weiterhin tun.

Ihr seid geliebt vom Dreieinigen Gott mit aller Konsequenz. Ihr gebt euch ganz und gar Ihm selbst hin, wie es der Priester in jeder Heiligen Opfermesse vollzieht, die er in Ehrfurcht im Tridentinischen Ritus feiert. Kniet nieder und betet Ihn an. Mein Sohn, Jesus Christus wartet auf eure Gegenliebe, auf euer weiteres ‚ja, Vater'.

„Lieber Himmlischer Vater, ich liebe Dich, auch wenn ich Dich nicht verstehe, auch, wenn ich diesen Weg, den ich gehen soll, nicht ergründen kann. Ich weiß, Du liebst mich und Du verstehst mich ganz allein, denn Du schaust in mein Herz. Mein Herz sehnt sich nach Dir, nach Deiner Liebe, die das Größte in Meinem Leben ist. Diese Liebe wird nie enden."

So segne Ich euch nun mit allen Engeln und Heiligen, mit eurer liebsten Mutter und auch mit der lieben Mutter Anna, in der Dreieinigkeit, im Namen des Vaters, des Sohnes und des Heiligen Geistes. Amen.

Liebt Mich, denn die Liebe wird nie enden.

31. Juli 2016 – 11. Sonntag nach Pfingsten. Der Himmlische Vater spricht nach der Heiligen Tridentinischen Opfermesse nach Pius V. durch Sein williges, gehorsames und demütiges Werkzeug und Tochter Anne.

Anne: Im Namen des Vaters, des Sohnes und des Heiligen Geistes. Amen. Der Opferaltar und der Marienaltar waren wieder mit reichlichem Kerzen- und Blumenschmuck versehen. Die Engel zogen während der

Heiligen Opfermesse ein und aus. Wir wurden von der Gottesmutter und auch vom Jesuskind gesegnet. Der Himmlische Vater über dem Opferaltar schaute uns während der Heiligen Opfermesse zärtlich und liebevoll an.

Der Himmlische Vater wird heute sprechen: Ich, der Himmlische Vater, spreche jetzt und in diesem Augenblick, durch Mein williges, gehorsames und demütiges Werkzeug und Tochter Anne, die ganz in Meinem Willen liegt und nur Worte wiederholt, die heute aus Mir kommen.

Geliebte kleine Schar, geliebte Gefolgschaft, geliebte Gläubige und Pilger von nah und fern und geliebte Vater- und Marienkinder, euch alle habe Ich an diesem Heiligen Opferaltar vereint, denn dort fließen die größten Gnadenströme. Diese Liebe habe Ich heute in euer Herz hineinfließen lassen, damit ihr weiterhin Kraft für den Alltag erhaltet. Wie ihr wisst, kommt vieles auf euch zu, was ihr nicht bedenkt. Ich, der Himmlische Vater, weiß im voraus alles, was mit euch geschieht. Ihr seid geschützt, Meine Geliebten, doppelt geschützt, denn auch eure liebste Gottesmutter wird Ihren Schutz über euch ausbreiten und auch die Heiligen Engel werden bei euch sein, wenn ihr den Schutz benötigt.

Ihr, Meine Geliebten, seid heute, an diesem Tag, vereint, um die besonderen Gnadenströme zu erhalten. Es ist euer Wille, dass ihr an diesem Tag würdig die Heilige Kommunion empfangen möchtet. Viele Menschen sind heute nicht bereit und würdig, dieses Heilige Sakrament zu empfangen. Sie werden vom Bösen bedrängt, der ihnen das Falsche eingibt, dass sie dieses Sakrament auch in schwerer Sünde empfangen dürfen.

Ihr dürft euren Glauben nicht öffentlich bekennen, denn die Wahrheit dürft ihr nicht weitergeben, da die Welt es nicht hören will. Die Heilige Opfermesse, die Sieben Sakramente und die Zehn Gebote sind für euch Gläubige die Richtlinien für das ganze Leben. Ihr sollt Freude am Glauben haben, Freude aneinander. Ihr vermittelt euch diese Freude, weil ihr gerne über den Glauben redet. Die Wahrheit vereint sich mit euren Herzen. Die Liebe, so sage Ich immer wieder, eint euch. Diese Liebe ist die Göttliche Liebe, die euch vereint. Wie ihr wisst, ist sie ausschlaggebend, nicht nur für heute, sondern für euer ganzes Leben.

Ihr werdet weiterhin verfolgt, Meine Geliebten. Wie ihr wisst, ist es dann der wahre Glaube. Sollte es nicht so sein, so müsstet ihr euch fragen: „Liege ich noch in der Wahrheit?“ Ertragt alles, was auf euch zukommt in Geduld und Liebe, auch die Krankheiten, die Bedrängnisse und die Nöte.

Ihr, Meine geliebten Auserwählten, habt viel Leid zu ertragen. Euer Himmlischer Vater, ist, wie ihr wisst, immer an eurer Seite. Er kennt eure Nöte. Er stärkt euch. Ohne Seine Liebe, die ihr immer wieder erfahrt, könnt ihr die Schwierigkeiten nicht ertragen, denn nur Seine Liebe stärkt euch. Ihr seid in der Liebe vereint. Obwohl Ich Mich wiederhole, ist doch die Liebe das Ausschlaggebende. Auch Krankheiten können euch einen, denn ihr könnt euch einander den Trost geben. Einmal benötigt der eine den Trost und mal der andere. Nicht immer werden euch die gleichen Schwierigkeiten betreffen. Manchmal sind es Krankheiten, die euch erdrücken und Sorgen bereiten wollen. Der Himmlische Vater ist doch bei euch und weiß um alles. Kommt zu Mir und Ich segne und stärke euch immer aufs Neue.

Weil ihr die Liebe in euch tragt, fragen sich die Menschen, wie ihr das Leid ertragt. Sie schauen auf euch, Meine Geliebten. Sie spüren, dass in euch etwas Besonderes ist, was nicht zu erklären ist. Sie werden durch euch gestärkt, und das spüren sie, allein, wenn sie mit euch den Kontakt pflegen.

Ihr meint, ihr werdet euren Sorgen erliegen. Nein, Meine Geliebten, auch wenn ihr meint, eure Kraft ist völlig am Ende, so wird die Göttliche Kraft wirksam, die Göttliche Kraft, die euch trägt. Wie ihr wisst, seid ihr in dieser Stärke ganz besonders geliebt. Sie wird in euch wirksam und das spüren die anderen.

Meine Geliebten, warum fragt ihr euch so oft: „Wo ist der Himmlische Vater? Wann greift Er endlich ein? Sieht Er nicht die Welt? Sieht Er nicht die zerstörte Kirche? Kann Er nicht eingreifen? Er ist doch selbst die Allgewalt und hat die Allmacht.“ Ja, Meine Geliebten, ihr steht kurz vor dem Eingriff. Nur Ich allein weiß den genauen Termin dieses baldigen Eingriffs. Es werden noch viele Vorboten am Firmament erscheinen und viele Ereignisse werden auf euch zukommen, die ihr nicht erklären könnt. Man will diese Ereignisse in menschlicher Hinsicht erklären wollen. Aber es ist nicht erklärbar. Was sich in der Übernatur ereignet, das hängt vom Glauben ab. Wenn ihr glaubt, Meine Geliebten, so wird euch nichts geschehen. Ihr werdet die Erkenntnis bekommen zwischen Gut und Böse und die bösen Geister müssen unweigerlich weichen.

Der Heilige Erzengel Michael wird immer das Böse von euch abhalten. Auch während dieser Heiligen Opfermesse hat er sein Schwert in alle vier Himmelsrichtungen geschlagen.

Es ist unerklärbar für euch, was heute in der Kirche geschieht. Sie ist völlig zerstört und am Ende. Euer Himmlischer Vater weiß von allem, denn Ich schaue doch die ganze Welt an. Ich allein bestimme den Zeitpunkt des zukünftigen Eingriffs.

Ich werde euch weiterhin in väterlicher Liebe begegnen, euch schützen und euch in die Arme nehmen, ganz besonders dann, wenn euch das Leid zu schwer erscheint. Leid und Freude liegen dicht beieinander, denn sie gehören zum täglichen Leben.

Wenn ihr nur immer das Gute erfahren würdet, so könntet ihr euren Nächsten nicht verstehen. Der andere möchte verstanden und geliebt werden. Seid ihm in seinem Leid zum Trost da. Schenkt ihm eure Liebe und euer Verständnis, denn diese Liebe kommt von Mir. Diese Liebe ist mit Menschlichem nicht zu verstehen und nicht zu ergründen. Doch sie ist da. Glaubt daran und haltet in Treue fest.

Das Heilige Opfermahl, das ihr täglich mitfeiert, stärkt euch in ganz besonderer Weise. Ihr werdet es tagsüber spüren, wenn sich die Schwierigkeiten häufen, und ihr nicht ein noch aus wisst. Gerade dann werden die Gnadenströme in euch wirksam.

Gnade über Gnade bedeutet eine Heilige Opfermesse. Sie ist das Größte, das ihr je empfangen könnt. Der Himmlische Vater weiß um alles, um was ihr bittet. Es wird euch geschenkt. Bittet, und ihr werdet empfangen. Nur das Gute kommt wirklich vom Himmel.

Das Böse soll von euch fern gehalten werden. Das heißt aber nicht, dass der Böse euch nicht bedrängen wird, nur ihr müsst ihm widerstehen. Wenn ihr ihm mit Göttlicher Kraft entgegenkommt, so kann er euch nichts anhaben. Nehmt immer die Göttlichen Kräfte in Anspruch, so wird euch nichts geschehen.

Oft spürt ihr nicht den Bösen und oft spürt ihr auch nicht Meine Nähe. Ihr meint, Ich wäre weit von euch entfernt. Doch Ich überschaue alles. Ich sehe euer sorgenvolles Gesicht und bedenke eure Nöte und trage auch euer Kreuz mit. Seid willig im ‚ja Vater'.

„Auch dieses Leid, was Du mir schenkst, ich will es in Geduld ertragen. Es ist von Dir, Mein Himmlischer Vater, gut erdacht und auch richtig. Nur ich kann es oft nicht verstehen. Ich weiß oft nicht, was mir wirklich fehlt, aber Du weißt es ganz bestimmt. Du weißt, was in meiner Seele geschieht. Du kennst auch meine Sehnsüchte und beachtest sie.

Im Heiligsten Altarsakrament, welches wir täglich anbeten, schaust Du uns an und wir schauen Dich an. Mit Gottheit und Menschheit dürfen wir Dich täglich in der Heiligen Kommunion empfangen. Dieses große Geheimnis können wir nicht erfassen. Viel zu groß ist dieses Geheimnis, und doch dürfen wir Dich empfangen. Du kommst in unser Herz hinein und stärkst uns, denn Du willst in uns wohnen, weil Du Dich nach jedem von uns, die Dich in Ehrfurcht empfangen, sehnst."

Ich möchte allen Menschen nahe sein, die Mich empfangen, und Ich werde euch stärken. Immer will Ich bei euch sein. Das ist Meine größte Sehnsucht nach euch, weil Ich selbst die Liebe bin. Diese Liebe ist Göttlich und nie mit menschlicher Liebe zu vergleichen.

Ich will euch nie verlassen, in keinster Weise, obwohl ihr manchmal meint: „Wo ist der liebste Jesus, ist Er noch bei mir?" Dann sage Ich ja zu euch, denn ihr, Meine Geliebten, seid doch Meine Auserwählten. Könnte Ich euch jemals einen Augenblick vergessen und verlassen? Nein, dafür ist Meine Göttliche Liebe zu groß. Die Sehnsucht nach all Meinen Auserwählten ist da und diese Sehnsucht wächst, vor allen Dingen nach Meinen auserwählten Priestersöhnen. Das möchte Ich stets wiederholen, dass diese Sehnsucht täglich wächst und ganz bestimmt nicht abnimmt.

Geliebte Priestersöhne, bedenkt, dass Ich euch liebe. Kehrt um und feiert dieses Heilige Opfermahl im Tridentinischen Ritus nach Pius V. in der vollen Wahrheit und weiht euch dem Unbefleckten Herzen eurer liebsten Mutter. Dann seid ihr geschützt für die kommende Zeit. Dann kann euch nichts geschehen.

Ich segne euch heute mit allen Engeln und Heiligen, besonders mit eurer liebsten Mutter und Königin vom Sieg, der Rosenkönigin von Heroldsbach, in der Dreieinigkeit, im Namen des Vaters und des Sohnes und des Heiligen Geistes. Amen. Ihr alle seid Meine Geliebten, kommt zu Meinem Opfermahl, Ich warte auf euch.

6. August 2016 – Fest der Verklärung Christi und Zönakel. Die Gottesmutter spricht nach der Heiligen Tridentinischen Opfermesse nach Pius V. durch Ihr williges, gehorsames und demütiges Werkzeug und Tochter Anne.

Anne: Im Namen des Vaters, des Sohnes und des Heiligen Geistes. Amen. Wir haben heute das Fest der Verklärung Christi und das Zönakel der Gottesmutter gefeiert. Zu diesem Fest war besonders der Marienaltar mit wunderschönen Rosen geschmückt. Der weiße Mantel der Gottesmutter war heute mit kleinen weißen Perlen und mit kleinen Diamanten besetzt. Die Gottesmutter und auch das kleine Jesuskind segneten uns während der Heiligen Opfermesse mehrmals. Der Himmlische Vater über dem Opferaltar schaute uns liebevoll und zärtlich an. Auch er segnete uns mehrmals.

Die Gottesmutter wird heute sprechen: Heute, am Fest der Verklärung Christi, seid ihr, Meine geliebten Marienkinder, mit Mir in den Pfingstsaal eingetreten. Auch heute werdet ihr einige Weisungen von Mir bekommen.

Ihr habt Mir heute den freudenreichen Rosenkranz geschenkt. Dafür danke Ich euch.

Durch Meine Weisungen habt ihr die größte Waffe, den Rosenkranz, in die Hand bekommen. Dies ist und bleibt eure größte Waffe.

Ihr, Meine geliebte kleine Schar, Meine Gefolgschaft und auch ihr Pilger und Gläubige von nah und fern, ihr betet täglich den Rosenkranz. Darum möchte Ich heute zu euch sprechen und Mich vor allen Dingen bei euch für die vielen Rosenkränze bedanken. Ich hatte euch bereits vorausgesagt, dass Ich euch besondere Weisungen schenken werde, die von großer Wichtigkeit sein werden, denn Ich weiß immer, als Himmlische Mutter, was euch fehlt.

Ich, als eure liebste Mutter, werde mit euch Satan den Kopf zertreten, wie ihr heute in der Fraternita erfahren habt. Ich, als Himmlische Mutter, habe den Schlüssel zur Hölle Satans bekommen. Dieser Schlüssel ist auch wichtig für euch, denn, wenn die Zeit gekommen ist, dass Satan keine Macht mehr besitzt, wird die Hölle für immer verschlossen bleiben.

Eines Tages, Meine geliebten Marienkinder, haben eure Rosenkränze so viel Frucht gebracht, dass Satan seine Macht nicht mehr ausüben kann. Dann wird der Schlüssel zur Hölle seine Wirksamkeit zeigen.

Doch heute versucht er, die betenden und sühnenden Menschen zu verführen. Besonders die Marienkinder möchte er vom wahren Weg abbringen.

Ich bin die Mutter der Schönen Liebe. Ich lehre euch die Göttliche Liebe, denn die Liebe des Dreieinigen Vaters ist doch das Größte. Ich, als Himmlische Mutter, lehre euch diese Liebe.

Betet täglich andächtig den Rosenkranz. Jetzt, in dieser Zeit, bietet Satan seine größte Macht aus, denn er wendet sich gegen euch, weil ihr die Anhänger der Gottesmutter seid. Ich werde mit euch der Schlange den Kopf zertreten. Satan möchte euch immer wieder abbringen, diesen Rosenkranz weiterhin zu beten. Der Rosenkranz ist die größte Waffe, die ihr in euren Händen tragt. Verlasst Mich nicht, Meine geliebten Kinder, denn Ich habe euch bereits an Meine Hand genommen. Ich verbinde euch im Rosenkranz mit Meinen Händen, wie eine Kette kostbarer Perlen. Ich werde euch in dieser schwierigen Zeit an Mein Herz drücken und euch festhalten, damit ihr dem Bösen widersagen könnt. Der Böse ist nämlich listig und auch mächtig, und er möchte euch zu jeder Zeit von der Wahrheit abbringen. Dann nehmt den Rosenkranz als eure Waffe zur Hand.

Legt all eure Krankheiten, Sorgen und Nöte dem Himmlischen Vater zu Seinen Füßen. Ich, eure Himmlische Mutter, weiß um eure Nöte. Ich bin doch die Himmlische Mutter und erleide alles mit euch. Alle Sorgen bringe Ich dem Himmlischen Vater vor Seinen Thron. Er wird euch erhören, denn Er kennt eure Nöte.

Satan wird nicht den Sieg über diese Katholische und Apostolische Wahre Kirche erringen. Sie wird niemals untergehen. Im Gegenteil, es wird eine Glorreiche Kirche entstehen.

Auch wenn die Obrigkeit diese Kirche völlig zerstört und weiterhin zerstören will, so hat Satan seine Macht noch immer nicht errungen. Natürlich möchte Satan, dass die Neue Kirche nicht glorreich erstehen soll.

Ihr, Meine geliebten Marienkinder, schaut immer auf die Zukunft, auf die Kirche, die nach Göttlichem Plan neu entstehen wird.

Wie sehr liebe Ich euch in dieser Zeit, Meine Geliebten, weil Ich euch an die Hand nehmen darf. Ich möchte euch mit dem Rosenkranz anketten, das bedeutet für euch, die heilige Kette.

Wie dankbar bin Ich euch, dass ihr immer wieder den Rosenkranz zur Hand nehmt und nicht im Gebet und in der Sühne nachlasst. Ihr werdet weiterhin mit allen Engeln geschützt, die euch auf eurem Lebensweg begleiten.

Als Himmlische Mutter habe Ich euch bereits viele Weisungen gegeben. Sie sind euch zur Lebenshilfe geworden. Wie euch der Himmlische Vater bereits mitgeteilt hat, ist die tägliche Heilige Opfermesse ein besonderes Geschenk. Die Sieben Sakramente und auch die Zehn Gebote sind besondere Gnadengaben, für die ihr danken sollt, denn auch sie geben euch Lebenshilfe.

Viele Menschen in der heutigen Zeit lehnen diese Gaben ab, denn die Apostasie schreitet gewaltig voran. Manche können es heute nicht verstehen, dass es noch betende, liebende und glaubende Menschen gibt. Man lehnt sie ab, ja, man verachtet sie, weil diese Menschen ihr eigenes Ego pflegen. Sie lieben die Welt und sind zu Weltmenschen geworden. Die weltlichen Gelüste halten sie fest, ja, sie sind ihnen genehm. Sie bieten ihnen ein angenehmes Leben.

Dieser falsche Prophet, der den heutigen Papstthron bekleidet, schenkt diesen Weltmenschen Erleichterungen. Das erscheint ihnen sehr angenehm. Endlich können sie alles, was die Welt ihnen bietet, genießen. Dieser falsche Prophet hat eigene Regeln aufgestellt, die aber nicht dem Katholischen Glauben entsprechen, ja sogar widersprüchlich sind. Sie erleichtern diesen Weltmenschen das Leben. Aber für die himmlischen Kinder ist dies nicht die wahre Regel, sondern das Gegenteil. Die himmlischen Kinder richten ihren Blick himmelwärts und gehen in das Übernatürliche. Sie entsagen der Welt und all ihren Gelüsten. Sie lieben den Himmlischen Vater in der Dreieinigkeit und Mich, als Himmlische Mutter. Weiterhin nehme Ich euch an Meine Hand, Meine Geliebten und halte euch ganz fest, besonders am heutigen Tag, zu Meinem Zönakel, an dem ihr mit Mir in den Pfingstsaal eingetreten seid.

Ihr, Meine Geliebten, wurdet unterbrochen, da einige geliebte Personen eurer Gefolgschaft zum morgigen Tag, dem Tag des Himmlischen Vaters, Blumen gesandt haben. Das war doch eine angenehme Unterbrechung für euch.

Meine überaus geliebten Marien- und Vaterkinder, Ich möchte euch zum Schluss nicht nur an die Hand nehmen. Ich möchte Mich auch bei euch bedanken, weil ihr durchgehalten habt und dieses Zönakel und die Gebets- und Sühnenächte aufgeopfert habt. Ihr gebt nicht auf, auch wenn ihr keine sichtbaren Erfolge seht. Ich danke euch von ganzem Herzen für all eure Liebe, die ihr Mir, eurer Himmlischen Mutter, bisher geschenkt habt.

Ich gebe diese Liebe an den Dreifaltigen Gott weiter, ganz besonders an den Himmlischen Vater, der am morgigen Tag Seinen Festtag begeht.

Ich segne euch nun mit allen Engeln und Heiligen, mit der gesamten Schar der Cherubim- und Seraphim, in der Dreieinigkeit, im Namen des Vaters, des Sohnes und des Heiligen Geistes. Amen.

Ihr seid die geliebten Marien- und Vaterkinder, auf euch setzt der Himmlische Vater. Er liebt euch ganz besonders. Bleibt in Seiner Liebe, bleibt Ihm treu, dann wird euch nichts geschehen, denn ihr habt den vollen Schutz. Bedenkt dies bitte an jedem neuen Tag.

7. August 2016 – 12. Sonntag nach Pfingsten und Fest des Himmlischen Vaters. Der Himmlische Vater spricht nach der Heiligen Tridentinischen Opfermesse nach Pius V. durch Sein williges, gehorsames und demütiges Werkzeug und Tochter Anne.

Anne: Im Namen des Vaters, des Sohnes und des Heiligen Geistes. Amen. Wir haben heute, am ersten Sonntag im August, das Fest des Himmlischen Vaters in aller Ehrfurcht in einer Heiligen Opfermesse im Tridentinischen Ritus nach Pius V., gefeiert. Es soll zukünftig in jedem Jahr in allen Kirchen begangen werden. So lautet der Wunsch des Himmlischen Vaters, denn dieses Fest ist doch sehr wichtig.

„Ich, als Himmlischer Vater, möchte Mich für die vielen Blumensträuße, die Mir Meine Gefolgschaft gesandt hat, bedanken.“ Sie sind wunderschön und schmücken heute, zu diesem besonderen Fest, den Marien- und Opferaltar. Der Kerzen- und der Blumenschmuck waren heute in festlichem Glanz erstrahlt.

Der Himmlische Vater wird heute, zu Seinem Fest, sprechen: Ich, der Himmlische Vater, spreche jetzt und in diesem Augenblick, durch Mein williges, gehorsames und demütiges Werkzeug und Tochter Anne, die ganz in Meinem Willen liegt und nur Worte wiederholt, die heute aus Mir kommen.

Geliebte kleine Schar, geliebte, dazugehörige Gefolgschaft und geliebte Gläubige und Pilger von nah und fern. Heute möchte Ich mit euch Meinen besonderen Festtag begehen.

Ich bedanke Mich für eure Aufmerksamkeit, die ihr Mir geschenkt habt, für all eure Liebe. Ja, Meine Geliebten, es ist ein großes Fest für euch alle, heute, an diesem besonderen Tag, der euch in guter Erinnerung bleiben soll.

Ich, der Himmlische Vater, bedanke Mich nicht nur bei euch für eure Liebe, sondern Ich werde euch noch zusätzlich einige Prophezeiungen mit auf den Weg geben. Die Zeit wird kommen, Meine Geliebten, da werde Ich euch alles kundtun, was bereits in euren Herzen vorhanden ist. Liebes- und

Gnadenströme werden in reichlichem Maße fließen. Euer Herz ist mit der Gnade gefüllt.

Wie sieht es mit Mir, dem Himmlischen Vater in der Dreieinigkeit und der Kirche des Göttlichen Sohnes, Jesus Christus, aus? Ich Bin der Himmlische Vater, der Seine Kinder über alles liebt und heute in die Arme schließt. Jeden einzelnen von euch nehme Ich in Mein Vaterherz auf. Ihr seid Meine Geliebten, weil ihr glaubt und vertraut und weil ihr nicht aufgebt.

Ganz besonders an Meinem Ehrentag möchte Ich Mich erkenntlich zeigen, weil Ich euch sage, dass durch euch bereits die Neue Kirche gegründet wurde. Ich warte noch immer auf viele Glaubenszeugnisse. Meine geliebten Kinder, die ihr glaubt, legt Zeugnis von Mir ab, von Mir, dem Himmlischen Vater. Der Vater liebt Seine Kinder und Er möchte nur das Beste für sie erreichen. Oft sieht es so aus, als wenn Ich euch mit euren Sorgen und Nöten allein lasse. Doch so ist es nicht, Meine Geliebten. Zu jeder Zeit bin Ich für euch da und auch sprechbereit. Glaubt Mir doch, ihr seid Meine Geliebten, die Ich nie allein lassen werde. Der Vater liebt Seine Kinder unermesslich und zieht sie immer mehr in Sein Herz hinein.

Heute habt ihr im Evangelium gehört, dass ihr Zeugnis von Mir ablegen sollt. Ich wiederhole Mich, denn das Zeugnis ist so wichtig für die heutige Zeit. Wenn ein Priester Zeugnis von seiner Berufung und Priesterweihe ablegt, so geht das in die Welt hinein.

So sieht es mit Meinen Botschaften, die Ich dir, Meiner Kleinen seit zwölf Jahren schenke, aus, denn sie gehen in die ganze Welt hinaus und werden bekannt gemacht. Du kannst es dir nicht vorstellen, wie sie hinausstrahlen und in diese heutige Zeit hineinströmen. Ihr werdet es nicht erfahren, weil ihr es nicht erfassen könntet, denn es ist Mein Wille und Plan. Glaubt daran, denn Ich, der Himmlische Vater, prophezeie es euch.

Von dem kleinen Ort Mellatz, dem Haus der Glorie, geht ein besonderer Gnadenstrom aus. Es ist das Vaterhaus, Meine Geliebten, das Ich selbst dort gegründet habe. Fest steht das Mauerwerk, wie ein Fels in der Brandung. Eure Herzen sollen dort erblühen. Heute soll alles im festlichen Glanz erstrahlen. Eure Mutter wird diese Gnadenströme in euer Herz hineinfließen lassen, denn sie ist doch eure liebste Mutter, die Ich euch, als Himmlischer Vater in der Dreieinigkeit, zur Seite gestellt habe.

Glaubt ihr daran, dass euch eure Himmlische Mutter in allen Sorgen und Nöten beistehen wird? Glaubt ihr an euren Himmlischen Vater, dass

Er euch nie vergessen wird, denn Er will immer bei euch sein? Ruft Mich in jeder Lage an, Ich Bin für euch alle da. War Ich jemals nicht bereit, euch anzuhören, Meine Geliebten? Kommt mit euren Sorgen zu Mir, Ich Bin da. Wenn auch alle euch verlassen sollten, und die Apostasie, welche die Gottesmutter gestern erwähnt hat, fortschreitet, so dass die jetzige Kirche in der völligen Zerstörung liegt, so bin Ich, der Himmlische Vater, doch für euch da.

Ich Bin der Himmlische Vater der Neuen Kirche. Ich habe bereits seit langem das Zepter in die Hand genommen. Dieses Zepter gebe Ich nicht aus der Hand. Noch hat der Böse in dieser Welt und dieser modernistischen Kirche seinen Erfolg. Wie Ich schon oft prophezeit habe, steht ihr kurz vor Meinem Eingriff.

Gestern habt ihr eine Prophetie im Internet angesehen. Ja, sie entspricht der Wahrheit. Ich werde in der Zukunft noch mehrere Seher bestimmen, die Mir treu sind und Sühne für die ganze Welt leisten wollen, so wie ihr es bisher getan habt, Meine Geliebten. Ihr gebt nicht auf, weiterhin im Gebet und in der Sühne zu verharren, weil ihr seht, wie man weiterhin die Kirche zerstören will, ja, bis zur Unkenntlichkeit.

Für euch ist es schwer, an Personen zu geraten, die an Meine Botschaften glauben. Doch es gibt auch wieder andere Menschen, die sich allerdings in anderen Ländern befinden, und an diese übersetzten Botschaften glauben. Es gibt einige, die glauben und wieder andere, die diese Botschaften an die Seite legen oder sie verachten und verhöhnen. Diese Verfolgung müsst ihr ertragen lernen, Meine Geliebten. Ich, euer Himmlischer Vater, weiß um alles, was euch bedrückt. Aber Ich sage euch auch immer wieder, dass Ich euch liebe. Liebt auch ihr Mich mit eurer Gegenliebe. Wenn ihr Mir vertraut und Mir glaubt, dass Ich bei euch bleibe, dass Ich euch leite und führe und dass Ich euch in allen Lagen beistehe, dann wird euch nichts geschehen.

Ihr werdet durch eure Niederlagen erstarken. Man wird euch anklagen und vor die Gerichte bringen. Doch es werden euch Worte eingegeben, die ihr selbst nicht versteht. Diese Worte sind von Mir, dem Himmlischen Vater, vorgesehen. Ihr sollt euch nichts zurecht legen. Alles, was kommt, ist vom Himmlischen Vater. Es ist immer das Gute, das ihr behalten sollt. Das Böse legt an die Seite und denkt nicht weiter darüber nach. Auch wenn Satan seine Boshaftigkeit gegen euch ausspielt, wird euch nichts geschehen. Habt keine Angst, denn dann seid ihr mit allen Engeln geschützt. Eure Himmlische Mutter wird euch in dieser Zeit doch als Mutter nie allein lassen.

Die heutige Zeit ist eine sehr schwierige Zeit, die schwierigste, die es je gegeben hat. Ihr leidet, aber ihr leidet willig und sagt: „Ja, Vater, so wie Du willst, so soll es geschehen. So bin ich damit einverstanden, auch wenn dieses Leid kaum zu ertragen ist, so sage ich weiterhin ‚Ja, Vater', denn Du bist da. Du bist mein Vater und Du weißt, dass ich Dich liebe. Du wartest darauf, dass ich Dir immer wieder sage, ‚Ja, Vater, Deine Liebe ist das größte Geschenk, das ich hoch halte.' Du bist mein Vater und ich Dein Kind. Du liebst mich und ich liebe Dich, so einfach sieht die Liebe zwischen Vater und den Vaterkindern aus."

Und so möchte Ich euch heute segnen, in ganz besonders festlicher Stimmung, mit eurer Himmlischen Mutter, mit allen Engeln und Heiligen, in der Dreieinigkeit, im Namen des Vaters, des Sohnes und des Heiligen Geistes. Amen.

Noch anhängen möchte Ich, Meine Geliebten, gestern habt ihr das Fest Meines Sohnes, Seine Verklärung, gefeiert. Doch Ich habe Meiner geliebten Mutter zu ihrem Zönakel den Vorrang gelassen.

Vergesst nie, dass Ich euer geliebter Vater im Himmel bin, der euch unermesslich liebt. Diese Liebe wird in Ewigkeit nicht aufhören, denn sie ist himmlisch.

12. August 2016 – Sühnenacht von Heroldsbach. Die Gottesmutter spricht nach der Aussetzung des Allerheiligsten Altarssakramentes in der Hauskirche in Göttingen durch Ihr williges, gehorsames und demütiges Werkzeug und Tochter Anne.

Anne: Im Namen des Vaters, des Sohnes und des Heiligen Geistes. Amen. Wir haben am heutigen Tag die Sühnestunden in unserer Hauskirche begonnen. Der Marienaltar war wieder reichlich geschmückt mit weißen Orchideen und reichlichem Kerzenschmuck. Die Gottesmutter wurde angestrahlt. Sie war ganz in weiß gekleidet und in Ihrer Krone leuchteten weiße Perlen und Diamanten. Auch der Opferaltar war mit Blumen- und Kerzenschmuck versehen.

Der Himmlische Vater schaute uns während der Heiligen Opfermesse liebevoll und zärtlich an und segnete uns dazu.

Die Rosenkönigin von Heroldsbach wird heute einige Worte an uns richten.

Die Gottesmutter wird nun sprechen: Ich, eure liebste Mutter, eure Rosenkönigin von Heroldsbach, werde heute durch Mein williges, gehorsames und demütiges Werkzeug und Tochter Anne sprechen, die ganz im Willen des Himmlischen Vaters liegt und heute die Worte wiederholt, die aus Mir kommen.

Heute, in dieser Sühnenacht, habt ihr mehrere Stunden im Gebet und in der Sühne ausgehalten und die Opfer gebracht, um für die vielen, schweren Sünden der Priester zu sühnen.

Geliebte Muldaner, geliebte Pilger von nah und fern und ihr geliebte kleine Schar mit eurer dazugehörigen Gefolgschaft. In aller Ausdauer habt ihr heute diese Sühnestunden verbracht. Ihr wolltet für die vielen Vergehen der Priester sühnen. Euch liegt es am Herzen und auch ganz bestimmt eurer geliebten Himmlischen Mutter, dass viele Priester gerettet werden.

Es gibt heute viele Priester, die sich uneins sind und die nicht genau wissen, wie und wann sie umkehren wollen. In ihren Herzen ist eine Uneinigkeit entstanden. Oft wissen sie nicht, welchen Weg sie weitergehen sollen. In dieser modernistischen Kirche finden sie keinen Halt und auch keine Hilfe. Bei diesen modernistischen Kardinälen und Bischöfen der Obrigkeit, suchen sie hilflos nach einem begehbaren Weg, der nicht für sie zu finden ist. Die Priester sind der Welt verfallen. Sie wissen nicht, wie sie eine Wende in ihrem Leben erzielen können. Obwohl sie auf der Suche sind, finden sie keinen Ausweg.

Meine geliebten Priestersöhne, Ich bin doch eure Mutter. Warum wendet ihr euch nicht an Mein Unbeflecktes Herz? Wie sehr warte Ich als Mutter auf eure Umkehr?

Wisst ihr nicht, wie Mein Sohn leidet? Er wird von euch erneut gegeißelt, mit Dornen gekrönt und ans Kreuz geschlagen.

Wisst ihr nicht, dass das Heilige Bußsakrament auf euch wartet? Jesus Christus, Mein Sohn, ist für euch da. Er ist für euch ans Kreuz gegangen. Er hat euch erwählt als Seine Priestersöhne, denn ihr seid alle die Berufenen des Himmlischen Vaters.

Meine geliebten Priestersöhne, wie sehr wartet der Himmlische Vater auf euch! Fest steht das Mauerwerk der Katholischen Kirche, denn niemals wird die Katholische Kirche untergehen, auch wenn es im Augenblick so aussieht. Fest sollen auch eure Herzen für den wahren Glauben erglühen. Ich, als Himmlische Mutter, nehme euch erneut an die Hand und bringe euch zum Himmlischen Vater.

Heute, in dieser Sühnenacht in Heroldsbach beten und sühnen viele Pilger für euch. Auch ihre Herzen sind voller Sehnsucht nach einer Kirche mit Priestern der wahren Katholischen und Apostolischen Kirche. In jedem Monat nehmen diese Pilger viele Sorgen und Mühen auf sich, um nach Heroldsbach zu fahren. Wie gerne würden sie Lebenszeugnisse von Priestern erfahren, die bereits die Umkehr vollzogen haben.

Doch Ich weiß als geliebte Mutter, dass Meine Pilger von nah und fern und auch Meine geliebte kleine Schar und Gefolgschaft nicht aufgeben werden. Ich liebe sie alle und schließe sie in Mein mütterliches Herz. Dort sind sie wohl geborgen und niemand kann ihnen ihre tiefgläubige Seele rauben.

In dieser Zuversicht leben sie und sagen dem Himmlischen Vater ein erneutes ‚ja, Vater, wir bleiben Dir treu'.

Es segnet euch nun eure geliebte Rosenkönigin von Heroldsbach mit allen Engeln und Heiligen, der Dreifaltige Gott, der Vater, der Sohn und der Heilige Geist. Amen.

Bleibt in der Liebe und geht folgsam den beschwerlichen Weg des Glaubens weiter. Der Schutz des Himmels ist euch gewiss.

13. August 2016 – Fatima- und Rosa- Mystika-Tag. Die Gottesmutter spricht nach der Heiligen Opfermesse im Tridentinischen Ritus nach Pius V. durch Ihr williges, gehorsames und demütiges Werkzeug und Tochter Anne.

Anne: Im Namen des Vaters, des Sohnes und des Heiligen Geistes. Amen. Der Marien- und auch der Opferaltar waren wieder in reichlichem Blumen- und Kerzenschmuck versehen. Die Gottesmutter war ganz in weiß gekleidet und hielt ihren blauen Rosenkranz in ihren Händen. Auch war sie wieder als Rosenkönigin von Heroldsbach zu sehen.

Die Gottesmutter wird sprechen: Ich, als Himmlische Mutter und Rosenkönigin von Heroldsbach, spreche heute durch Mein williges, gehorsames und demütiges Werkzeug und Tochter Anne, die ganz im Willen des Himmlischen Vaters liegt und nur Worte wiederholt, die heute aus Mir kommen.

Geliebte Muldaner, geliebte Pilger von nah und fern, ganz besonders ihr geliebten Pilger von Heroldsbach, geliebte kleine Schar und geliebte Gefolgschaft. Ihr alle, habt heute diesen Tag erleben dürfen, diesen, Meinen Tag als Fatima- und Rosa Mystika Tag. Heute seid ihr alle zu dieser geliebten Mulde gegangen und habt dort eine gültige Heilige Opfermesse im Tridentinischen Ritus nach der DVD gefeiert. Alles war wunderbar vorbereitet und festlich geschmückt. Den Mitarbeitern ein herzliches Vergelt's Gott für die viele Mühe in jedem Monat. Eure Rosenkönigin von Heroldsbach wird es euch vergelten, denn sie liebt euch ganz besonders. Ich, als Himmlische Mutter, bin bei euch und schaue euch zu. Ich stütze euch in jeder Lage, auch in den schwierigsten Zeiten.

In Heroldsbach werden viele Gnaden fließen, ganz besonders am heutigen Tag und auch in der vergangenen Sühnenacht, in der ihr viel geopfert, gesühnt und gebetet habt. Viele Mühen und Sorgen sind in dieser Nacht für alle Pilger vorausgegangen.

Ihr seid Meine Geliebten, weil ihr betet und sühnt. Ihr wisst, dass es dem Himmlischen Vater ernst ist mit Seinem baldigen Eingriff. Ich, eure liebste Mutter, kann leider Seinen erhobenen Arm nicht mehr zurückhalten. Gerne würde Ich dieses tun, doch es ist Mir vom Himmlischen Vater nicht mehr erlaubt, denn das Maß ist voll.

Ihr, Meine geliebten Muldaner und Pilger von nah und fern, habt in der vergangenen Nacht sehr viel für die Umkehr der Priester gebetet. Zwar werdet ihr keinem Priester begegnen, der euch von seiner Umkehr berichtet. Ihr sollt glauben, auch wenn ihr nichts seht. Das ist das Schwerste, das der Himmlische Vater von euch erwartet. Zuversichtlich sollt ihr daran glauben, dass eure Gebete nicht ins Leere gehen, sondern dass ihr viele umkehrwilligen Priester gerettet habt. Wie in jedem Monat habt ihr nicht aufgegeben. Das ist auch weiterhin euer Weg.

Einige Priester werden erkennen, dass es so nicht weitergehen kann in dieser modernistischen Kirche. Oft werden die Priester gezwungen, ihren eigenen Willen nicht durchzusetzen, weil sie allein schwach sind und niemand sich zu ihnen bekennt und ihnen beisteht. Diese seelische Schwäche macht sich heute in vielen Priesterherzen bemerkbar. Leider sieht es heute so aus. Sie werden gezwungen, sich auf den Willen der Obrigkeit einzustellen. Es sieht heute so aus, als wenn niemand wirklich glauben würde. Doch das ist die Sicht der Freimaurer und des Bösen. Er möchte alles durcheinander bringen. Er ist der Lügner. Leider fallen viele Priester auf diese List Satans herein. Und doch erkennen sie in ihren Herzen, dass dieser schwerste Weg, der Weg der Wahrheit ist.

Auch Ich wünsche, als eure Himmlische Mutter, dass ihr, Meine geliebten Priestersöhne, den Willen des Himmlischen Vaters in Zukunft erfüllt und eine Heilige Tridentinische Opfermesse nach Pius V. täglich feiern werdet, um den Plan des Himmlischen Vaters zu erfüllen. Ihr werdet von vielen Mitbrüdern von der Wahrheit abgehalten und bedrängt, das Falsche zu tun. Die Wahrheit erkennt ihr, Meine Geliebten. Der Böse ist gewaltig, stark und listig. Das ist euch bekannt.

Ich, eure liebste Mutter, die Mutter aller Priestersöhne, wünsche weiterhin, dass ihr euch Meinem Unbefleckten Herzen weiht. Ihr sollt dadurch den vollen Schutz erhalten. Diesen Schutz habe Ich heute über euch ausgegossen. Viele Gnaden sind aus diesen Opfern der Muldaner in Heroldsbach geflossen.

Gnadenströme über Gnadenströme bedeuten für euch Treue über Treue. Ihr, Meine Geliebten, ihr haltet dem Himmlischen Vater die Treue, denn ihr wisst, dass der Vater im Himmel derjenige ist, der euch leitet und führt. Niemals werdet ihr in die Irre gehen, weil ihr euch dem Plan des Himmlischen Vaters fügt. Ihr wisst, was Er von euch erwartet.

Der Heilige Erzengel Michael hat auch heute wieder alles Böse von euch ferngehalten. Auch der Heilige Joseph wacht über dem Haus der Glorie in Mellatz. Dort fließen reichlich die Gnadenströme an diesem besonderen Tag.

Hier, in dieser Hauskirche in Göttingen, wurde das Heilige Messopfer nach Pius V. in aller Ehrfurcht gefeiert und die größten Gnadenströme flossen weit über diese Hauskirche hinaus.

Ihr könnt es oft nicht fassen, Meine Geliebten, wie weit diese dringen werden, wenn ihr betet, sühnt und opfert, und ihr euch dem Plan des Himmlischen Vaters zur Verfügung stellt. Der Himmlische Vater verlangt manchmal sehr viel von euch. Er weiß aber auch, dass es gut für euch ist. Das Gute möchte Er für euch und niemals das Böse. Ihr habt die Unterscheidung der Geister, denn ihr habt das schon so oft gesagt bekommen. Ihr erkennt das Böse. Bittet immer wieder den Himmlischen Vater in dieser schweren Zeit, dass ihr die List des Bösen erkennt. Ihr hört nicht auf zu beten und zu opfern. Ihr seid bereit, den Willen des Himmlischen Vaters zu erfüllen, auch wenn es schwer sein sollte. Ihr sagt: „Ja, Vater, wenn es Dein Wille ist, so soll er an mir geschehen."

Ihr, Meine geliebte kleine Schar, habt besonders in dieser letzten Zeit sehr viele Opfer bringen müssen, und auch heute noch. Doch glaubt ihr, Meine Geliebten, dass Ich als Himmlische Mutter, nicht um eure Sorgen und Krankheiten weiß? Bin Ich nicht eure liebste Mutter, die euch schützt und in die Arme nimmt? Ich schaue auch gleichzeitig euer Kreuz an und Ich hebe es an, wenn es euch zu schwer erscheint.

Die Liebe wird siegen, Meine Geliebten. Ihr werdet alles aus Liebe ertragen können. Die Göttliche Kraft wird euch stärken, niemals die Menschliche. In der menschlichen Kraft seid ihr schwach, und das wisst ihr, doch das ist nicht so ausschlaggebend. Die Göttliche Kraft wird in euch hineinströmen und man wird staunen, wie viele Wunder um euch herum geschehen.

Oft seht ihr diese kleinen Ereignisse nicht, die Ich, die Himmlische Mutter, euch vom Himmlischen Vater erbitte. Oft seht ihr diese kleinen Wunder nicht. Doch sie sind da. Kleine Dinge werden euren Tag begleiten und ihn verschönern. Das Schwere ertragt ihr, weil ihr den Himmlischen Vater liebt. Ihr wisst, Meine geliebten Marienkinder, dass der Himmlische Vater auf Seine Kirche, die Kirche Seines Sohnes, Jesus Christus, schaut, die in der völligen Zerstörung liegt. Diese Priester, und das sind einige, die sich dem Bösen verschrieben haben und zu schwach sind, um die Wahrheit zu bekennen. Sie sind nicht bereit, den Willen des Himmlischen Vaters zu erfüllen, obwohl Er die Gnadenströme in ihre Herzen hineinfließen lässt.

Ich, als Himmlische Mutter, bitte immer wieder Meinen Himmlischen Sohn, dass Er in die Herzen der Priester hineingehen möge, und sie mit Seiner Göttlichen Liebe umstrahlen soll. Mögen sie doch erkennen, dass der Vater, der beste Vater im Himmel ist, der nur das Gute von Seinen geliebten Priestersöhnen wünscht. Niemals verlangt oder zwingt Er einen Priester zur Wahrheit. Er wünscht, dass sie Seinen Plan erfüllen.

Wie oft knie Ich, als Himmlische Mutter, vor dem Thron des Himmlischen Vaters, und bitte um euch, Meine geliebten Priestersöhne, dass ihr den Wunsch hegt, umkehren zu wollen. Wenn ihr nur wollt, Meine Geliebten, so werde Ich euch zur Seite stehen, helfen und beistehen in jeder Lage, mag es auch noch so schwer sein. Ihr seid doch Meine Geliebten und Auserwählten. Der Himmlische Vater hat euch erwählt. Nicht aus euch seid ihr stark. Er ist derjenige, der euch erwählt hat und ihr sollt Ihm die Treue halten und eure Liebe Ihm beweisen. Er liebt euch zu jeder Zeit und Er verlässt euch nicht.

Wie es der Himmlische Vater des Öfteren wiederholt, hat Er große Sehnsucht nach euch, Meine geliebten Priestersöhne, nach eurer Bereitschaft, umkehren zu wollen. Seid bereit, denn die Zeit der Umkehr ist da und die Zeit des Eingriffs ist reif. Glaubt daran und verlasst euch auf die Liebe und die Fürsprache eurer liebsten Himmlischen Mutter und eurer Rosenkönigin von Heroldsbach.

Ihr, Meine geliebte kleine Schar habt in dieser Sühnenacht in Gebet und Opfer in der Hauskirche in Göttingen ausgehalten. Leider ist es euch nicht vergönnt, nach Heroldsbach zu pilgern, denn auch ihr würdet gerne diese Mühen auf euch nehmen. Doch die Gebete und Sühnestunden in eurer Hauskirche werden fruchtbar werden, auch, wenn ihr es nicht erkennen könnt. Vieles ist euch verborgen. Aber was ihr nicht seht, daran glaubt, denn der Himmlische Vater steht mit Seinem Plan dahinter. Die Gottesmutter, eure liebste Mutter, nimmt euch in die Arme, weil ihr die Liebe des Himmlischen Vaters an die erste Stelle gesetzt habt und Ihn nicht in Seinem Leid verlasst. Er ist der Größte, der Schöpfer aller Dinge und der Regent der Heiligen und Apostolischen Kirche. Das Zepter gibt Er niemals aus der Hand, denn die Obrigkeit hat Seinen Wunsch nicht erfüllt. Dieser falsche Prophet sitzt leider auf dem obersten Stuhl und bekleidet dieses höchste Amt fälschlicherweise. Aber der Himmlische Vater weiß immer Rat, denn die Katholische Kirche wird nie untergehen. Auch in der schlimmsten Zeit, wenn man alles an Glaubensfundament zertreten will, wird doch die Wahre Kirche glorreich erstehen.

Freut euch darauf, Meine Geliebten, denn ihr haltet durch und ihr steht zu dieser Neuen Glorreichen Kirche. Euer Wunsch wird in Erfüllung gehen.

Ich bedanke Mich als Himmlische Mutter für euer Durchhalten, für all eure Liebe, für all euer Gebet. Ich, als Rosenkönigin von Heroldsbach, segne euch nun mit allen Engeln und Heiligen, in der Dreieinigkeit, im Namen des Vaters, des Sohnes und des Heiligen Geistes. Amen.

Ihr seid die Geliebten des Himmlischen Vaters und Meine Geliebten, ihr, die Marien- und Vaterkinder. Amen. Allezeit seid ihr die Geliebten. Schaut auf den Plan des Himmlischen Vaters, der in Erfüllung gehen wird. Amen.

14. August 2016 – 13. Sonntag nach Pfingsten und Vigil Mariä Himmelfahrt. Der Himmlische Vater spricht nach der Heiligen Opfermesse im Tridentinischen Ritus nach Pius V. durch Sein williges, gehorsames und demütiges Werkzeug und Tochter Anne.

Anne: Im Namen des Vaters, des Sohnes und des Heiligen Geistes. Amen. Heute, am 14. August 2016, haben wir die Vigil Mariä Himmelfahrt dem 13. Sonntag nach Pfingsten, in einer würdigen Heiligen Opfermesse nach Pius V. gefeiert. Am morgigen Tag beginnen wir das große Fest Mariä Himmelfahrt.

Der Opferaltar und auch der Marienaltar waren wieder mit reichlichem Blumen- und Kerzenschmuck versehen. Am Marienaltar leuchteten die weißen Orchideen, in denen weiße Perlen und Diamanten strahlten. Der Mantel der Gottesmutter war ganz in weiß gehalten und auch mit kleinen weißen Perlen und Diamanten besetzt.

Der Himmlische Vater wird heute sprechen: Ich, der Himmlische Vater, werde heute, am 14. August 2016, dem Vigiltag des Festes Mariä Himmelfahrt, durch Mein williges, gehorsames und demütiges Werkzeug und Tochter Anne sprechen, die ganz in Meinem Willen liegt und nur Worte wiederholt, die aus Mir kommen.

Meine geliebte kleine Schar, Meine geliebte Gefolgschaft und Meine geliebten Pilger von nah und fern und alle Gläubigen, die an Meinen Botschaften festhalten. Ja, Meine Geliebten, vieles habe Ich euch bereits prophezeit und viele Weisungen habe Ich euch mit auf euren Lebensweg gegeben. Sie sind euch zur Lebenshilfe geworden. Ich danke euch, dass ihr so geduldig alles aufgenommen habt und dass ihr bereit seid, Meinen Willen, den Willen eures Himmlischen Vaters, zu erfüllen.

Mein Plan steht seit langem fest. Nach Meinen Wünschen wird deshalb alles ablaufen. Ihr könnt es nicht erfassen, Meine Geliebten, was auf euch alle zukommen wird. Die Menschen haben sich leider vom wahren Glauben abgekehrt, weil sie meinen, sie benötigen die Aufklärung zur Sünde nicht. Sie sind der Auffassung, dass das Kommen unseres Erlösers Jesus Christus, noch in weiter Ferne liegt. Sie benötigen die Heiligmachende Gnade nicht. So sagen sie es und so wird es ihnen von ihren Priestern vermittelt. „Es ist einfach nicht wichtig, dass ich mich mit dem Überirdischen beschäftigen sollte", so sagen sie. Leider liegen diese Priester im Irr- und Unglauben. Sie werden von der Obrigkeit geleitet und diese

Obrigkeit glaubt nicht und verbreitet weiterhin den Irr- und Unglauben in der ganzen Welt.

Wie traurig ist es doch für Meinen Sohn Jesus Christus, dass Seine geliebten Priestersöhne noch immer nicht bereit sind, umkehren zu wollen. Es liegt an ihrem Willen, diese ehrwürdige Heilige Opfermesse im Tridentinischen Ritus nach Pius V. zu feiern. Nur diese Heilige Opfermesse kann allein gültig sein. Der Priester, der diese Heilige Opfermesse feiert, wendet sich Mir, dem Sohn Jesu Christi in der Dreieinigkeit zu. Damit wird das Kreuzesopfer Meines Sohnes Jesu Christi auf den Opferaltären erneuert, nur auf diesen würdigen Opferaltären.

Es ist nicht einfach zu verstehen, weil die Priester heute in dieser modernistischen Kirche gezwungen werden, die Mahlgemeinschaft zu halten. Das II. Vatikanum, das Meinem Wunsch nicht entspricht, ist bis heute nicht für unwirksam erklärt worden. Eure Himmlische Mutter, die Unbefleckt Empfangene Mutter, bittet ständig an Meinem Thron, dass sich doch endlich viele Priester bekehren mögen, und den festen Willen haben, umkehren zu wollen. Sie spüren doch, dass hier in der Modernistik nicht die Wahrheit zu finden ist. Es kann doch nicht der Wahrheit entsprechen, was im II. Vatikanum mitgeteilt wird. Man weiß, dass es der Irrglaube ist. Doch man hat nicht den Mut, umzukehren. Ich wünsche, dass sich viele Priester in der Gemeinsamkeit bereit erklären würden, die Wahrheit zu verkünden um ein bereites ‚ja zur Wahrheit‘ zu bezeugen. Noch ist es nicht so weit, dass diese Priester die Wahrheit bezeugen. Ich, der Himmlische Vater, habe die Wahrheit allerdings in ihre Herzen hineingelegt.

Durch diese Heilige Opfermesse am heutigen Tag in der Hauskirche in Göttingen, sind gewaltige Ströme der Gnade über diesen Ort und auch über den Ort Mellatz geflossen. Mellatz ist ein besonderer Ort, da in diesem Ort, Mein Haus der Glorie, das Vaterhaus steht, das Ich, der Himmlische Vater, durch Meine willigen Werkzeuge selbst eingerichtet habe. Alles ist nach Meinen Wünschen geschehen. Der Heilige Joseph, der Heilige Erzengel Michael und auch die Gottesmutter, wachen über diesem Haus, da ihr, Meine geliebte kleine Schar, dort oft nicht anwesend sein könnt. Ihr habt dieses Haus bereits lieb gewonnen, was Mich sehr freut. Aus Krankheitsgründen seid ihr zur Zeit hier in Göttingen und eure Hauskirche hier ist euch ein würdiger Ersatz, denn in dieser Hauskirche werden täglich die vollen Gnaden durch die Heiligen Opfermessen ausgegossen.

Die Gottesmutter steht heute im vollen Glanz, denn am morgigen Tag wird Ihr Fest der Aufnahme Mariens in den Himmel gefeiert. Darauf könnt ihr euch heute schon vorbereiten und freuen. Die Krönung der lieben Gottesmutter wird bald danach folgen.

Ihr könnt es euch nicht vorstellen, wie sehr der Himmel auf eure Gebete bedacht ist. Ihr betet, ihr sühnt und haltet durch. Ihr seid nicht gewillt, diesen Irrglauben der Obrigkeit weiterzugeben. Leider wird die schwere Sünde, die in dieser Modernistik gelehrt wird, weitergegeben. Die schwerste Sünde der Unreinheit wird als Wahrheit gekündet. Außerdem darf jeder unwürdig, also der sich in schwerer Sünde befindet, das Sakrament der Heiligen Kommunion empfangen.

Ich wünsche, dass alle zunächst erkennen, wenn sie sich in schwerer Sünde befinden, das Heilige Bußsakrament in Empfang nehmen wollen. Ich werde allen verzeihen und Mich ihnen gnädig und barmherzig erweisen. Ich werde ihnen Meine Gerechtigkeit zeigen und die ist mit Liebe gepaart. Ich werde ihnen nicht die Sünde vorhalten, die sie bereits bekannt haben, sondern Ich werde sie in Meine Arme schließen, wenn sie reumütig sich zur Sünde bekannt haben, denn Ich bin dankbar für jeden, der umkehrt und das Heilige Bußsakrament in Anspruch nimmt, um seine Sünden zu bekennen.

Vor allen Dingen warte Ich auf die Priester, die Ich auserwählt habe, dieses wahre Heilige Messopfer in würdiger Weise zu feiern und die Sieben Sakramente zu spenden. Noch sind sie nicht gewillt, Meinen Willen zu erfüllen. Manchmal erkennen sie nicht einmal Meinen Willen, da sie sich nicht in der Heiligmachenden Gnade befinden. Sie werden von ihren Mitbrüdern von der Wahrheit abgehalten und auch von der Obrigkeit. Sie leben in ständiger Angst und fragen sich: „Wo finde ich den wahren Glauben, wo sind meine Vorbilder in der heutigen Zeit? Wann und wo kann ich mich als Priester zu der Wahrheit bekennen? Was wird dann mit mir geschehen?“ Das fragen sie sich.

Bin Ich nicht an ihre erste Stelle getreten? Haben sie sich diese Frage jemals gestellt? Bin Ich ihnen als Himmlischer Vater heute gleichgültig geworden? Ich bin doch derjenige, der sie unaussprechlich liebt und ihnen nachgeht, wenn sie Meinen Wünschen nicht entsprechen wollen. Ich führe und leite sie, auch heute noch, denn die Priester sind Meine Auserwählten. Auf Meine Priester warte Ich auch heute noch sehnlichst. Meine Sehnsucht nach eurer Liebe wächst täglich und sie findet keine Erfüllung. Ich warte auf euer Geständnis, dass ihr Meinen Willen erfüllen wollt. Ich warte darauf, dass ihr am Opferaltar Meines Sohnes Jesus Christus, Sein Opfer in würdiger Weise vollziehen werdet. Das ist Mein sehnlichster Wunsch, auf den Ich warte.

Könnt ihr euch vorstellen, wie Ich euch liebe? Ich liebe euch in Göttlicher Liebe. Diese menschliche Liebe müsst ihr dabei ausklammern, denn die Göttliche Liebe ist etwas so Großes, die alles verzeiht und dem anderen in Liebe begegnet, denn die Liebe ist und bleibt das Größte. Die Liebe des Dreifaltigen Gottes übersteigt jedes Maß und jeden Verstand. Aber sie ist da. Auf diese Liebe sollt ihr schauen.

Wie sehr warte Ich darauf, dass Ich euch nach einer gültigen Beichte umarmen darf. Für einen verlorenen Sohn, der umkehrt, bin Ich unermesslich dankbar.

Ihr Meine geliebte kleine Schar und ihr, Meine Gefolgschaft, ihr betet ständig für die Umkehr der Priestersöhne, denn ihr wisst um Meine ständige Not und Sorge und auch um die Not eurer Himmlischen Mutter. An vielen Orten weint sie Tränen, ja sogar Bluttränen. Sie sieht auch Meine Tränen und tröstet Mich.

Wollt auch ihr, Mir zum Trost da sein, ihr Meine kleine Schar und Meine Gefolgschaft? An euch habe Ich Meine Freude und möchte euch danken für all eure Gegenliebe, die ihr Mir entgegenbringt, auch ganz besonders heute, am 13. Sonntag nach Pfingsten, dem Vigilsonntag Meiner Mutter Maria. Nochmals sage Ich euch, Ich liebe euch, ja, Ich liebe euch über alle Maßen. Ich möchte es euch heute noch einmal kundtun.

Ich segne euch nun mit eurer Himmlischen Mutter, mit allen Engeln und Heiligen und mit der besonderen Schar von Engeln, den Cherubim und Seraphim, in der Dreieinigkeit, im Namen des Vaters, des Sohnes und des Heiligen Geistes. Amen.

Seid bereit, Meine Geliebten, auf den baldigen Eingriff eures Himmlischen Vaters. Seid nicht traurig, denn der Irrglaube in der heutigen Zeit ist so weit gewachsen, dass Ich Meinen Arm des Zornes erhoben habe. Meine Himmlische Mutter hatte diesen Arm bisher festhalten können. Doch leider, und das tut Mir sehr weh, muss dieser Eingriff sein. Ihr seid geschützt. Denkt immer daran. Das gebe Ich euch auf euren Glaubensweg mit. Denkt auch daran, dass die Liebe das Größte ist.

15. August 2016 – Fest der Aufnahme Mariens in den Himmel. Die Gottesmutter spricht nach der Heiligen Tridentinischen Opfermesse nach Pius V. durch Ihr williges, gehorsames und demütiges Werkzeug und Tochter Anne.

Anne: Im Namen des Vaters, des Sohnes und des Heiligen Geistes. Amen. Heute, am 15. August 2016, haben wir das Fest Mariä Himmelfahrt gefeiert. Voraus ging eine würdige, Tridentinische Opfermesse nach Pius V. Der Marienaltar war in Rosen und Orchideen eingehüllt. Selbst die Mutter Gottes war in ein Rosenmeer getaucht. Ihr weißer Mantel war wieder mit kleinen weißen Perlen und Diamanten geschmückt. Heute, zu diesem Festtag, war der Opferaltar auch mit reichlichem Blumen- und Kerzenschmuck versehen.

Die Gottesmutter wird heute sprechen: Ich, eure liebste Himmlische Mutter, spreche heute als Unbefleckt Empfangene, als Mutter und Königin vom Sieg und als Rosenkönigin von Heroldsbach, durch Mein williges, gehorsames und demütiges Werkzeug und Tochter Anne, die ganz im Willen des Himmlischen Vaters liegt und nur die Worte wiederholt, die heute aus Mir kommen.

Ich bin heute zu euch gekommen, um das Fest Meiner Himmelfahrt mit euch zu feiern. Ihr habt dieses Fest in würdiger Weise begangen.

Meine geliebten Marienkinder, ja, es ist ein großes Fest. Ich habe zum Gruß des Erzengels Gabriel ja gesagt. Ich wurde ohne Erbsünde empfangen und deshalb durfte Ich ganz und gar mit Leib und Seele in den Himmel auffahren. Die Engel haben Mich begleitet. Der Himmlische Vater in der Dreieinigkeit hat Mich empfangen. Er hat Mir eine goldene Krone aufs Haupt gesetzt, weil Ich als Königin der Engel gekürt wurde. Somit stehe Ich praktisch über den Engeln und bin ihre Königin im Willen des Himmlischen Vaters geworden.

Meine geliebten Kinder, ihr glaubt daran, dass Ich, eure liebste Mutter, die Unbefleckt Empfangene und die Königin der Engel bin.

Leider glauben viele Menschen nicht an dieses große Fest, weil sie in ihrer Sünde gefangen sind. Ich selbst, als Mutter des Herrn und Gottesgebärerin, bin ohne Sünde empfangen. Ich darf euch Mutter in jeder Lage sein, denn Ich wurde im Himmel auserwählt und gekürt.

Vom Anfang Meines Lebens hat der Himmlische Vater Mich ausersehen, als Mutter der Dreieinigkeit, den Sohn Gottes zu empfangen und zu gebären. Deshalb bin Ich nicht die Maria, wie man Mich heute nennt, sondern die Gottesgebärerin, die Mutter Gottes. Und so möchte Ich auch heute genannt werden.

An vielen Wallfahrtsorten werde Ich als besondere Gnadenmutter mit verschiedenen Anrufungen verehrt. Wunder über Wunder werden auch heute noch an diesen Wallfahrtsorten geschehen!!! Wenn die Menschen doch nur glauben würden. Ich, als Himmlische Mutter, will doch den Menschen helfen und beistehen. Auch bin Ich als Schlangenzertreterin ausersehen und möchte mit Meinen Marienkindern, Satan den Kopf zertreten. Leider ist Satan heute nicht nur in die Welt, sondern auch in die Kirche eingedrungen. Ich möchte mit Meinen Marienkindern Sühne leisten für die vielen Vergehen der Obrigkeit bis hin zur obersten Spitze des unwürdigen Papstes. Auch für die in schwerer Sünde liegenden Gläubigen, die in ihren Sünden gefangen sind und von ihren Priestern gezwungen werden, das Heilige Bußsakrament nicht in Anspruch zu nehmen, werden verwirrt und in die Irre geführt. Auch die Heilige Kommunion dürfen sie nicht in würdiger Weise empfangen. Welches große Sakrileg begehen doch damit die Priester, obwohl sie es nicht einmal erkennen.

Ich bin die reinste Mutter, die Königin des Himmels. Ich bin euch allen in der Reinheit vorausgegangen. Ihr, Meine Gläubigen, seid mit der Erbsünde belastet und ihr seid dadurch fehlbare und unvollkommene Menschen. Darum wendet ihr euch mit jeder Sorge, Bedrängnis und Krankheit an Mich, eure Himmlische Mutter. Ich werde all eure Drangsale dem Himmlischen Vater vor Seinen Thron, tragen. Er wird Mich erhören, denn Er kann Meinem mütterlichen Blick nicht widerstehen.

Ich, die Himmlische Mutter, bin von der Liebe Gottes angestrahlt. Diese Gnadenstrahlen, die aus Meinem Herzen kommen, von diesen werdet ihr heute provitieren, ihr Meine Marienkinder. Ihr sollt sie erhalten und an viele weiterleiten, die bisher nicht geglaubt haben. Es ist Mein Festtag, an dem Ich besondere Gnaden ausschütten darf. Viele Menschen werden dadurch ihr Leben erleichtern können, weil sie sich an Mich, die Himmlische Mutter, wenden. Sie wissen, dass Ich die Auserkorene des Himmels bin, die Unbefleckt Empfangene und die Fürbitterin aller Gnaden, also die Aller-Gnaden-Vermittlerin. So möchte Ich angerufen werden. Darum kommen so viele Menschen, die sich in Drangsalen befinden, zu Mir, ihrer Himmlischen Mutter. Heute bleibt ihnen leider nichts erspart. Von den

Glaubenden verlangt der Himmlische Vater sehr viel, um die Sühne fruchtbar werden zu lassen.

Leider sprechen die Priester nicht mehr über Meine Reinheit zu den Gläubigen, es ist ihnen unangenehm. Sie erklären den Gläubigen auch nicht mehr Meinen Himmlischen Auftrag als Gottesgebärerin. Im menschlichen Sinn ist es nicht zu verstehen. Die Gläubigen sollen von den Priestern ins Übernatürliche, himmelwärts geführt werden. Das ist die Lebenshilfe, die die Gläubigen suchen und von den Priestern erwarten und nicht finden.

Ich bin die Auserwählte, die Auserkorene vom Himmel, für den Sohn Gottes bestimmt, die Mutter der Reinheit. Deshalb war der Marienaltar heute mit vielen Rosen geschmückt. Meine Gefolgschaft hat auch heute wieder für den reichlichen Blumenschmuck gesorgt. Dafür danke Ich euch allen.

Euch, Meine geliebten Marienkinder, schließe Ich an diesem großen Fest in die Arme. Ihr seid Meine Marienkinder, die Mir im Gebet und Opfer immer treu gedient haben.

Der Böse hat keinen Einfluss auf euch, weil Ich euch festhalte und weil Ich die Auserwählte und Königin des Himmels bin. In jeder Lage könnt ihr euch an Mich wenden.

Das große Fest konnte heute stattfinden, weil ihr glaubt, denn man wollte auch dieses Fest den Gläubigen vorenthalten. Auch habt ihr dem Himmlischen Vater zu verdanken, dass dieses Fest heute in eurer Hauskirche in Göttingen stattfinden konnte. Er schließt euch auch heute in Seine Arme, weil Er euch Mich als Mutter zu Hilfe gegeben hat. Glaubt daran, dass diese Zeit eine der schwierigsten Zeiten ist, die es jemals gegeben hat. Es wird leider noch mehr auf euch zukommen. Ich kann es euch nicht erklären, weil es euren Verstand und auch eure Seele überfordern würde. Ich, als Himmlische Mutter, weiß um alles. Ich drücke Mein Unbeflecktes Herz ganz fest an eure Herzen. Wendet euch in eurer Not an dieses Unbefleckte Herz, denn es wird euch immer verstehen, was nicht mit eurem kleinen Verstand zu erklären ist.

Euch, Meine geliebten Priestersöhne, möchte ich aufrufen, weiht euch Meinem Unbefleckten Herzen, damit ihr für die kommende Zeit geschützt seid. All ihr Marienkinder und Gläubige von nah und fern, die ihr an Meine Unbefleckte Empfängnis glaubt und euch diesem Unbefleckten Herzen geweiht habt, ihr seid geschützt in jeder Lage. Die Ängste, die andere Nichtglaubende mit sich herumtragen, habt ihr nicht. Ihr habt ein reines Herz, denn ihr nehmt das Heilige Bußsakrament oft in Anspruch. Es ist von großer Wichtigkeit in dieser schwierigen Zeit der Apostasie. Ihr seid fehlbare Menschen und in diesem Bußsakrament fließen reichliche Gnaden. Diese Gnaden kommen vielen zugute, vor allen Dingen den Priestern, die noch nicht bereit sind, umkehren zu wollen.

Heute, an diesem Festtag voller Rosen und Gnaden, möchte Ich Mich bei euch allen bedanken, die ihr in der schwierigsten Zeit durchgehalten habt und auch ‚ja Vater' sagt zu der zukünftigen Zeit, die auf euch zukommen wird. Auch wenn ihr nichts seht, so glaubt und vertraut Mir, dass diese schwere Zeit vorbeigehen wird und dass der Himmlische Vater in der Dreieinigkeit mit Seinen vielen Engeln euch den Schutz schenkt. Ich, als Himmlische Mutter, darf immer bei euch sein, denn Jesus Christus, Mein Sohn, wohnt in euren Herzen. Ihr empfangt ihn täglich in großer Ehrfurcht in einer würdigen Kommunion in einer Heiligen Opfermesse nach Pius V. Das sollte ausschlaggebend für euer ganzes Leben sein. Es soll nicht nur euch stärken, sondern noch viele andere, die daran glauben, denn eure Gefolgschaft wird sich vermehren. Die Muldaner, die an jedem 13. des Monats alle Mühen auf sich nehmen, um diese Gnaden entgegenzunehmen und sie auch dadurch weiterzuleiten. Diese Gnaden reichen nicht nur bis zu ihren Familien, sondern auch zu anderen Menschen. Ihr verrichtet besondere Gebete der Sühne für die umkehrwilligen Priester. Auch dafür möchte Ich euch allen ein herzliches Vergelt's Gott sagen. Ich nehme euch unter Meinen Schutzmantel und bedanke Mich in einer besonderen Weise für all eure Liebe, für all eure Mühen und Sorgen, die ihr Mir schenkt, denn Ich leite sie weiter. Ich bedanke Mich auch für die Göttliche Liebe, die ihr entgegennehmt und die Ich für euch beim Himmlischen Vater erbitte. Für all das möchte Ich Mich, als Himmlische Mutter, an diesem Fest, bei euch bedanken.

Ich segne euch nun, auch als Königin der Engel, mit allen Engeln und Heiligen in der Dreieinigkeit, in besonderer Stärke, im Namen des Vaters, des Sohnes und des Heiligen Geistes. Amen.

Seid bereit für die Zukunft, denn alles, was auf euch zukommt, ist vom Himmlischen Vater erdacht. Es steht in Seinem Plan. Verlasst euch ganz auf Ihn und schenkt euch Ihm selbst ganz und gar. Ich, als Himmlische Mutter, schütze euch mit Meinen vielen Engeln. Amen.

21. August 2016 – 14. Sonntag nach Pfingsten. Der Himmlische Vater spricht nach der Heiligen Tridentinischen Opfermesse nach Pius V. durch Sein williges, gehorsames und demütiges Werkzeug und Tochter Anne.

Anne: Im Namen des Vaters und des Sohnes und des Heiligen Geistes. Amen. Wir haben heute, am 21. August 2016, die Heilige Opfermesse im Tridentinischen Ritus nach Pius V. in aller Ehrfurcht gefeiert. Der Opfer- und auch der Marienaltar waren heute in ein Blumenmeer getaucht. Die Gottesmutter als Fatima-Statue und auch der Himmlische Vater über dem Opferaltar segneten uns während der Heiligen Opfermesse. Der Heilige Erzengel Michael schlug sein Schwert in alle vier Himmelsrichtungen, um das Böse von uns abzuhalten.

Der Himmlische Vater spricht jetzt: Ich, der Himmlische Vater, spreche jetzt und in diesem Augenblick durch Mein williges, gehorsames und demütiges Werkzeug und Tochter Anne, die ganz in Meinem Willen liegt und nur Worte wiederholt, die heute aus Mir kommen.

Geliebte kleine Schar, geliebte Gefolgschaft, geliebte Pilger von nah und fern und Meine geliebten Gläubigen, die ihr an Meine Botschaften glaubt und Meine Weisungen annehmt. Ihr seid die Bevorzugten. Ich liebe euch ganz besonders.

Wieviel Trost spendet ihr Mir, besonders an jedem Sonntag, an denen Ich den Gläubigen Meine Botschaften übermittle, um sie in die Wahrheit einzuführen. Viele Priester und viele Gläubige glauben heute nicht mehr an das Allerheiligste Altarssakrament, an die Heilige Eucharistie und an die Sieben Sakramente. Besonders möchte Ich heute Meine Priestersöhne darauf aufmerksam machen, dass nur das Heilige Tridentinische Opfermahl im wahren Ritus nach Pius V. der Wahrheit und der Ordnung entspricht. Nur dieses Heilige Opfermahl hat wirklich Gültigkeit.

Meine geliebten Priestersöhne, warum erkennt ihr das immer noch nicht? Ihr seid leider dem Mammon verfallen und wollt kein Risiko in dieser Hinsicht riskieren.

Bin Ich nicht der liebende, der Allmächtige, der Allgewaltige und der Allwissende Vater in der Dreieinigkeit, der alles lenkt, leitet und in die richtigen Bahnen lenken kann?

Ich habe durch Meinen Sohn Jesus Christus das Heilige Opfermahl am Gründonnerstag für alle Priester eingesetzt, aber auch für alle Gläubigen. Sie sollten nach dem Kreuzestod Meines Sohnes ein wahres Heiliges Opfermahl feiern können, denn Ich habe ihnen dieses Testament als ein eindeutiges und ewiges Merkmal aufgetragen, um das Ewige Leben zu erlangen.

Das Weltliche haltet deshalb fern. Wer dem Mammon dient, kann nicht gleichzeitig Mir, dem Allerhöchsten, dem Höchsten Gott in der Dreieinigkeit, dienen. Haltet deshalb den Mammon von euch fern, denn er hindert euch daran, in der Heiligkeit voranzuschreiten. Vor allen Dingen meidet die schwere Sünde. Die schwerste Sünde, ist die Sünde der Unkeuschheit. Die Sünde der Unkeuschheit ist leider in diese modernistische Kirche eingedrungen.

Es ist Satan, der euch verführen will, Meine Geliebten. Ich möchte euch davon fernhalten und festhalten, damit ihr nicht fallt. Immer wieder gebe Ich euch Lebenshilfe, besonders durch die Sieben Sakramente, die Ich doch für euch eingesetzt habe, durch Meinen Sohn Jesus Christus. Kommt doch zu diesem Sakrament der Beichte und bereut tief eure Schuld. Ich werde euch durch Meinen Sohn Jesus Christus eure Schuld vergeben. Er wartet auf eure Liebe und Reue und auf euer Bekenntnis. Bezeugt Mich, den Himmlischen Vater, denn Ich sage euch, wer den Sohn liebt, der liebt auch den Vater. Und wer den Vater liebt, der liebt auch den Heiligen Geist. Der Heilige Geist möge euch in der Wahrheit mit Seiner großen Liebe durchströmen. Die Gottesmutter, die Braut des Heiligen Geistes, wird euch in jeder Lage beistehen.

Wenn ihr die schwere Sünde bekennt, so habt ihr die Möglichkeit, sie tief zu bereuen. Gleichzeitig sollt ihr euch aber auch den Vorsatz fassen, diese schwere Sünde in Zukunft zu meiden. Doch der Böse möchte euch immer wieder verführen, die schwere Sünde erneut zu begehen. Darauf sollt ihr achten. Widersteht dem Bösen und glaubt an das Gute, dass es auf euren Willen ankommt.

Ich, der Himmlische Vater, möchte, dass ihr die Früchte des Heiligen Geistes empfangen dürft. Sie bedeuten Liebe, Freude, Friede, Geduld, Sanftmut, Milde, Güte, Mäßigkeit, Enthaltsamkeit, Treue, Langmut und Keuschheit. Übt bitte alle diese Tugenden. Sie geben euch Lebenshilfe und ihr werdet in der Heiligkeit voranschreiten. Dann werdet ihr nicht das Menschliche in den Vordergrund schieben. Das Menschliche verachtet, denn es verführt euch zum Bösen. Das Göttliche ist für euch das Wichtigste.

Ihr habt den vollen Schutz, wenn ihr auf alles achtet, was im Göttlichen Willen, Plan und Wunsch vorgesehen ist. Die Liebe bleibt darin das Größte, die Göttliche Liebe. Diese achtet bitte. Liebt euren Nächsten und verzeiht ihm, denn auch er ist fehlbar. Auch ihr bleibt unvollkommene Menschen. Eure Himmlische Mutter wird euch im Heiligen Geist führen, denn Sie ist die Braut des Heiligen Geistes. Sie wird euch führen, lenken und leiten. Sie bittet an Meinem Gnadenthron für eure Hilfe. Nehmt euer Kreuzesleid an, so wie es in Meinem Willen vorgesehen ist. Bedenkt, dass ihr nur weiter voranschreiten könnt, wenn ihr die Wahrheit lebt.

Vieles hätte Ich euch noch dazu zu sagen, doch ihr würdet es nicht verstehen. Ihr könnt nicht alles erkennen, dafür seid ihr unvollkommene Menschen.

Das größte Geheimnis, das ihr in der Heiligen Eucharistie feiert, bleibt immer für euch ein Geheimnis. Ihr glaubt, obwohl ihr nichts seht. Ihr seid Mir zum Trost da. Darum danke Ich euch auch heute für all eure Liebe, die ihr Mir täglich im Heiligen Messopfer entgegenbringt. Ihr glaubt, vertraut und liebt. Diese Liebe gebt ihr weiter und bezeugt sie auch.

Meine Botschaften dringen bis an die Enden der Erde, weil sie der Wahrheit entsprechen. Viele Menschen und auch Priester haben durch euch die Möglichkeit, umzukehren. Ihr seid gewillt, das Leid als Sühne zu ertragen, weil ihr Mich liebt. Ihr wollt Mir in eurer Liebe entgegenkommen. Ihr seid nicht gewillt, dem Bösen die Hand zu reichen, im Gegenteil, ihr wollt das Böse von euch abhalten. Auch wollt ihr damit dem anderen zu erkennen geben: Haltet die Sünde von euch fern.

Ihr fragt euch, warum können so viele Priester nicht umkehren? Warum sind sie nicht gewillt, umzukehren? Die Antwort ist, sie dienen dem Mammon. Sie haben sich dem Weltlichen zugewandt. Leider, Meine geliebten Kinder, zeigen die Priester immer noch keine Bereitschaft. Die Göttliche Weisheit liegt ihnen fern. Ihr Verstand sagt ihnen das Richtige, doch sie vollziehen das Gegenteil. Sie sind leider seiner Macht, der Macht Satans, verfallen. Satan hat seinen Einzug in ihrer Seele gehalten. Letztendlich müssen sie sich von der Sünde entfernen. Da dieses Hindernis der Sünde besteht, Meine Geliebten, sühnt weiterhin für die Priester. Ich möchte alle Priester retten, denn Ich bin für alle gestorben, nicht nur für einen allein.

Durch die Annahme Meiner Gnaden werden sie erlöst. Die Gnadenströme fließen in jeder Heiligen Opfermesse, die ihr hier im wahren Ritus in eurer Hauskirche in Göttingen feiert. Diese Opfermessen haben auch nach der DVD ihre völlige Gültigkeit.

Ehrfürchtig empfangt ihr das Sakrament der Heiligen Kommunion. Ihr empfangt Meinen Sohn Jesus Christus mit Leib und Seele, mit Gottheit und Menschheit, damit Er in eurem Herzen den ersten Platz einnimmt. Er schenkt euch diese Gnadenströme. Sie werden weitergeleitet auf andere, die sie annehmen und benötigen. Es werden Bekehrungswunder geschehen. Ihr müsst in Geduld abwarten. Aus eurem Mund werden Worte ausgesprochen, die ihr nicht beeinflussen könnt. Glaubt daran, dass diese Wunder geschehen werden.

Ja, Mein Eingriff steht allen bevor. Leider ist die Apostasie, die Glaubenslosigkeit, so weit fortgeschritten. Die schwere Sünde wird nicht mehr beachtet. Man bereut sie nicht mehr, weil die Obrigkeit keine Notwendigkeit darin sieht. Die Sünde wird leider in Frage gestellt, doch Sünde bleibt Sünde. Darum habe Ich euch die Zehn Gebote als Lebenshilfe gegeben. Gebt die Wahrheit weiter und bezeugt sie, wo es angebracht ist.

Die Menschen warten auf den Dreieinigen Gott. Sie suchen die Wahrheit und finden sie nicht, denn die Priester vermitteln ihnen diese heute nicht. So sieht es in dieser schwierigsten Zeit aus. Es wird bald eine Zeit geben, wo die glorreiche Kirche prachtvoll erstehen wird. Auf diese Zeit freut euch. Freut euch alle Tage, denn Ich, der Himmlische Vater in der Dreieinigkeit, werde alles regeln und habe das Zepter fest in die Hand genommen. Glaubt an Meine Liebe und vertraut Mir, denn Ich Bin die Ordnung und die Gerechtigkeit, die mit Liebe gepaart ist.

Einen gesegneten Sonntag wünsche Ich euch. Bleibt Mir treu, Meine Geliebten. Viele Menschen spüren, dass ihr dem Himmel die Treue haltet und sie möchten euch nachfolgen.

Ich segne euch in der Göttlichen Liebe und Stärke, mit allen Engeln und Heiligen in der Dreieinigkeit, im Namen des Vaters und des Sohnes und des Heiligen Geistes. Amen.

Lebt die Liebe und seid wachsam gegenüber dem Bösen, denn der Böse geht um, wie ein brüllender Löwe.

22. August 2016 – Fest Unbeflecktes Herz Mariä. Die Gottesmutter spricht nach der Heiligen Tridentinischen Opfermesse nach Pius V. durch Ihr williges, gehorsames und demütiges Werkzeug und Tochter Anne.

Anne: Im Namen des Vaters und des Sohnes und des Heiligen Geistes. Amen. Heute, am 22. August 2016, haben wir das Fest des Unbefleckten Herzens Mariens gefeiert. Eine ehrfürchtige Heilige Opfermesse im Tridentinischen Ritus ging dieser Botschaft des Festes voraus. Die Engel waren anwesend. Ein reichlicher Kerzen- und Blumenschmuck zierten den Opfer- und Marienaltar. Die Engel zogen in die Hauskirche ein und aus. Sie umringten den Marien- und auch den Opferaltar. Die Gottesmutter war ganz in weiß gekleidet und hielt den blauen Rosenkranz in die Höhe. Sie wollte uns damit sagen: Meine Kinder, betet diesen Rosenkranz täglich, denn er ist für euch alle sehr wichtig.

Die Gottesmutter wird heute sprechen: Ich, als das Unbefleckte Herz Mariens, spreche heute durch Mein williges, gehorsames und demütiges Werkzeug und Tochter Anne, die ganz im Willen des Himmlischen Vaters liegt und nur Worte wiederholt, die aus Mir kommen.

Geliebte kleine Schar, geliebte Gefolgschaft, geliebte Pilger und Gläubige von nah und fern, geliebte Marien- und Vaterkinder, zu euch allen spreche Ich heute zu diesem Fest. Ich möchte Mich bedanken, dass ihr Mir zu Meinem Ehrentag die Aufmerksamkeit erwiesen habt. Ihr seid dadurch besonders geschützt. Eure Seelen werden von der Liebe Gottes durchströmt, denn eure liebste Mutter als Unbeflecktes Herz, wird euch alle Gnadenströme des Himmlischen Vaters in der Dreieinigkeit erbitten.

Ihr lebt von der Liebe, von der Liebe Gottes. Sie schützt euch und Ich als Unbeflecktes Herz, geleite euch durch diese Zeit der Bedrängnis, der Krankheiten und des Elendes.

Der Flüchtlingsstrom, Meine Geliebten, ist wie eine Pest über euch alle hereingebrochen, denn die Politiker sind nicht bereit, den Islamisten Einhalt zu gebieten und die Grenzen zu schließen, um ihnen keinen Einlass zu gewähren. Ja, der Terrorismus ist das schlimmste Übel, Meine Geliebten. Es gibt natürlich auch viele Gläubige, die auswandern müssen, die hier in Deutschland rechtmäßig ihre wahre Bleibe suchen. Sie flüchten, weil sie wegen ihres christlichen Glaubens verfolgt werden. Leider sind das die wenigsten der Flüchtlinge.

Der Glaube, Meine Geliebten, würde alle in der wahren Gesinnung zusammenhalten.

Mein Unbeflecktes Herz wird alle schützen, wenn sie sich diesem, Meinem Unbefleckten Herzen, weihen würden. Ich würde sie alle an Mein

Herz drücken, denn Ich liebe die, die Meinen Sohn Jesus Christus in der Dreieinigkeit verehren.

Die Heilige Opfermesse schützt euch vor dem Bösen. Feiert sie in dieser Ehrfurcht. Ihr seid die Opfernden und die Sühnenden. Ihr sühnt für diejenigen, die nicht glauben wollen, denn es ist allen möglich, die Heilige Messe in wahrer Ehrfurcht feiern zu können. Wenn auch die Obrigkeit nach dem II. Vatikanum die traditionelle Opfermesse verbietet, so ist es den Priestern trotzdem erlaubt, sie zu feiern. Die Priester können selbst entscheiden und die Heilige Kommunion, das Himmelsbrot, den Gläubigen kniend in der Mundkommunion austeilen, wenn diese Priester es selbst wünschen.

Ich warte auf viele Priester, die bereit sind, die Wand, die sie sich selbst aufgebaut haben, die Wand des Unglaubens, niederzureißen, um ungehindert den Wunsch des Himmels zu erfüllen. Viele sind nicht bereit, die Konsequenzen aus der Situation zu ziehen. Stetig sollten sie ihren Glauben bezeugen, wenn es erforderlich ist. Darin liegt die Schwierigkeit der Priester heute.

Die einzige Möglichkeit wäre, dass einige Priester sich zusammenschließen würden, um die Glaubensstärke in der Wahrheit zu bezeugen, denn diese Botschaften sollen in der ganzen Welt verbreitet werden. Ich, als Himmlische Mutter, würde den Verkündern beistehen. Niemand wird von Mir allein gelassen, denn Mein Unbeflecktes Herz steht allen zur Seite. Ich habe die Möglichkeit, die Gnadenströme in eure Herzen einfließen zu lassen, dass ihr Worte verkündet, die aus eurem Mund fließen, die ihr nicht beeinflussen könnt, die aber der vollen Wahrheit entsprechen. Sie werden den Menschen helfen, die Wahrheit zu finden, und sie zu leben.

Ihr werdet vom Himmlischen Vater in der Dreieinigkeit geliebt, der euch erneut Weisungen gibt, um euer Leben menschenwürdiger zu gestalten. Auf diese Weise können sie das Glaubensleben fördern. Der wahre Glaube bedeutet, nichts sehen und doch glauben. So könnt ihr dem Himmlischen Vater die Freude bereiten, Mich als Gnadenvermittlerin zu Hilfe nehmen, um eine mächtige Fürsprecherin beim Vater im Himmel zu haben. Ich werde alle Sorgen vor den Thron des Himmlischen Vaters bringen und eure Nöte und Drangsale werden erhört werden. Ihr werdet nicht allein gelassen, im Gegenteil, Wunder über Wunder werden geschehen, die ihr nicht beeinflussen könnt. Diese Wunder muss die Welt anerkennen, denn sie sind nicht erklärbar.

Wer in der Göttlichen Weisheit lebt, erkennt die Wahrheit und hat die Kraft, diese zu bezeugen. Darauf wartet der Himmlische Vater in der Dreieinigkeit und eure Himmlische Mutter, heute als Unbeflecktes Herz. Eure Herzen werden mit Meinem Unbefleckten Herzen verbunden und darin, Meine geliebten Marienkinder, werdet ihr erstarken, aber niemals schwach werden.

Bleibt in der Wahrheit und dem Himmel treu, denn er bietet euch die größten Chancen, weiter durchzuhalten und nicht aufzugeben, auch nicht in dieser schwierigsten Zeit. Ihr werdet vom Dreieinigen Gott geliebt und auch von eurer Himmlischen Mutter. Die Engel werden euch begleiten, besonders auch die Schutzengel und der Heilige Erzengel Michael, der Patron eurer Hauskirche in Göttingen.

So segne Ich euch im Namen der Heiligsten Dreieinigkeit, der Vater der Sohn und der Heilige Geist. Amen.

Lebet die Liebe, denn die Liebe ist das Größte. Sie wird euch immer in die richtigen Bahnen lenken. Gebt niemals auf, sondern schreitet vorwärts. Amen.

28. August 2016 – 15. Sonntag nach Pfingsten. Der Himmlische Vater spricht nach der Heiligen Tridentinischen Opfermesse nach Pius V. in der Hauskirche in Göttingen, durch Sein williges, gehorsames und demütiges Werkzeug und Tochter Anne.

Anne: Im Namen des Vaters und des Sohnes und des Heiligen Geistes. Amen. Heute, am 28. August 2016, haben wir die Heilige Opfermesse in wahrer Ehrfurcht nach Pius V. in der Hauskirche in Göttingen gefeiert. Der Opferaltar, sowie auch der Marienaltar waren mit reichlichem Kerzen- und Blumenschmuck versehen. Die Gottesmutter war wieder ganz in weiß gekleidet und hielt einen blauen Rosenkranz in die Höhe, um uns damit zu bekunden: „Betet ihn, Meine Kinder, denn die Zeit eilt, da der Himmlische Vater eingreifen wird.“

Der Himmlische Vater, die Gottesmutter und auch das Jesuskind segneten uns während der Heiligen Opfermesse. Die Engel zogen in die Hauskirche in Göttingen ein und aus und gruppierten sich um den Tabernakel und auch um den Marienaltar.

Der Himmlische Vater wird heute sprechen: Ich, der Himmlische Vater, spreche jetzt und in diesem Augenblick, durch Mein williges, gehorsames und demütiges Werkzeug und Tochter Anne, die ganz in Meinem Willen liegt und nur Worte wiederholt, die aus Mir kommen.

Geliebte Vater- und Marienkinder, geliebte kleine Schar und Gefolgschaft und ihr Pilger und Gläubige von nah und fern. Ihr alle seid heute Meinem Ruf gefolgt und nehmt diese Weisungen, die Ich euch am heutigen Tag geben werde, auf. Es wird nicht leicht für euch sein, die kommende Zeit durchzustehen.

Doch Ich bitte euch, vergebt einander. Achtet auf eure eigenen Fehler, auf eure eigenen Werke. Einer soll für den anderen da sein, einer trage des anderen Last. Die Last erscheint euch oft zu schwer. Dann sprecht euch miteinander aus, damit ihr in der Gemeinsamkeit diesen Weg beschreiten könnt. Obwohl ihr vieles erfahrt, das nicht nach euren Wünschen abläuft, so habt doch die Zuversicht und die Hoffnung, dass alles geschehen wird, wie es im Plane des Himmlischen Vaters vorgesehen ist.

Ja, die drei dunklen Tage kommen unweigerlich auf euch zu. Die Sonne und der Mond werden sich verfinstern und die Sterne werden vom Himmel fallen. Dieses Geschehen wird mit einem gewaltigen Donnerbrausen und starken Gewittern mit feurigen Blitzen beginnen. Über die ganze Erde wird ein starkes Unwetter mit gewaltigen Hagelkörnern kommen. Die Menschen werden in großen Ängsten sein und in den Straßen umherfliehen. Sie wissen nicht, wohin sie sich wenden sollen, denn niemand wird sie aufnehmen dürfen. Die Fensterläden der Häuser sollen verschlossen bleiben, denn während dieses Geschehens soll man niemand aufnehmen. Zudem noch wird sich ein starker Schwefelgeruch über die ganze Erde ausbreiten.

Doch bevor dies geschieht, werden die Menschen die angesagte Seelenschau erleben, das heißt, sie werden im Schnelldurchlauf ihre eigenen Sünden abrollen sehen. Einige werden vor ihrer eigenen Schuld erschüttert sein und einige werden tot umfallen, weil ihre Schuld zu schwer wiegt. Gottes Gerechtigkeit wird über sie kommen. Sie werden bereuen, dass sie die Verfolger waren und würden es gerne rückgängig machen, was nicht mehr zu ändern ist.

Ihr, Meine geliebten Kinder, seid geschützt, und doch befindet ihr euch in der Angst. Ihr fragt euch, wie soll das alles geschehen? Der Himmlische Vater weiß um alles. Er kennt eure Sorgen und Er weiß um alles, was euch große Sorgen bereitet. Doch Ich, der Himmlische Vater, möchte euch helfen. Ich möchte in dieser letzten Zeit bei euch sein.

Darum geht sanftmütig mit dem anderen um. Verliert nicht die Geduld, denn alles wird geschehen, was im Plane des Himmlischen Vaters vorgesehen ist. Es wird nicht einfach für euch sein, alles zu ertragen. Doch miteinander werdet ihr erstarken. Ihr seid eine kleine Schar mit einer Gefolgschaft, die sich weiter ausweiten wird. Die Muldaner, auch sie sind gefragt. Allen möchte Ich danken, dass ihr bisher eurem Himmlischen Vater die Treue gehalten habt, dass ihr weiterhin durchhalten wollt. Euer Wille soll sich nach dem Plan des Himmlischen Vaters ausrichten, so wie es Seinen Wünschen entspricht. Es ereignet sich alles nach Seinen und nicht nach euren Wünschen.

Schwierigkeiten werden entstehen und ihr werdet meinen, ihr würdet sie nicht meistern. Doch nur mit Göttlicher Kraft geht es weiter. Die Göttliche Kraft wird nie erlahmen, im Gegenteil, sie wird erstarken. Durch eure Misserfolge werdet ihr erstarken.

Doch wie soll es weitergehen, Meine Geliebten? Der Wille des Himmlischen Vaters ist ausschlaggebend. Es werden Wunder über Wunder geschehen. Die Menschen werden es sich nicht erklären können, denn nach menschlichem Ermessen sind sie nicht zu ergründen. Diese Wunder müssen geschehen, Meine Geliebten, wie es im Evangelium gesagt wurde. Der Sohn Gottes Jesus Christus hat den Jüngling von Naim von den Toten auferweckt, um dieses Wunder geschehen zu lassen.

Auch um euch werden wahre Wunder geschehen. Glaubt Mir, Meine Geliebten, es wird geschehen. Auch wenn ihr meint, dass diese modernistische Kirche völlig am Boden zerstört liegt. Es gibt keine Möglichkeit, sie neu erstehen zu lassen.

Bin Ich nicht der Herr, der Schöpfer des gesamten Universums und der Schöpfer aller Menschen und Dinge? Kann Ich nicht zu jeder Zeit Wunder geschehen lassen?

Alles, was in der Apokalypse des Heiligen Johannes geoffenbart ist, wird sich ereignen. Diese vorausgesagten Dinge werden geschehen. Die Menschen meinen, sie könnten so wie bisher weitermachen. Sie können weiterhin in der Sünde leben. Sie hören die Prophetien des falschen Propheten und gehen auf seine Weisungen ein. Meine Weisungen aber missachten sie. Weiterhin können sie Meine Auserwählten verfolgen und ihnen die Ehre nehmen, sie missachten, ja, sie sogar töten wollen. Sie möchten vor allen Dingen ihre Seelen töten. Niemals soll die Wahrheit ans Tageslicht kommen. Doch es wird geschehen, denn die Wahrheit werden die Spatzen von den Dächern pfeifen.

Die Wahrheit stirbt nie aus. Wahrheit bleibt Wahrheit. Es gibt nur eine Wahrheit und das ist der Dreieinige Gott im wahren Katholischen Glauben. Niemals wird eine andere Glaubensgemeinschaft ihr gleichen können. Der Katholische Glaube basiert auf der Offenbarung Jesu Christi.

Er hat als Hoher Priester Seine berufenen Priester auserwählt. Er hat uns allen dieses Testament der Heiligen Opfermesse hinterlassen, täglich eine Heilige Opfermesse im wahren Ritus feiern zu können. Das ist das größte Geschenk für euch, Meine Geliebten. Bewahrt dieses Geschenk in eurem Herzen. Es soll sich ausweiten und euch die Kraft geben, die Wahrheit zu künden und zu bezeugen, dann, wenn es angebracht ist.

Heute wollen viele Menschen die Wahrheit nicht erfahren. Warum, Meine Geliebten, weil sie sich ändern müssten, weil sie ihr ganzes Leben auf den Kopf stellen müssten. Ihr sündhaftes Leben müssten sie aufgeben, um ein Leben in der Demut und Wahrheit zu leben.

Ihr könnt das Kreuz, das Mein Sohn Jesus Christus getragen hat, nicht abwerfen. Auch ihr tragt alle ein Kreuz und dieses Kreuz erscheint oft zu schwer. Doch kommt ihr ohne dieses Kreuz nicht in die Ewige Herrlichkeit. Diese Herrlichkeit könnt ihr nur dann erleben, wenn ihr willig euer Kreuz im Leben tragt, so wie es der Himmlische Vater für jeden einzelnen erdacht hat. Jedes Kreuz sieht anders aus. Ihr wollt es doch miteinander tragen. Ihr wollt doch nicht aufgeben, im Gegenteil, ihr wollt euch ermutigen, weiter vorwärtszuschreiten. Vorwärts geht euer Weg, niemals rückwärts. Eure liebe Mutter, die Gottesmutter, schaut auf euch, wenn ihr täglich viele Rosenkränze betet. So ist sie dankbar und betet mit euch. Die Engel begleiten euch im Gebet und sie stützen euch in jeder Lage. Dann, wenn ihr verzweifelt seid, dass euch das Kreuz zu schwer erscheint, dann kommt eure liebe Mutter und tröstet euch. Weil Sie euch liebt, möchte Sie dem Himmlischen Vater eure Sorgen vor Seinen Thron bringen. Er weiß um alles, denn Er ist ein liebender Vater. Kein Vater auf Erden kann Ihm gleichen.

Der Himmlische Vater will nur das Allerbeste für Seine Kinder. Ihr seid auserwählt von vielen anderen, die nicht glauben, die nicht lieben und die nicht anbeten. Ihr glaubt und vertraut und schenkt alles dem Himmlischen Vater. Ihr verschenkt euch Ihm selbst, denn ihr wisst, nur Er kann euer

Leben in die Hand nehmen. Sein Wille soll geschehen im Himmel und auf Erden. So betet ihr im ‚Vater unser'. Nicht euer Wille ist allein ausschlaggebend. Ihr wisst gar nicht, Meine Geliebten, was besonders gut für euch ist, denn der Himmlische Vater kennt die Vergangenheit, die Gegenwart und die Zukunft. Er beachtet und verbindet alles miteinander. Ihr aber schaut nur einen kleinen Teil, der euch im Augenblick wichtig erscheint. Verrichtet weiterhin gute Werke und missachtet den anderen nicht. Betet für eure Feinde und seid folgsam gegenüber eurem Himmlischen Vater.

Achtet die Demut und bleibt in der Geduld und in der Gelassenheit. Nichts wird euch geschehen, nichts. Das möchte Ich wiederholen, weil ihr doch Meine Geliebten seid. Täglich umarme Ich euch, weil ihr Mir beweist, dass ihr Mich wirklich liebt. Ihr betet, opfert und sühnt täglich viele Stunden. Euch wird nichts zu viel. Jeden Tag eine wahre Heilige Opfermesse im wahren Ritus.

Wie viele Gnaden fließen über diese Lande und weit darüber hinaus, die ihr nicht ergründen könnt. Ja, Meine Geliebten, der Opferaltar ist wichtig. Bald wird die Zeit da sein, wo man die modernistischen Volksaltäre zertrümmern wird. Es kann symbolisch sein, Meine Geliebten. Ich möchte es euch nicht genau beschreiben, wie es aussehen wird. Es wird nach Meinem Wunsch und Plan geschehen.

Man wird Mir, dem Himmlischen Vater, dem Sohn Gottes in der Dreieinigkeit, vor dem Opferaltar dienen wollen. Es werden wieder Opferpriester am Altar stehen, die diese Opfermesse feiern wollen. Sie geben nicht auf und verschenken sich ganz und gar Meinem Sohn Jesus Christus in der Heiligen Wandlung. Er verschenkt sich nur denen, die sich Ihm in der Heiligen Opfermesse zuwenden. Er verwandelt sich in ihren geheiligten Händen in Seinen Heiligen Leib und in Sein kostbares Blut. Dieses Blut wird in viele Herzen fließen und weiterfließen.

Wenn ihr nur ein Tröpflein dieses kostbaren Blutes in euch aufnehmen würdet, so hättet ihr den ganzen Himmel in euch.

Er ist doch der Gebende, der sich Verschenkende für euch, Meine Geliebten. Er umarmt euch, weil Er euch unermesslich liebt. Ihr, Seine Geliebten und Er der Himmlische Vater, der in Seiner Göttlichen Liebe nie aufhört. Er ist die Ewigkeit. Ewig werdet ihr einmal die Herrlichkeit schauen dürfen, wenn ihr diesen geraden Weg weitergehen werdet, in der Göttlichen Kraft natürlich.

So segnet euch nun euer Himmlischer Vater in aller Macht und Herrlichkeit in der Dreieinigkeit mit allen Engeln und Heiligen, besonders mit eurer liebsten Mutter und Königin vom Sieg und mit eurer Rosenkönigin von Heroldsbach, im Namen des Vaters, des Sohnes und des Heiligen Geistes. Amen.

Haltet Mir die Treue und gebt nie auf. Die Hoffnung bleibt bestehen. Amen.

3. September 2016 – Zönakel in der Hauskirche in Göttingen. Die Gottesmutter spricht durch Ihr williges, gehorsames und demütiges Werkzeug und Tochter Anne.

Anne: Im Namen des Vaters und des Sohnes und des Heiligen Geistes. Amen. Heute haben wir das Zönakel der Gottesmutter, am 3. September 2016, in der Hauskirche in Göttingen nach einer Heiligen Tridentinischen Opfermesse in aller Ehrfurcht gefeiert.

Der Opferaltar und auch der Marienaltar waren beide in gleißendes, goldenes Licht getaucht. Der Blumen- und Kerzenschmuck waren wunderschön. In den Blumen waren kleine Diamantenstückchen und weiße Perlen.

Die Gottesmutter wird heute sprechen: Ich, eure liebste Mutter, die Unbefleckt Empfangene, Mutter und Königin vom Sieg, bin heute in die Zufluchtsstätte, in den Pfingstsaal mit euch eingetreten.

Meine geliebte kleine Schar, Meine geliebte Gefolgschaft und auch ihr Pilger von nah und fern, Ich, eure Himmlische Mutter, spreche jetzt und in diesem Augenblick durch Mein williges, gehorsames und demütiges Werkzeug und Tochter Anne, die ganz im Willen des Himmlischen Vaters liegt und nur Worte wiederholt, die heute aus Mir kommen.

Geliebte kleine Schar, geliebte Gefolgschaft und geliebte Pilger von nah und fern, heute, an diesem besonderen Tag, dem Zönakel, seid ihr mit Mir in diese sichere Zufluchtsstätte geeilt. Satan, der Böse, hat seinen Kampf noch nicht aufgegeben. Es ist die letzte Zeit angebrochen, die Zeit vor dem Eingriff des Himmlischen Vaters. Es wird sich alles nach Seinem Wunsch und Plan ereignen. Dann wird Satan über die Marienkinder keine Gewalt mehr haben, denn Ich, eure liebste Mutter, werde euch schützen dürfen. Ihr, die ihr glaubt und vertraut, Ich drücke euch fest an Mein Unbeflecktes Herz, denn ihr seid in diese sichere Zufluchtsstätte geeilt.

Die heutige Kirche ist in eine ganz prekäre und furchterregende Situation geraten, weil die traditionalistische Kirche von Satan zerstört wurde. Dieser Böse meint auch heute noch, dass er die Macht bis zum Ende ausüben kann. Doch so ist es nicht, Meine Geliebten. Der Himmlische Vater wird dann eingreifen, wenn es niemand erwartet. In einem gewaltigen Ereignis wird Er kommen. Ihr werdet es nicht voraussehen können, ja nicht einmal erahnen können. Aber es wird geschehen.

Ihr, Meine Geliebten, könnt es nicht erahnen, dass Ich, der Himmlische Vater, Mir Mein eigenes Haus, das Haus der Glorie, in dem kleinen Ort Mellatz selbst errichtet habe, nach Meinem Wunsch und Plan. Es wird Bestand haben. Von dort ziehen besondere Gnadenströme aus. Alles wird sich von dort ereignen, was niemand erahnen kann. Glaubt Mir, Meine Kinder, es wird ganz sicherlich geschehen. Ihr, Meine geliebten Kinder, bereitet euch auf diesen Tag des Geschehens vor. Ihr seid geschützt. Doch ihr könnt niemals erahnen, wie Ich, der Himmlische Vater, eingreifen werde.

Weiht euch täglich Meinem Unbefleckten Herzen, denn Es wird euch vor aller Gefahr schützen, denn Ich bin in jeder Lage bei euch und lasse euch nicht allein. Ich will euch vor dem bösen Feind bewahren. Die Wahrheit wird euch vorantreiben, diese zu bezeugen. Es geht bis zum Blutvergießen, Meine geliebten Kinder.

Der volle Schutz ist über euch ausgebreitet. Das heißt aber nicht, dass ihr das Kreuz, das auf euren Schultern lastet, abwerfen dürft. Ihr müsst das schwere Kreuz ertragen, weil ihr die Marienkinder seid und weil der Böse es auf euch abgesehen hat. Er will euch auch noch im letzten Augenblick von der Wahrheit abbringen.

Oft sieht es so aus, als ob euch eure Himmlische Mutter verlassen hätte und der Himmlische Vater euch nicht beschützen würde. Es sieht nur so aus, denn euer Himmlische Vater hat das Zepter fest in die Hand genommen. Er wird es auch weiterhin tun.

Der Böse wird seine Macht verlieren und der Eingriff wird stattfinden. Dieser Eingriff wird so gewaltig sein, dass die Menschen es nicht verstehen können. Sie werden in großer Angst leben, wenn sie sich nicht Meinem Unbefleckten Herzen geweiht haben. Ich bin die Königin des Himmels und des Weltalls. Alles, was geschehen wird, steht im Plane des Himmlischen Vaters. Er selbst hat Mich, als Himmlische Mutter, nicht ausgeklammert, Mich, als Mutter der Kirche. Mein Unbeflecktes Herz wird siegen. Diesen

Sieg, Meine geliebten Marienkinder, werdet ihr miterleben dürfen. Darum glaubt und vertraut in jeder Lage. Wenn es euch auch oft zu schwer erscheint, so schenkt euch Meinem Unbefleckten Herzen. Dann werdet ihr in der Gelassenheit und Ruhe und in der Sicherheit bleiben. Was auch geschehen mag, liegt im Willen des Himmlischen Vaters. Er wird alles lenken und leiten bis zum Ende Seiner Tage.

Diese Tage sind nun gezählt. Dieses gewaltige Ereignis steht euch bevor. Doch habt keine Angst. Die Angst, Meine geliebte Marienkinder, ist unberechtigt. Ihr sollt vertrauen und glauben, dass der Himmlische Vater alles richten wird. Alles wird sich nach Seinem Wunsch und Plan ereignen.

Nun erwartet den Segen eurer Himmlischen Mutter und die Liebe des Himmlischen Vaters in der Dreieinigkeit. So segne Ich euch als Himmlische Mutter und Königin des Himmels und des Weltalls mit allen Engeln und Heiligen, im Namen des Vaters und des Sohnes und des Heiligen Geistes. Amen.

Bleibt in der Sicherheit und bewahrt die Ruhe, denn alles wird sich nach dem Plan des Himmlischen Vaters ereignen.

4. September 2016 – 16. Sonntag nach Pfingsten. Der Himmlische Vater spricht nach der Heiligen Tridentinischen Opfermesse nach Pius V. durch Sein williges, gehorsames und demütiges Werkzeug und Tochter Anne.

Anne: Im Namen des Vaters und des Sohnes und des Heiligen Geistes. Amen. Heute haben wir eine Heilige Tridentinische Opfermesse nach Pius V. gefeiert. Wie immer war der Opferaltar und auch der Marienaltar in gleißendes, goldenes Licht getaucht.

Der Himmlische Vater wird auch heute sprechen: Ich, der Himmlische Vater, spreche jetzt in diesem Augenblick durch Mein williges, gehorsames und demütiges Werkzeug und Tochter Anne, die ganz in Meinem Willen liegt und nur Worte wiederholt, die aus Mir kommen.

Geliebte kleine Schar, geliebte Gefolgschaft und geliebte Pilger von nah und fern. Euch alle liebe Ich ganz besonders, weil ihr Meinen Willen erfüllt. Ihr sagt zu allem: „Ja Vater, Dein Wille geschehe, nicht der Meinige."

In der heutigen Zeit ist es schwer für euch, ein tiefes Vertrauen zu entwickeln, da die Menschen euch tyrannisieren und euch in jeder Hinsicht vom wahren Glauben abbringen wollen.

Meine geliebten Vaterkinder, Ich liebe euch desto mehr, je mehr ihr euer Kreuz auf eure Schultern nehmt und je mehr ihr zu ertragen habt. Diese Drangsale, diese Krankheiten und dieser Flüchtlingsstrom sind alles Vorboten und Zeichen Meiner Zeit. Meine Zeit ist bereits angebrochen. Viele Zeichen habt ihr am Himmel gesehen, doch ihr wertet sie oft nicht. Ihr meint, es ist alles erklärbar.

Euer Himmlischer Vater weiß um alles, was ihr ertragen könnt. Wenn ihr meint, es wird euch zu schwer, dann komme Ich in Meiner Göttlichen Kraft, um euch zu helfen.

Ihr werdet nie allein gelassen, denn Ich Bin doch euer lieber Himmlischer Vater, der euch auf die rechte Spur bringt, wenn ihr vom Bösen versucht werdet. Der Böse hat gewaltige Macht in dieser letzten Zeit und er übt seine Macht auch aus.

Doch euch, Meine geliebten Vater- und Marienkinder, kann er nicht von der Wahrheit abbringen, da Ich euch durch eure Misserfolge festige. Ich könnte euch alles ersparen. Doch dann würdet ihr nicht in der Demut bleiben. Demut heißt Dienmut. Ihr sollt dem höchsten Gott in der Dreieinigkeit dienen. Dient dem anderen und werdet nicht durch eure Kraft groß, sondern bleibt klein, ja übt die Kleinmut. Ihr seid nicht die großen Macher und Machthaber, sondern ihr seid die Schwächsten. Darum liebe Ich euch so. Ich komme in eurer Ohnmacht mit Meiner großen Vaterliebe zu euch und stütze euch, weil Ich euch so unermesslich liebe, wie ihr es euch nicht vorstellen könnt.

Ich möchte euch vor diesen Ereignissen warnen, vor denen der Böse es auf euch abgesehen hat. Er hat in dieser Zeit eine gewaltige Macht und diese übt er täglich aus. Oft erkennt ihr nicht, wenn ihr durch den anderen versucht werdet. Doch Ich komme dann mit der wahren Erkenntnis. Ihr habt die Unterscheidungskraft zwischen Gut und Böse. Ihr werdet euch ganz sicher für das Gute entscheiden, denn das Gute habe Ich, als Himmlischer Vater, in euch hineingelegt. Ihr seid die Auserwählten und Ich liebe euch, wenn ihr der Wahrheit nachgeht und sie bezeugt. Glaubt daran, dass euer Himmlischer Vater euch grenzenlos liebt.

Habt Vertrauen in dieser schwersten Zeit, in der ihr euch befindet. Glaubt desto tiefer, dass Ich, der Himmlische Vater, in dieser Zeit eingreifen werde. Ihr steht kurz vor dem gewaltigen Eingriff. Ich kann es euch nicht erklären, wie es sein wird. Ich kann euch nur prophezeien, dass Meine Zeit begonnen hat, und ihr lebt bereits in dieser Zeit, obwohl ihr es nicht einmal merkt.

Gewaltig werden die Ereignisse über euch hereinbrechen und ihr werdet es euch nicht erklären können, wie die Zusammenhänge sind. Doch Ich sage euch, dass ihr geschützt seid, denn ihr erlebt so viele Drangsale. Ihr glaubt oft nicht, dass Ich, der Himmlische Vater, alles gelenkt habe. In diesen Zeiten bin Ich am Werk.

Ich Bin der Herrscher des ganzen Universums und als Herrscher werde Ich in Meinem Sohn erscheinen. Meine geliebten Kinder werde Ich nie allein lassen. In jedem Leid seid ihr geschützt, auch wenn ihr es oft nicht fassen könnt.

Ich segne euch nun an diesem Sonntag, in aller Ehrfurcht und in der Dreieinigkeit, mit eurer liebsten Mutter und allen Engeln und Heiligen, im Namen des Vaters und des Sohnes und des Heiligen Geistes. Amen.

Vertraut Mir und geht den wahren Weg weiter vorwärts, wie bisher.

8. September 2016 – Mariä Geburt. Die Gottesmutter spricht nach der Heiligen Opfermesse im Tridentinischen Ritus nach Pius V. durch Ihr williges, gehorsames und demütiges Werkzeug und Tochter Anne.

Anne: Im Namen des Vaters und des Sohnes und des Heiligen Geistes. Amen. Heute, am 8. September 2016, dem Geburtsfest der Gottesmutter, haben wir in einer Heiligen Opfermesse im Tridentinischen Ritus nach Pius V. das Fest der Gottesmutter ehrfürchtig gefeiert.

Welch ein großes Fest haben wir heute begangen. Wir können es sicher nicht fassen. Der Marienaltar war heute mit einem besonders schönen Blumenschmuck versehen. Der Mantel der Gottesmutter war mit vielen kleinen Brillanten und weißen Perlen geschmückt. Die Engel zogen während der Heiligen Opfermesse ein und aus und gruppierten sich vor allen Dingen um den Marienaltar.

Die Gottesmutter wird heute sprechen: Ich, eure liebste Mutter, als Rosenkönigin von Heroldsbach und als Mutter und Königin vom Sieg, spreche heute durch Mein williges, gehorsames und demütiges Werkzeug und Tochter Anne, die ganz im Willen des Himmlischen Vaters liegt und nur Worte wiederholt, die heute aus Mir kommen.

Geliebte kleine Schar, geliebte Gefolgschaft und geliebte Pilger von nah und fern. Ich begrüße euch zu Meinem hohen Fest. Ja, der Himmlische

Vater hat Mich als Königin des Himmels und des Weltalls gekrönt. Ich bin aus fürstlichem Stand geboren, als Mutter Gottes, als Schönste von allen Menschen. Diese Größe, zu dem Mich der Himmlische Vater erwählt hat, könnt ihr mit eurem Verstand nicht fassen, weil Ich als Unbefleckt Empfangene den Sohn Gottes empfangen und geboren habe. Ich bin als Reinste aller Reinen geboren.

Ich möchte euch vermitteln, dass Ich für euch Fürsprache beim Himmlischen Vater einlege. Er wird Mir diese Fürsprache gewähren. Ich werde euch in allen Lagen, in denen ihr hineingeratet, erretten dürfen, wenn ihr Mich darum bittet. Ich bin auch die Mutter der Erlösten, des Sohnes Gottes. Bis unter dem Kreuz bin Ich Meinem Sohn, dem Sohn Gottes, gefolgt. Darum bin Ich auch zur Mutter aller Erlösten geworden. Die Reinste aller Reinen spricht heute zu euch. Mit Mir habt ihr ständigen Kontakt, wenn ihr Mich in euer religiöses Leben hineinnehmt.

Weil Ich euch so liebe, bringe Ich euch zum Vater, zum Himmlischen Vater, zu dem ihr aufschauen könnt und von dem ihr wisst, dass ihr geliebt werdet, in der überirdischen Liebe des Vaters. Er hat euch von Ewigkeit her geliebt und ihr dürft Ihm nun eure Gegenliebe zeigen. Er achtet auf euer ‚ja, Vater'. Immer bleibt ihr die Beschützten. In jeder Lage seid ihr die Erwählten, die dem Himmel gefolgt und alle Mühsale auf euch genommen habt. Die Dankbarkeit ist dem Himmlischen Vater sehr wichtig, denn Er hat euch erwählt. Ich bin euch zur Mutter gegeben worden, weil ihr dem Vater in der Dreieinigkeit beweist, dass ihr Ihn liebt. Darum könnt ihr zum Himmel aufschauen, denn ihr seid die Erlösten. Ihr habt die Gnaden, die euch zuteil wurden, angenommen. In Freude begegnet ihr dem Himmlischen Vater.

Wenn der Himmlische Vater Mich anschaut, so habt ihr bereits die Zusage, dass Er eure Bitte erhören wird. Er schaut in Meine vergöttlichten Augen. Er möchte euch durch Mich zu Ihm bringen, dass ihr Geliebten euch einstens im Himmel in der ewigen Herrlichkeit wiedersehen dürft.

Allen Erlösten und allen Erwählten, die dem Himmel Folge leisten, wünsche Ich heute zu Meinem Geburtsfest große Freuden und große Gnaden. Nehmt sie entgegen, denn sie sind für euch bestimmt. Ich liebe euch ganz besonders, denn Ich habe euch erbeten und werde euch nie allein lassen, mag kommen was will. Geliebte Marienkinder, Ich nehme euch unter Meinen Schutzmantel, denn dort seid ihr sicher und geborgen.

So segne Ich euch heute, an diesem, Meinem großen Geburtsfest, mit allen Engeln und Heiligen, in der Dreieinigkeit, im Namen des Vaters, des Sohnes und des Heiligen Geistes. Amen.

Bleibt dem Himmel treu und liebt eure Himmlische Mutter, die immer für euch da sein will.

11. September 2016 – 17. Sonntag nach Pfingsten. Der Himmlische Vater spricht nach der Heiligen Tridentinischen Opfermesse nach Pius V. durch Sein williges, gehorsames und demütiges Werkzeug und Tochter Anne.

Anne: Im Namen des Vaters und des Sohnes und des Heiligen Geistes. Amen. Heute haben wir den 17. Sonntag nach Pfingsten in einer würdigen, Tridentinischen Opfermesse nach Pius V. gefeiert. Der Opfer- und der Marienaltar waren, wie immer, in gleißendes goldenes Licht getaucht. Der Marienaltar war mit wunderschönem Blumenschmuck geziert.

Der Himmlische Vater wird heute sprechen: Ich, der Himmlische Vater, spreche heute und in diesem Augenblick, durch Mein williges, gehorsames und demütiges Werkzeug und Tochter Anne, die ganz in Meinem Willen liegt und nur Worte wiederholt, die aus Mir kommen.

Geliebte kleine Schar, geliebte Gefolgschaft und geliebte Pilger von nah und fern. Ihr seid Meine Auserwählten, ihr seid Meine Berufenen. Ihr glaubt an Meine Gerechtigkeit. Wie viele Priester würden in die ewigen Abgründe hinabstürzen, wenn es nicht so viele Opfer- und Sühneseelen geben würde. Meine Auserwählten leisten Sühne für die vielen Vergehen und Sakrilegien der Priester.

Sie wollen die Wahrheit nicht erkennen. Doch es liegt offen auf der Hand, wo die Wahrheit ist. Ich, der große, der Allgewaltige und barmherzige und liebende Vater in der Dreieinigkeit, schenke euch allen die Erkenntnis der Wahrheit. Ihr könnt sie leicht erkennen.

Und doch, Meine geliebten und auserwählten Priestersöhne, wollt ihr nicht auf Meine Botschaften eingehen? Ich schenke sie euch, weil Ich euch nicht verloren gehen lassen möchte und weil Ich euch liebe. Doch ihr leistet Mir keinen Gehorsam, obwohl Meine liebste Mutter ständig an Meinem Thron für euch Fürsprache einlegt und für eure Umkehr bittet.

Wie viele Opfer- und Sühneseelen habe Ich bereits berufen, um euch zu retten. Doch ihr wollt diese Wahrheit nicht leben, weil ihr euch ändern müsstet. Diese Umkehr in euren Herzen muss gravierend sein, denn diese heutige, modernistische Kirche liegt völlig am Boden und ist zerstört.

Es gibt für Mich, dem Himmlischen Vater, keine Möglichkeit, aus diesem Trümmerhaufen noch etwas Gutes erstehen zu lassen. Ich kann in dieser Modernistik keine heiligmäßigen Priestersöhne berufen.

Sie werden Mir nicht gehorchen, sondern dem Modernismus nachgehen. Sie zählen zu den falschen Pharisäern. Sie glauben nicht an die Wahrheit, sondern sie widerlegen die Wahrheit. Meine geliebten Boten verachten sie und möchten, dass diese nicht von der Kirche anerkannt werden, obwohl diese Priester genau erkennen, dass sie die Wahrheit verkünden und leben.

Sie schreien diese Wahrheit seit langem in die Welt hinaus. Ich wünsche von euch, Meine geliebten Priestersöhne, dass ihr endlich Meine Wahrheit lebt und sie bezeugt. Ich, der Himmlische Vater liebe euch und habe große Sehnsucht nach euren Herzen, die der Umkehr bedürfen. Meine Liebe brennt für euch. Ihr seid nicht verloren.

Ich biete euch erneut Chancen, damit ihr umkehren könnt. In euren Herzen werde Ich die Wahrheit hineinströmen lassen, ja, Ich werde eure Herzen überfluten in dieser letzten und schwierigsten Zeit. Es ist für euch die schwerste Zeit. Noch schwingt der Böse das Zepter und meint, er hätte bereits den Sieg errungen.

Noch gebe Ich ihm die Gelegenheit, viele Menschen an sich zu ziehen und ihnen das Böse einzureden. Die weltlichen Gelüste nehmen leider überhand.

Doch eines Tages wird es nicht so sein. Ich werde als der Allgewaltige und Allwissende eingreifen. Ihr müsst erkennen, Meine Geliebten und Auserwählten, dass Ich die Wahrheit und das Leben bin. Ich habe euch das Leben geschenkt und habe euch berufen, damit ihr Meine Wahrheit verkündet und sie lebt.

Ihr sollt Meine geliebten Priestersöhne sein, in deren Händen Ich Mich als Sohn Gottes verwandeln möchte. Auch, wenn ihr bisher nicht geglaubt habt, müsst ihr in Meiner Zeit, wenn eure Zeit erloschen ist, glauben, dass Ich der Wahre Dreifaltige Gott bin. Ich werde Mich als den großen Gott zeigen. Niemand wird sagen können: „Dass entspricht nicht der Wahrheit." Ich Bin der Gewaltige Gott und werde Mich als diesen im ganzen Universum und am Firmament zeigen. Ich werde als Sohn Gottes mit Meiner liebsten Mutter erscheinen. Niemand wird sagen können: „Das ist Phantasie.“ Alle müssen dann erkennen, dass sie ihr Knie vor dem Allgewaltigen beugen müssen.

Das wird allen, die bisher nicht umkehren wollten, nicht gefallen. Doch da Ich alle liebe, habe Ich viele Sühneseelen dazu bestimmt, dass noch viele Priesterseelen umkehren wollen. Diese Umkehr wird ihnen nicht erspart bleiben. Ich will sie retten vor dem ewigen Untergang. Ich möchte sie vor der ewigen Verdammnis bewahren. Ich möchte alle an Mein Heiligstes Herz ziehen, weil Meine Liebe überaus groß ist, besonders für Meine auserwählten Priestersöhne.

Ich segne euch nun in der Dreieinigkeit, mit allen Engeln und Heiligen, besonders mit eurer liebsten Himmlischen Mutter und Königin vom Sieg, im Namen des Vaters und des Sohnes und des Heiligen Geistes. Amen.

Seid bereit und achtet auf Meine Zeichen, denn Meine Zeit ist erfüllt. Amen.

12. September 2016 – Mariä Namen. Die Gottesmutter spricht nach der Heiligen Tridentinischen Opfermesse nach Pius V., durch Ihr williges, gehorsames und demütiges Werkzeug und Tochter Anne.

Anne: Im Namen des Vaters und des Sohnes und des Heiligen Geistes. Amen. Wir haben heute, am 12. September 2016, das Fest Mariä Namen begangen. Voraus wurde eine Heilige Tridentinische Opfermesse nach Pius V. gefeiert. Der Marienaltar war in gleißendes Licht getaucht und der Blumenschmuck war überwältigend schön.

Die Gottesmutter wird heute, an Ihrem Festtag sprechen: Ich, eure liebste Himmlische Mutter, spreche jetzt und in diesem Augenblick, durch Mein williges, gehorsames und demütiges Werkzeug und Tochter Anne, die ganz im Willen des Himmlischen Vaters liegt und nur Worte wiederholt, die heute aus Mir kommen.

Geliebte kleine Schar, geliebte Gefolgschaft, geliebte Pilger von nah und fern. Ich möchte Mich bei euch bedanken, weil ihr Mir zu Meinem Namenstag gratuliert habt. Ihr habt Mir die Ehre erwiesen und Mich in ein Blumenmeer eingehüllt. Ich danke euch, weil ihr Meinem Ruf gefolgt seid.

Der Name Mariens sei gepriesen. Vor der Empfängnis Meines Sohnes, des Gottessohnes in der Dreifaltigkeit, war Mein Name Maria. Doch dann wurde Ich zur Mutter Gottes gekürt. Ich bin die Gottesgebärerin und die Mutter Gottes. Als diese Mutter möchte Ich von allen anerkannt werden, weil der Name Maria für Mich nicht genug aussagt. Diesen Namen darf jede andere weibliche Person tragen. Doch Ich, als Gottesgebärerin, bin die Mutter Gottes und eurer aller Mutter.

Leider hat man in diesem Modernismus diese Ehrung Meines Namens nicht mehr. Man hat wohlweislich diesen Namen verunehrt, um Mich nicht als Unbefleckt Empfangene anzuerkennen, zu der Ich wirklich geboren wurde. Ich blieb nach der Geburt des Gottessohnes die Unbefleckt Empfangene. Ich bin eure Mutter, die euch liebt, die für euch da sein will und die auch von euch als Gottesmutter verehrt werden will.

Wie wichtig, Meine Geliebten, ist doch dieser Name. Man will Mir die Mutterschaft des Gottessohnes nehmen. Im Modernismus versucht man es. Es wird niemals geschehen, dass Mir die Mutterschaft Meines Sohnes genommen werden kann. Darin versucht man auch den Katholischen Glauben zu verunehren. Wenn man Mich als Mutter Gottes nicht mehr verehrt, dann glaubt man auch nicht mehr an Meinen Sohn, den Sohn Gottes in der Dreifaltigkeit. Ich wünsche von allen, dass dieser Name wieder in den Vordergrund gerückt wird, dass Ich als Mutter Gottes in allen Kirchen und vor allen Dingen im wahren Katholischen Glauben verehrt werde. Dies wünsche Ich von allen.

Ich segne euch nun mit allen Engeln und Heiligen als Mutter Gottes in der Dreifaltigkeit, im Namen des Vaters und des Sohnes und des Heiligen Geistes. Amen.

Ich bin eure liebste Himmlische Mutter und ihr seid Meine Marienkinder, in alle Ewigkeit. Amen.

14. September 2016 – Fest der Kreuzerhöhung. Der Himmlische Vater spricht nach einer Heiligen Tridentinischen Opfermesse nach Pius V. durch Sein williges, gehorsames und demütiges Werkzeug und Tochter Anne.

Anne: Im Namen des Vaters und des Sohnes und des Heiligen Geistes. Amen. Heute haben wir das Fest der Kreuzerhöhung, am 14. September 2016, in einer würdigen Heiligen Tridentinischen Opfermesse nach Pius V. gefeiert.

Der Himmlische Vater wird heute sprechen: Ich, der Himmlische Vater, spreche jetzt und heute in diesem Augenblick, durch Mein williges, gehorsames und demütiges Werkzeug und Tochter Anne, die ganz in Meinem Willen liegt und nur Worte wiederholt, die aus Mir kommen.

Geliebte kleine Schar, geliebte Gefolgschaft und geliebte Pilger von nah und fern. Heute, an diesem Festtag Meines Sohnes Jesus Christus, der für euch alle am Kreuz gestorben ist, um euch zu erlösen, spreche Ich, der Himmlische Vater, zu euch.

Ihr seid die Geliebten Meines Sohnes, weil ihr euch entschlossen habt, diesen Kreuzweg zu gehen. Ihr habt euch entschlossen, euer Kreuz auf euch zu nehmen, so wie Ich, der Himmlische Vater, es von euch wünsche. Jeder von euch hat ein anderes Kreuz zu tragen. Er soll es willig und mit Dankbarkeit auf sich nehmen, um dereinst im Himmel die ewige Herrlichkeit schauen zu dürfen.

Für euch wird es nicht einfach sein, das schwere Kreuz bis zum Ende durchzutragen. Doch ihr seid gewillt, alles auf euch zu nehmen, um Meinem Sohn Jesus Christus den Trost zu erweisen.

Er ist auch für die Unwilligen ans Kreuz gegangen, auch für diejenigen, die Ihn abgelehnt haben, die Ihn verachtet und verunehrt haben. Auch diesen Menschen geht Er heute nach. Er will sie nicht in die ewigen Abgründe stürzen lassen, sondern sie vor dem ewigen Tod bewahren.

Dieses Kreuz, das ihr alle auf euch geladen habt und es willig tragen wollt, wird immer schwerer werden. Und doch sagt ihr Mir, dem Himmlischen Vater, ein williges ‚ja, Vater'. Ich achte dieses willige ‚ja Vater'. Ich bin euer Vater der genau weiß, was Ich euch zumuten kann. Oft meint ihr, Ich wüsste nicht um euer Leid. Doch Ich weiß um alles, was ihr zu ertragen habt. Es fällt Mir schwer, euch dieses Kreuz weiterhin auf eure Schultern zu laden.

Doch Ich weiß um euer ewiges Heil. Einmal sollt ihr mit Mir in der ewigen Herrlichkeit am ewigen Hochzeitsmahl teilnehmen dürfen. Das soll euer Ziel sein. Zusätzlich soll euer Ziel sein, viele Menschen, vor allen Dingen Priester, vor dem ewigen Abgrund zu bewahren. Leider sind heute noch viele Priester unwillig, diesen Kreuzweg zu gehen und die Wahrheit zu verkünden und sie zu bezeugen. Diese Priester haben bis heute immer noch die Macht ergriffen und meinen, sie sind diejenigen, die alles leisten und auch alles können. Die Demut ist ihnen fern, im Gegenteil, der Stolz bäumt sich in ihnen auf. Der Stolz ist Satan, der sich in ihnen bemerkbar macht. Alles, was sie in der Katholischen Kirche zerstören konnten, haben sie bisher vollbracht. Nichts ist von dieser Heiligen Kirche, die Mein Sohn Jesus Christus eingesetzt hat, geblieben. Alles hat man Ihm genommen, die

Heilige Opfermesse, die Sieben Sakramente, die Zehn Gebote, alles ist am Boden zerstört. Sogar das Priestertum hat man angegriffen.

Diese Priester sind heute nicht mehr willig, den Wahren Einzigen Dreifaltigen Gott zu künden. Sie glauben nicht mehr an das Heilige Sakrament der Heiligen Eucharistie. Sie sind nicht bereit, die Heilige Opfermesse in aller Ehrfurcht zu feiern. Die Zehn Gebote sind ihnen fremd geworden, denn die Sünde darf gelebt werden. Das Bußsakrament verachtet man und hat es ersetzt durch eine Bußandacht.

Meine Botschaften haben sie mit Füßen getreten und darum haben sie Meinen Sohn Jesus Christus erneut ans Kreuz geschlagen. Heute feiert ihr dieses Fest Seiner Kreuzerhöhung. Ihr sagt ja zum Kreuz und zu allem, was euch nicht behagt und was auch schwer zu ertragen ist.

Doch ihr seid Meine Kinder, die Kinder des Himmlischen Vaters, der euch unermesslich liebt. Ich möchte euch beteuern, dass Ich euch achte als Meine geliebten Vaterkinder. Darum bedanke Ich Mich für all euer Leid, das ihr bis zum Ende durchtragen wollt.

So segne Ich euch heute, an diesem Festtag, dem Fest Meines Sohnes Jesus Christus, mit allen Engeln und Heiligen und mit eurer liebsten Himmlischen Mutter, die bis zum Ende des Kreuzesleidens Ihres Sohnes Jesus Christus, unter dem Kreuz gestanden ist, im Namen des Vaters und des Sohnes und des Heiligen Geistes. Amen.

Ihr seid die Geliebten und diejenigen, die das Kreuz bis zum Ende ihres Lebens tragen wollen.

15. September 2016 – Fest Mariä Sieben Schmerzen. Die Gottesmutter spricht nach einer Heiligen Opfermesse im Tridentinischen Ritus nach Pius V. durch Ihr williges, gehorsames und demütiges Werkzeug und Tochter Anne.

Anne: Im Namen des Vaters und des Sohnes und des Heiligen Geistes. Amen. Wir haben heute das Fest Mariä Sieben Schmerzen in einer würdigen Heiligen Opfermesse nach Pius V. gefeiert.

Die Gottesmutter wird heute, an Ihrem Festtag, sprechen: Ich, eure liebste Himmlische Mutter, spreche jetzt und in diesem Augenblick, durch Mein williges, gehorsames und demütiges Werkzeug und Tochter Anne, die ganz im Willen des Himmlischen Vaters liegt und nur Worte wiederholt, die heute aus Mir kommen.

Geliebte kleine Schar, geliebte Gefolgschaft und geliebte Pilger von nah und fern. Ihr alle seid heute aufgerufen, euer Kreuz willig auf eure Schultern zu nehmen.

Ich, eure liebste Mutter, habe euch das Kreuz vorangetragen, das schwerste Kreuz. Ihr werdet es nie ermessen können, welch ein Schmerz Mein Herz durchbohrte, als Mein Sohn Jesus Christus ans Kreuz genagelt wurde, um die ganze Menschheit zu erlösen. Ich, als Seine Mutter, habe den größten Schmerz ertragen müssen.

Wie sieht es mit euch, Meine geliebten Marienkinder, aus? Habt ihr nicht auch alle ein besonders schweres Kreuz zu tragen? Ist euer Kreuz nicht auch nach menschlichem Ermessen oft zu schwer, so dass es euch manchmal den Schlaf raubt? Dann erst liegt ihr richtig, Meine Geliebten, denn Meine Marienkinder sind die Kreuzesnachfolger. Mein Sohn Jesus Christus hat euch allen das Kreuz vorangetragen. Er hat den größten Schmerz erleben müssen für euch. Ich, als Mutter und Miterlöserin, habe diesen Schmerz mitempfunden.

Es ist für euch alle sehr schwer, diese modernistische Kirche erleben zu müssen, wie sie zerstört am Boden liegt. Gerne hätte Ich es gesehen, Meine geliebten Marienkinder, wenn doch endlich diese wahre Katholische Kirche wieder im Vordergrund stehen würde und man dieser Kirche die Achtung erweisen würde. Warum wird diese einzige wahre Opfermesse im Tridentinischen Ritus bis heute noch immer nicht gefeiert, obwohl die Priester wissen, dass sie im Irrglauben liegen. Noch ist die Zeit nicht erfüllt. Noch befinden sich die Priester in der Verwirrnis.

Ja, Meine Geliebten, die Priester haben den Verstand verloren. Das ist das Ende der Zeiten.

Mein Sohn Jesus Christus muss das alles miterleben, wie diese Priester Ihn erneut ans Kreuz nageln. Sie sind nicht bereit, als Opferpriester Meinem Sohn zu dienen. Nur, wenn es wieder heiligmäßige Opferpriester gibt, dann wird auch die Neue Kirche glorreich erstehen können. Man muss wieder auf die Katholische Kirche aufschauen können, denn sie ist die Einzige Heilige Kirche. Nie wird es jemals eine andere wahre Kirche geben.

Im Augenblick wird diese wahre Kirche niedergedrückt und die Boten, die Mein Sohn Jesus Christus sendet, werden verachtet. Sie dürfen keine Möglichkeit haben, die Wahrheit in die Welt hineinzutragen. Sie werden angeklagt, verunehrt und geächtet. Und doch werden sie weiterhin die

Wahrheit verkünden, auch wenn man sie als Phantasten hinstellt. Sie sind die Martyrer der Seele. Nichts lässt sie davon abbringen, ihren Dreifaltigen Gott zu verkünden und zu bezeugen. Ich führe alle Boten zum Himmlischen Vater, der sie kraftvoll stützt und bei ihnen bleibt und sie nie allein lässt.

Eure liebste Mutter, Meine Geliebten, hat das größte Leid erleben müssen. Schaut auf dieses Kreuz, denn es bringt euch dazu, aus Liebe leiden zu dürfen. Habe Ich nicht als eure Mutter das schwerste Leid erleben müssen, als man Meinen toten Sohn, den Sohn Gottes, auf Meinen Schoß legte? Ich schaute Ihn an. Ich hatte Ihn doch so lieb und Ich habe Ihn dreiunddreißig Jahre begleiten dürfen. Nun hat Er durch dieses Kreuzesleiden die Welt erlöst, und niemand will Ihn bis heute verstehen.

Diesen Schmerz, den Ich empfunden habe, könnt ihr nicht ermessen. Doch Ich bitte euch alle, tragt euer Kreuz willig und in Dankbarkeit, dass ihr es tragen dürft. Nur, wenn ihr zu eurem Kreuz aufschaut, so ist euch das Heil gewiss. Ohne Kreuz gibt es kein Heil.

Viele Menschen glauben heute, sie können das Kreuz umgehen, sie können es abschütteln, sie könnten mit allen möglichen Hilfsmitteln arbeiten, um das Kreuz nicht annehmen zu müssen. Doch sie stellen fest, dass es nicht ohne Kreuz geht. Das Kreuz gehört zum täglichen Leben dazu. Jede Person muss das eigene Kreuz tragen, ob willig oder unwillig.

Wenn der Mensch versucht, das Kreuz abzuschütteln, so wird er recht bald spüren, dass es noch schwerer wird, denn Ich, als Himmlische Mutter, habe Mitleid mit den Meinigen und schaue auf jedes Kreuz und bitte den Himmlischen Vater, dass Er es erleichtern möge, denn Ich liebe Meine Marienkinder. Ich möchte euch heute Dank sagen, dass ihr euch wenigstens am heutigen Tag bewusst gemacht habt, ohne Kreuz gibt es kein Heil.

Ihr seid willig und dankbar, dass ihr immer wieder auf dieses Kreuz schauen dürft, um es zu ertragen.

Auch das Rasenkreuz in Meggen ist ein Zeichen der Liebe Meines Sohnes. Viele Menschen eilen dorthin, um ihr Kreuz annehmen zu können.

Eines Tages, Meine Geliebten, werdet ihr das Kreuz am Firmament schauen dürfen, das erleuchtete Kreuz. Dann werden die Menschen wissen, ohne Kreuz geht es nicht. Sie werden ihr eigenes Kreuz sehen, ihre eigene Schuld wird ihnen vor Augen gestellt. Sie werden bittere Tränen weinen müssen, wenn sie bisher ihre Schuld in einer guten Heiligen Beichte nicht bekannt haben.

Während des Eingriffes des Himmlischen Vaters werden einige Menschen verirrt durch die Straßen eilen und nichts mehr wissen. Sie können ihre eigene Schuld nicht ertragen, die ihnen in der Seelenschau vor Augen geführt wird, denn ihre Schuld wiegt zu schwer, die sie in ihrem Leben begangen haben.

Diese Menschen haben zeitlebens nie gefragt: „Wie gehe ich mit meiner Schuld um? Wie und wo kann ich eine gute Beichte ablegen?" Nun ist es zu spät, um ein Bekenntnis abzulegen. Sie sehen es leider zu spät ein.

Ich, als Gottesmutter, habe sie ständig in ihren Herzen berühren wollen, doch sie haben nicht auf Mein liebeglühendes Herz gehört. Ich wollte sie alle vor der schweren Schuld bewahren, denn Ich, als Himmlische Mutter, liebe alle Kinder des Himmlischen Vaters. Jedem Kind, das zu Mir eilt, will Ich helfen, zum Vater zurückzufinden.

Alle mögen unter Meinen bergenden Marienmantel ihre Zuflucht suchen. Mögen sich doch alle Meinem Unbefleckten Herzen weihen, um in dem sicheren Hafen des Glaubens zu landen.

Wir möchten heute der Gottesmutter Dank sagen, für all dieses Leid, das sie für uns als Miterlöserin unter dem Kreuz auf sich genommen hat.

Und so segne Ich euch heute, als eure liebste Mutter, die Mutter der Sieben Schmerzen, mit allen Engeln und Heiligen, in großer Dankbarkeit, im Namen des Vaters und des Sohnes und des Heiligen Geistes. Amen.

Seid bereit, Meine geliebten Marienkinder, euer Kreuz willig auf euch zu nehmen, damit ihr einstens im Himmel die ewige Herrlichkeit schauen dürft. Amen.

18. September 2016 – 18. Sonntag nach Pfingsten. Der Himmlische Vater spricht nach der Heiligen Tridentinischen Opfermesse nach Pius V. durch Sein williges, gehorsames und demütiges Werkzeug und Tochter Anne.

Anne: Im Namen des Vaters und des Sohnes und des Heiligen Geistes. Amen. Wir haben heute, am 18. September 2016, dem 18. Sonntag nach Pfingsten, die Heilige Opfermesse im Tridentinischen Ritus nach Pius V., in aller Ehrfurcht gefeiert. Beide Altäre, der Opfer- und der Marienaltar, waren in goldenes, gleißendes Licht getaucht.

Der Himmlische Vater wird heute sprechen: Ich, der Himmlische Vater, spreche jetzt und in diesem Augenblick, durch Mein williges, gehorsames und demütiges Werkzeug und Tochter Anne, die ganz in Meinem Willen liegt und nur Worte wiederholt, die aus Mir kommen.

Geliebte kleine Schar, geliebte Gefolgschaft und geliebte Pilger von nah und fern. Heute habt ihr den Sonntag begangen. Der Sonntag ist ein besonderer Tag, ein Feiertag.

Viele Menschen wissen es heute leider nicht mehr, dass sie eine schwere Sünde begehen, wenn sie den Sonntag in einer Heiligen Opfermesse nicht mehr heiligen. Sie gehen ihren täglichen Freuden nach und spüren nicht, dass der Sonntag der Tag des Herrn ist. Es wird ihnen von den heutigen Priestern nicht mehr gelehrt, dass sie eine schwere Sünde begehen, wenn sie an diesem Tag nicht an einer Heiligen Opfermesse teilnehmen. Sie können diesen Tag einteilen, wie sie es gerade wünschen.

Aber so kann es nicht weitergehen, denn es entspricht nicht der Wahrheit. Jesus Christus in der Dreieinigkeit hat diesen Sonntag für uns Menschen als Ruhetag eingesetzt. Ihr alle sollt euch bewusst werden, was dieser Tag bedeutet.

Ihr sollt den Dreifaltigen Gott ehren und an die erste Stelle setzen. An diesem Tag sollt ihr keine schwere Arbeit verrichten. Die täglichen Arbeiten, die anfallen, könnt ihr tun, aber nicht mehr. Viele Menschen merken es nicht, dass der Sonntag ein geheiligter Tag ist.

So wünsche Ich von euch allen, dass ihr euch wieder bewusst macht, dass der Sonntag ein Ruhetag für euch alle bedeutet. Beten, opfern und sühnen, das ist euer Ziel an diesem Tag.

So segne Ich euch heute in der Dreieinigkeit mit allen Engeln und Heiligen, besonders mit eurer liebsten Himmlischen Mutter und Königin vom Sieg, der Rosenkönigin von Heroldsbach, im Namen des Vaters und des Sohnes und des Heiligen Geistes. Amen.

Anne: Gelobt und gepriesen sei ohne End, Jesus Christus im Allerheiligsten Altarssakrament. Amen.

25. September 2016 – 19. Sonntag nach Pfingsten. Der Himmlische Vater spricht nach einer Heiligen Tridentinischen Opfermesse nach Pius V. durch Sein williges, gehorsames und demütiges Werkzeug und Tochter Anne.

Anne: Im Namen des Vaters und des Sohnes und des Heiligen Geistes. Amen. Der Opfer- und auch der Marienaltar waren mit reichlichem Blumenschmuck versehen. Die Heilige Opfermesse wurde in aller Ehrfurcht im Tridentinischen Ritus nach Pius V. gefeiert.

Der Himmlische Vater wird sprechen: Ich, der Himmlische Vater, spreche jetzt und in diesem Augenblick, durch Mein williges, gehorsames und demütiges Werkzeug und Tochter Anne, die ganz in Meinem Willen liegt und nur Worte wiederholt, die aus Mir kommen.

Geliebte kleine Schar, geliebte Gefolgschaft und geliebte Pilger und Gläubige von nah und fern. Ich begrüße euch heute, an diesem Sonntag und segne euch.

Vieles habe Ich euch heute zu sagen. Ihr werdet es nicht verstehen, Meine Geliebten, denn es ist Mein Wille und Wunsch. Ich habe die Vorausschau über alle Werke, die ihr nicht ergründen könnt. Ich kann es auch nicht zu erkennen geben, weil ihr es nicht verstehen würdet. Ihr könnt es deshalb nicht ergründen, weil es für euren kleinen Verstand nicht fassbar ist.

Meine Geliebten, seid wachsam, denn der Böse geht um, wie ein brüllender Löwe und versucht alles zu verschlingen, was für ihn noch möglich ist.

Einige Priester werden im letzten Augenblick noch umkehren wollen. Es liegt ganz allein an ihrem Eigenwillen. Doch leider, Meine Geliebten, bin Ich, als Himmlischer Vater, sehr traurig darüber, dass es in Assisi, diesem großen Gebetsort, ein gemeinsames Gebetstreffen aller Religionsgemeinschaften gegeben hat. Viele Tränen habe Ich bereits vergießen müssen, weil der Katholische Glaube als der allgemeine und nicht als der einzig Wahre gesehen wird.

Es gibt nur einen Glauben, und das ist der Katholische, der Glaube der Offenbarung des Dreifaltigen Gottes. Mein Sohn Jesus Christus, hat die Heilige Eucharistie, das Heilige Opfermahl, als letzte Hinterlassenschaft für uns alle eingesetzt, Meine Geliebten, damit wir immer mit Ihm vereint sein können.

In der Gottheit und Menschheit kommt Er in der Heiligen Kommunion zu uns. Ist dieses Heilige Opfermahl nicht etwas besonders großes und heiliges, Meine geliebten Gläubigen? Und doch erkennen die geliebten Priestersöhne dieses Opfermahl nicht an. Sie leben so, als wenn es Mich, den Himmlischen Vater in der Dreieinigkeit, nicht geben würde.

Halte Ich nicht Meine segnende Hand über alle Menschen? Ansonsten würden noch mehr in die ewigen Abgründe für immer hinabsinken, wo es nur Heulen und Zähneknirschen gibt.

Ja, Meine Geliebten, es gibt die Hölle, obwohl man sie heute leugnet. „Es ist alles Phantasie und es sind Märchen, an die man glaubt“, so sagt man. Es ist für euch, Meine geliebten Gläubigen, nicht fassbar, wie man heute den Katholischen Glauben sieht und lebt.

Gleichgültig lebt man gottlos dahin. Man sagt: „Das ist Symbol, aber keine Wirklichkeit, das bilden wir uns ein.“

Die Unwirklichkeit liegt heute im Modernismus. Die Tradition von früher verkennt man und lehnt sie ab.

Wie sehr, Meine Geliebten, warte Ich heute auf Meine Priestersöhne? Wie viele Tränen hat Meine liebste Mutter, die Mutter der Priestersöhne, bereits vergossen? Und doch gehen diese Priester dem Irrglauben, dem Wahnsinnsglauben der Götzen nach.

Sie glauben nicht an den Einzigen Wahren Schöpfer des Himmels und der Erde, der alle durch Seinen Sohn Jesus Christus erlöst hat, der für alle ans Kreuz gegangen ist. Daran glauben sie leider nicht.

Nein, sie sind gottlos geworden. Und so ist dieser Katholische Glaube einer unter vielen geworden. Er ist bereits untergegangen in dem Götzenglauben des Islam und Buddhismus und allen weiteren Götzen.

Und doch ist es etwas ganz Großes, Meine Geliebten, wenn ihr Meine Vater- und Marienkinder, Mir diesen Trost erweist, glaubt und vertraut, opfert und betet für die Priester, die noch nicht umgekehrt sind.

Ihr glaubt an den Einzigen Wahren Katholischen Glauben und ihr lebt und ihr bezeugt ihn. Dafür danke Ich euch von ganzem Herzen. Ihr seid Mir zum Trost da.

Ihr glaubt und vertraut täglich neu, obwohl ihr auch vieles nicht versteht und ergründen könnt, obwohl ihr auch großes Leid zu ertragen habt, obwohl ihr verachtet und geschmäht werdet, obwohl man euch die Ehre nimmt. Alles ertragt ihr in Geduld und Liebe, weil ihr den Einzigen Wahren Dreieinigen Gott liebt und es Mir in all euren Stunden der Trauer und auch der Verzweiflung beweist. Ihr gebt nicht auf, im Gegenteil, ihr denkt an das Morgen, an die Hoffnung. In dieser Hoffnung lebt ihr, denn es gibt ein glückliches Morgen in dem Haus der Glorie.

Sie ist die Einzige Wahre Kirche, die Neue Kirche, die im Glanz und in der Glorie erstehen wird. Alle Menschen werden sich über diese herrliche Kirche wundern. Sie werden staunen und vor Ehrfurcht niederfallen, Meine Geliebten.

Wartet auf diesen Tag. Denkt nicht an das Jetzige, wie es heute ausschaut. Ja, euch kann der Zorn packen, wenn manche den Glauben verachten und schmähen, wie sie den Glauben niederschmettern, dass nichts mehr heilig ist.

Und doch komme Ich mit Meiner liebenden Hand und segne auch diese Priestersöhne, weil Ich sie zurück haben möchte. Ich weiß, wenn Ich tief in ihre Herzen hineinstrahle und ihnen die Erkenntnis gebe, so werden sie zur Reue finden und bittere Tränen über ihre schweren Sünden und Sakrilegien vergießen.

Nach einer guten Beichte werde Ich ihnen gerne verzeihen, wenn sie ihre Schuld bereuen. Darauf warte Ich, der Himmlische Vater, von ganzem Herzen. Ich weiß, dass es möglich ist und schenke ihnen erneut Chancen über Chancen.

Unsere liebste Mutter, wartet Sie nicht auf Ihre Priestersöhne? Und ihr, Meine Geliebten, wartet ihr nicht auf ihre Umkehr, für die ihr sühnt und betet?

Schaut nicht auf diese zerstörte Kirche, sondern schaut auf das Morgen, dass die Kirche glorreich auferstehen wird. Mit dieser Hoffnung lebt in der Zukunft und das ist euer Ziel.

Gebt nicht auf, auch wenn der Böse euch attackiert und abhalten will und euch vieles in den Weg legt, was ihr nicht verstehen könnt. Doch es gibt ein Morgen. Es gibt für euch alle eine Hoffnung und Meine Liebe wird nie enden.

Euer Himmlischer Vater bewacht und beschützt euch, weil Er euch liebt und weil Er alle Menschen unergründlich liebt. Und so segne Ich euch heute mit dieser grenzenlosen Liebe in der Göttlichen Dreieinigkeit, im Namen des Vaters und des Sohnes und des Heiligen Geistes. Amen.

Lebt die Liebe und seid wachsam und bleibt Mir treu.

29. September 2016 – Fest des Heiligen Erzengels St. Michael. Der Heilige Erzengel St. Michael spricht nach der Heiligen Tridentinischen Opfermesse nach Pius V. durch das willige, gehorsame und demütige Werkzeug des Himmlischen Vaters, der Tochter Anne.

Anne: Im Namen des Vaters und des Sohnes und des Heiligen Geistes. Amen. Wir haben heute, am 29. September 2016, das Fest des Heiligen Erzengels St. Michael gefeiert. Voraus wurde eine Tridentinische Heilige

Opfermesse nach Pius V. in aller Ehrfurcht von Meinem heiligmäßigen Priester in Göttingen begangen.

Wir waren dankbar, dass sich die kleine Schar ein wenig vollständiger an dieser Heiligen Opfermesse beteiligen konnte. Es ist auch gleichzeitig unser Patronatsfest dieser Heiligen Hauskirche in Göttingen.

Der Heilige Erzengel St. Michael wird heute sprechen: Ich, der Heilige Erzengel St. Michael, spreche jetzt und in diesem Augenblick und an diesem besonderen Fest, durch das willige, gehorsame und demütige Werkzeug des Himmlischen Vaters, der Tochter Anne.

Geliebte kleine Schar, geliebte Gefolgschaft und geliebte Pilger und Gläubige von nah und fern. Ich, der Heilige Erzengel Michael, habe heute alles Böse von euch abgehalten und habe Mein Schwert in alle vier Himmelsrichtungen geschlagen. Ihr sollt an diesem besonderen Tag, dem Tag des Patronatsfestes, beschützt werden.

Es ist etwas ganz Großes, Meine Geliebten, dass Ich, der Heilige Erzengel Michael, heute so nah bei euch sein darf. Der Böse hat, wie ihr wisst, immer noch nicht seine Macht verloren. Der Himmlische Vater lässt ihm noch diese Macht. Darum, Meine geliebte kleine Schar, muss Ich noch das Schwert in alle vier Himmelsrichtungen schlagen, damit ihr vor dem Bösen bewahrt werdet.

Hätte Ich dies nicht getan, Meine Geliebten, so wäre euch vieles nicht erspart geblieben. Doch Ich liebe euch ganz besonders, weil ihr Mich so verehrt, weil ihr heute diesen Rosenkranz zu Mir gebetet habt. Es ist sehr wichtig für euch, dass ihr Mich in allen euren Nöten anruft. Vieles kann Ich von euch abhalten, wenn ihr Mich anruft. Ich warte auf euren Ruf. Zu jeder Tageszeit bin Ich für euch bereit und stehe euch zur Seite. Oft vergesst ihr, dass Ich auf euren Ruf warte.

Ich liebe euch so sehr und möchte der Himmlischen Mutter die Freude bereiten, dass Sie bei euch sein und Ich das Böse von euch abhalten darf.

Die Gottesmutter sendet euch auch viele weitere Engel. Doch da Ich der Patron dieser Hauskirche in Göttingen bin, bekommt ihr heute, an diesem Tag, einen besonderen Gnadensegen geschenkt. Dieser geht weit über diese Hauskirche hinaus.

Wie ihr wisst, ist die Hauskapelle in Mellatz mit dieser Hauskirche in Göttingen miteinander verschmolzen. Das könnt ihr euch nicht vorstellen, wie das möglich ist, Meine Geliebten. Doch da der Himmlische Vater in

Mellatz Sein Haus selbst gebaut hat, macht Er es möglich. Ihr sollt ein unbedingtes Vertrauen zu Ihm gewinnen und glauben, dass von dort aus vieles geschehen wird, was ihr nicht ergründen könnt.

Da es euch aber im Augenblick aus Krankheitsgründen Meiner Katharina nicht möglich ist, diesen Ort Mellatz aufzusuchen, so verbindet der Himmlische Vater mit diesem Ort eine unumwundene neue Situation, die mit Göttingen verbunden ist. Die gleichen Gnaden hier in Göttingen werden auch in Mellatz ausgeschüttet.

Der Himmlische Vater hält an diesem Ort so viel für euch bereit. Er liebt euch unaussprechlich und dankt euch, dass ihr bereit seid, Seinen Willen in Gänze zu erfüllen. Er wartet erneut auf euer ‚ja, Vater', weil es euch manchmal nicht nur unerklärlich und unergründlich ist, sondern weil es auch schwer für euch ist, den Willen des Himmels zu befolgen. Dies weiß der Himmlische Vater ganz genau und bewertet es auch bei euch. Er weiß um all eure Sorgen und Nöte und Er nimmt euch in Seine Arme, wenn ihr Ihn Vater nennt. „Vater, Deinen Willen will ich erfüllen, auch, wenn es mein Leben kosten solle." So hört Er es gerne, wenn wir als Seine Kinder uns demütig zu Ihm hinwenden. Dabei, Meine geliebte kleine Schar, bin Ich euch ganz besonders behilflich.

Ihr seid vier in eurer Runde. Alle diese vier haben jeder eine besondere und bedeutende Aufgabe, die der andere nicht übernehmen kann. Diese Aufgabe sollt ihr einzeln erfüllen und auch wieder gemeinsam auf eine Linie des Glaubens gelangen.

Ihr sollt auf den Himmlischen Vater hören und Seine Wünsche erfüllen. Glaubt daran, dass Ich, als euer Patron, euch oft zur Seite stehe, wenn ihr es gar nicht erwartet und Mich auch nicht darum gebeten habt, denn Ich kenne eure Nöte und darf euch ganz besonders an diesem Festtag beistehen. Nehmt diese einmaligen Gnaden in Anspruch und denkt daran, dass Ich, der Heilige Erzengel Michael, euch diesen Tag verschönern darf. Ich möchte bei euch sein und werde all eure Sorgen dem Himmlischen Vater und auch der Himmlischen Mutter vortragen.

So segne Ich, der Heilige Erzengel Michael, euch heute an diesem Festtag, mit allen Engeln und der Himmlischen Mutter in der Dreieinigkeit im Vater, im Sohn und im Heiligen Geist. Amen.

Bleibt wachsam, Meine Geliebten, und verharrt weiterhin in der Demut, dann kann euch nichts geschehen. Amen.

2. Oktober 2016 – 20. Sonntag nach Pfingsten und Schutzengelfest. Der Himmlische Vater spricht nach der Heiligen Opfermesse im Tridentinischen Ritus nach Pius V. durch Sein williges, gehorsames und demütiges Werkzeug und Tochter Anne.

Anne: Im Namen des Vaters und des Sohnes und des Heiligen Geistes. Amen. Heute, am 20. Sonntag nach Pfingsten, am 2. Oktober 2016, haben wir auch gleichzeitig das Schutzengelfest gefeiert. Voraus ging eine würdige, Heilige Opfermesse im Tridentinischen Ritus nach Pius V.

Der Opferaltar und der Marienaltar waren in gleißendes, goldenes Licht getaucht. Die Engel zogen von draußen ein und aus. Sie gruppierten sich während der Heiligen Opfermesse um den Tabernakel. Auch die Tabernakelengel knieten nieder. Der Marienaltar war reichlich mit Blumenschmuck versehen. Die lachsfarbenen Rosen waren mit kleinen glitzernden Steinchen, die wie Diamanten aussahen und mit weißen Perlen ausgeschmückt. Der weiße Mantel der Gottesmutter war mit vielen Diamanten besetzt. Ihre Krone war mit Rubinen und Diamanten versehen. Während der Heiligen Opfermesse hielt sie mehrere Male ihren blauen Rosenkranz in die Höhe.

Der Himmlische Vater wird heute sprechen: Ich, der Himmlische Vater, spreche heute und in diesem Augenblick, durch Mein williges, gehorsames und demütiges Werkzeug und Tochter Anne, die ganz in Meinem Willen liegt und nur Worte wiederholt, die aus Mir kommen.

Geliebte kleine Schar, geliebte Gefolgschaft und geliebte Pilger und Gläubige von nah und fern. Ihr alle seid heute willig Meinem Ruf gefolgt und habt die Heilige Opfermesse im Tridentinischen Ritus nach Pius V. mitgefeiert. Ihr seid aufgerufen, ihr, die ihr an die Heilige Dreifaltigkeit glaubt. Ihr bereitet Meinem Sohn Jesus Christus die Freude und spendet Ihm den Trost, weil ihr für Ihn da sein wollt. Opfert alles auf, um diese vielen Sakrilegien, die heute im Modernismus begangen werden, zu sühnen. Ja, Meine Geliebten, alles muss gesühnt werden. Es sind viele Opfer, die ihr zu bringen habt.

Wiederholt immer wieder: „Ja, Vater, die Opfer, die Du von mir verlangst, will ich gerne bringen, denn Du begleitest mich auf diesem Weg. Du schützt mich vor allen Gefahren und sendest mir heute ganz sicher die Schutzengel."

Ihr, Meine Geliebten, habt mehrere Schutzengel, weil ihr sie benötigt, da der Böse in dieser allerletzten Zeit so gravierend stark seine Macht ausübt.

Bittet daher diese Schutzengel auf euch herab. Sie begleiten euch auf eurem schweren Weg. Sie werden euch vor dem Bösen beschützen. Auch der Heilige Erzengel Michael wird alles Böse von euch abhalten, wie auch heute, an diesem Tag.

Ihr seid aufgerufen zu glauben, denn ihr benötigt keine Wunder. Doch viele Menschen können heute nicht mehr glauben, weil sie in dieser heutigen Zeit gottlos geworden sind. Darum habe Ich, der Himmlische Vater, Mich entschlossen, Wunder zu wirken.

Was du gestern im Internet geschaut hast, Meine geliebte Kleine, entspricht der Wahrheit. Ja, Wunder der Gnade werde Ich um euch und durch euch wirken. Das habe Ich euch, als Himmlischer Vater, versprochen.

Glaubt und vertraut tiefer, damit ihr nicht schwach werdet, wenn der Böse euch angreift, denn er hat in dieser letzten Zeit eine unabsehbare Macht und übt sie auch aus. Die Heiligen Engel werden auf euer Geheiß alles von euch abhalten müssen. Vertraut tief um zu glauben, denn Ich verleihe euch dazu die Göttliche Kraft. Ihr gebt Meinem Sohn Jesus Christus den Trost, den Er erwartet und benötigt, denn ihr seid Seine Geliebten.

Die Priester schlagen Ihn heute erneut ans Kreuz. Das ist für Meinen Sohn, der alles für die Menschheit getan hat, um sie zu erlösen, sehr bitter. Er möchte Bekehrungswunder wirken, um die Menschheit aufmerksam zu machen. Doch leider glauben die Priester noch immer nicht. Sie vertrauen nicht auf die Allmacht des Dreifaltigen Gottes. Sie üben ihre eigene Macht aus und gehorchen dem Mammon.

Ich, der Himmlische Vater, werde nun, öfter als bisher, Wunder der Bekehrung wirken müssen.

Der Heilige Schutzengel, den ihr heute feiert, hat an diesem besonderen Tag eine große Macht. Ruft ihn an, damit er euch begleitet und diese vielen Gnaden ausschüttet.

Wie ihr wisst, ist diese Hauskirche mit der Hauskapelle in Mellatz miteinander verschmolzen. Das vermehrt natürlich die Gnaden, die an viele verschenkt werden, die die Gnaden erbitten und sie benötigen.

Ihr, Meine Geliebten, bekommt an diesem Tag Meine besondere Liebe zu spüren. Wie oft habe Ich euch gesagt, dass Ich euch liebe, ja unaussprechlich und unergründlich. Ihr seid doch Meine Getreuen, weil ihr glaubt und auch sühnt. Ihr bringt für die Vergehen dieser Kirche die vielen Opfer.

Die Priester stehen noch heute am Volksaltar. Sie teilen die Handkommunion aus und bestellen die Laien, die Meinen Heiligen Leib austeilen. Diese Sakrilegien müssen gesühnt werden.

Die Priestersöhne sind noch immer nicht bereit, die Heilige Opfermesse im Tridentinischen Ritus nach Pius V., zu feiern. Sie sind davon überzeugt, dass sie das II. Vatikanum befolgen müssen, weil die Bischöfe ihnen das auferlegen. Sie können sich keine eigene Meinung bilden und laufen dem allgemeinen Strom der Welt hinterher, der in der Verwirrnis liegt.

Meine Himmlische Mutter möchte die Bekehrungswunder ihrer Priestersöhne erleben.

Du, Meine Kleine, sühnst mit deiner kleinen Schar und der Gefolgschaft. Diese ist für euch wichtig, weil ihr im Rampenlicht des Bösen steht. Der Böse möchte euch abhalten, das Gute zu tun. Er versucht euch zu stürzen. Doch er kann euch nicht von der Wahrheit abbringen. Denkt an euren Lichtkreis, der sich um euch bildet. Glaubt an die Liebe, mit der Ich euch überschütte.

Ja, der Böse geht um und möchte alles verschlingen, was für ihn in dieser allerletzten Zeit noch möglich ist. Wenn eine Person bereit ist, ihm zu folgen, so leitet er einen Triumpfzug ein. Ich, euer Himmlischer Vater, muss zuschauen, wenn viele in dieser Verwirrnis abfallen und viele sich dem Bösen verschreiben.

Ist das nicht bitter für euren Himmlischen Vater, der alles für Seine Priester getan hat? Ich will alle vom Bösen abhalten und sie mit der Göttlichen Liebe auf Meine Seite ziehen.

Stellt euch bitte die Frage, Meine Geliebten, ob ihr sühnen und Opfer bringen, oder weiterhin in dieser Verwirrnis, die man euch lehrt, leben wollt. Oder wollt ihr Mir beweisen, dass ihr Mich, den Himmlischen Vater, wirklich liebt?

Nur wenige Menschen glauben, ohne ein Wunder zu sehen. Sie möchten sich überzeugen und wollen alles ergründen. Erst dann sind sie bereit, den Glauben anzunehmen. Doch wahrer Glaube heißt, nichts sehen und doch glauben.

Ich möchte, dass noch recht viele Priester sich bekehren um nicht in den ewigen Abgrund zu stürzen. Ich habe Sehnsucht nach einer großen Priesterzahl, die sich vermehren sollte. Sie werden von Meinem Sohn Jesus Christus geliebt, der ihnen erneut Chancen bietet, damit sie umkehren können und wollen. Mein Sohn sehnt sich nach einem Heiligen Messopfer der Priestersöhne.

Leider sind diese Priester nicht bereit, dieses Heilige Opfermahl zu feiern. Sie stehen noch heute am Volksaltar und kehren Meinem Sohn den Rücken zu, indem sie zum Volk die sogenannte Messe feiern. Sie sind davon überzeugt, dass das der Wahrheit entspricht und entwickeln nicht einmal ein schlechtes Gewissen. Sie sagen: „Das lehrt doch das zweite vatikanische Konzil. Wir müssen unserem Bischof den Gehorsam erweisen."

Sie spüren es nicht, dass der Irrglaube sie gefangen hält und der Böse in diese modernistische Kirche eingedrungen ist, um die Menschen vom wahren Glauben abzuhalten.

Ich, der Himmlische Vater, werde wirken. Dann, wenn es niemand erwartet, wird Mein Eingriff stattfinden.

Betet, dass das Strafgericht nicht über die Menschheit kommt. Bittet, dass es keinen 3. Weltkrieg geben wird, denn dieser würde grausam ausfallen.

Meine Geliebten, wie sehr liebe Ich jeden einzelnen von euch, um euch in die Arme zu schließen. Und doch gibt es heute so viele, die gottlos dahinleben, als wenn es Mich nie gegeben hätte und die Welt aus dem Nichts entstanden wäre. Diese Menschen haben bereits den Verstand verloren und irren planlos umher.

Glaubt daran, dass heute im moslemischen Glauben tausende von Menschen umkehren wollen, weil sie Meine Liebe erkennen, nach der sie sich bereits sehnten. Doch leider wurde ihnen der Hass gelehrt, der sie unglücklich werden lässt.

Sie alle suchen nach dem wahren Glück, der Göttlichen Liebe. Ihre Umkehr wird für das deutsche Land fruchtbar werden. Ihr könnt es euch nicht vorstellen, mit welch einer Intensität sie die Umkehr zum Christentum vollziehen.

Die katholischen Christen haben sich heute anderen Religionen und sogar den Götzen zugewandt. Wo bleibe Ich, der Himmlische Vater? Bin Ich noch gefragt? Ich liebe doch alle Menschen und möchte es allen beweisen.

Wenn Mich eine einzige Person Vater nennt, so werde Ich fast vor Zärtlichkeit zerfließen, denn Ich liebe mit einer Göttlichen Liebe, die mit der menschlichen kaum zu vergleichen ist. Oft versteht ihr Mich nicht, wenn Ich Mich euch nähern will, und ihr Mich ablehnt.

Wenn auch alle gottlos werden würden, so würde Ich immer noch Meine Liebe offenbaren, denn Ich liebe alle Feinde. Ich bin für die Sünder gekommen und nicht für die, die der Umkehr nicht bedürfen.

Glaubt daran, dass Ich alle Menschen liebe und euch zur Feindesliebe aufrufe. Liebet eure Feinde und betet für die, die euch hassen. Erst dann seid ihr Meine Freunde. Das Himmelreich ist nahe, für alle, die an Mich glauben und Meinen Weg der Wahrheit beschreiten.

Betet für alle, damit die Menschen die Gegenwart des Heiligen Geistes erfahren. Der Heilige Geist möchte auf sie herabkommen.

Die Heiligen Schutzengel werden heute viele Gnaden über Menschen ausgießen, die die Gnaden annehmen wollen.

Es segne euch nun mit all euren Schutzengeln, Engeln und eurer Himmlischen Mutter, der Vater, der Sohn und der Heilige Geist. Amen.

Seid bereit für die kommende Zeit, für den Eingriff eures Himmlischen Vaters, wie er auch ausfallen möge. Nehmt alles an, wie es ist und wie es geschehen wird.

5. Oktober 2016 – 90. Geburtstag von Pfarrer Lodzig. Der Himmlische Vater spricht nach der Heiligen Opfermesse im Tridentinischen Ritus nach Pius V. durch Sein williges, gehorsames und demütiges Werkzeug und Tochter Anne.

Anne: Im Namen des Vaters, des Sohnes und des Heiligen Geistes. Amen. Heute, am 5. Oktober 2016 haben wir eine würdige Opfermesse in der Hauskirche in Göttingen gefeiert.

Der Himmlische Vater wird an diesem Tag sprechen, weil Er mir sagte, dass die gestrige Einsprechung nur für Seine Tochter Katharina war, die das schwere Sühneleiden hat.

Aber heute zum 90. Geburtstag von Pfarrer Lodzig ist diese Botschaft für die Welt gedacht. Er ist nicht nur für sich allein da, sondern für viele Menschen, denn diese Botschaft soll ins Internet kommen.

Der Opferaltar, besonders der Marienaltar, war nicht nur in gleißendes Licht getaucht, sondern war zusätzlich mit herrlichem Blumenschmuck versehen. Ihr Rosenkranz war heute auch in weiß. Sie hielt ihn während der Heiligen Opfermesse mehrere Male in die Höhe. Es sollte uns sagen, dass wir ihn beten sollten, denn nur noch der Rosenkranz kann die Welt retten und diese Welt vor allem Bösen bewahren.

Die Gottesmutter spricht: Ich, die Gottesmutter, werde mit euch, Meinen geliebten Marienkindern, dem Bösen, dem Satan, den Kopf zertreten dürfen, wenn ihr bis zum Ende der Zeiten des Himmlischen Vaters durchhaltet.

Der Himmlische Vater wird jetzt sprechen: Ich, der Himmlische Vater, spreche jetzt und in diesem Augenblick, durch Mein williges, gehorsames und demütiges Werkzeug und Tochter Anne, die ganz in Meinem Willen liegt und nur Worte wiederholt, die aus Mir kommen.

Geliebte kleine Schar, geliebte Gefolgschaft und geliebte Pilger und Gläubige von nah und fern. Ich, euer Himmlischer Vater, möchte Meinem geliebten Priestersohn heute eine besondere Botschaft für ihn, die gleichzeitig für die Welt ist, übermitteln.

Mein geliebter Priestersohn, glaubst du, dass du nur für dich alleine da bist? Diese Sendung, die du bekommen hast und diese Berufung zum Priestertum ist von Mir, dem Himmlischen Vater, erdacht worden. Nicht du kannst dich senden, sondern Ich sende dich.

Du warst Mir bisher gehorsam und hast Meine Wünsche erfüllt, nicht deine Wünsche. Deine Wünsche gingen in eine andere Richtung. Du hast recht bald erkannt, dass dieser Weg, den du für dich erkanntest, nicht für dich bestimmt war. Nun wünsche Ich, dass du diesen Weg weitergehst, auch wenn er große Schwierigkeiten enthalten wird. Nicht alles wirst du jetzt gleich von Mir erfahren. Stück für Stück werde Ich dich einen Schritt zur ewigen Seligkeit weiterführen. Das beinhaltet für dich große Schwierigkeiten. Doch du hast die Seherin, Meine Tochter Anne, bereits 12 Jahre begleitet und du wirst sie auch weiterhin begleiten können.

Mein Wunsch ist es, dann, wenn deine Zeit erfüllt ist, dass du die ewige Seligkeit schauen wirst.

Doch bevor dies geschieht, wirst du noch manches zu erleiden haben. Denke immer daran, dass du dich nach den Botschaften Meiner Tochter Anne ausrichten kannst. Du stehst nicht allein da. Du hast eine Gefolgschaft hinter dir stehen, die dir die Kraft zum Durchhalten verleiht. Allein bist du nicht dazu fähig. Deine Kraft wird nicht ausreichen. Doch wenn Meine Göttliche Kraft wirksam wird, so wirst du es spüren, dass du bis zum Ende Meinen Wunsch erfüllen kannst und auch willst.

Ich habe dich zum Priestertum ausersehen, weil Ich genau bedacht habe, was du erfüllen kannst, was Ich dir als dein Kreuz auferlegen kann. Ich habe dieses Kreuz bemessen, in der Länge, in der Breite, in der Tiefe und in der Höhe. Du selbst konntest es nicht ermessen.

Du wurdest geliebt und wirst auch weiterhin von Deinem Himmlischen Vater in der Dreieinigkeit unermesslich geliebt. Du warst und bist begnadet.

Wie viele Charismen habe Ich dir geschenkt? Ein Charisma hat man dir genommen. Doch, wenn Ich es wünsche, so wirst du auch dieses Charisma anwenden können, denn im Grunde genommen bin Ich der Himmlische Vater, der Herr und Meister über dein Leben, auch über dein Priestertum.

Man kann dir von der Welt vieles verbieten, auch von der Kirche. Aber diese Kirche, die im Modernismus liegt, ist nicht Meine Kirche, die Ich eingesetzt habe. Recht bald werdet ihr erkennen, dass die Volksaltäre zersplittern. Dieser Ungehorsam der heutigen Kardinäle, Bischöfe und Priester, ist nicht mehr tragbar.

Ich, der Himmlische Vater, habe bisher das Zepter in die Hand nehmen müssen. Ich weiß, was geschieht, denn Ich Bin der allmächtige, der allweise und allgewaltige Himmlische Vater in der Dreieinigkeit. Ich weiß, was Ich euch allen zumuten kann und darf. Richtet euch nach Meinen Wünschen aus.

Die Zeit ist gekommen, Mein geliebter Priestersohn, wo ihr kurz vor dem großen Eingriff steht. Dieser Eingriff wird gewaltig sein.

Habe Ich nicht viele Meiner Priestersöhne aufmerksam gemacht, dass Ich diesen Schritt aus Liebe tun muss, aus ganz großer Liebe? Ansonsten würden noch viel mehr Priester und auch Gläubige in die ewigen Abgründe hinabsinken. Doch Ich habe Erbarmen mit den vielen Priestersöhnen, die Mir keinen Gehorsam leisten.

Ihr, Meine Geliebten, sühnt für diese schweren Sakrilegien, die heute am Volksaltar begangen werden. Ihr seid ausersehen und auserwählt. Ihr werdet bis zum Ende durchhalten. Denkt daran, dass Ich den Lichtkreis um euch gebildet habe und der Böse euch nichts anhaben kann, auch wenn er es in dieser letzten Zeit erneut versucht. Du, Mein geliebter Priestersohn, bedenke, dass du für die Weltkirche da sein wirst, nicht für diese Kirche, die heute am Boden zerstört liegt, sondern für die Neue glorreiche Kirche.

Alles wird von dem Ort Mellatz aus geschehen. Das ist für euch zu hoch gesteckt, Meine Geliebten. Ich weiß es, aber Ich werde euch lenken und leiten, denn Meine Wege könnt ihr nicht ergründen. Im Vertrauen auf Mich, den Himmlischen Vater, werdet ihr alles meistern. Doch dieses Vertrauen muss wachsen und reifen, bis Meine Zeit beginnt, Meine Zeit, die sich ganz und gar nach Meinem Wunsch und Willen ausrichten muss.

Wie das geschehen wird, Meine Geliebten, werdet ihr nicht ergründen und auch nicht verstehen können. Lasst euch weiterhin leiten, denn euer Himmlischer Vater macht keinen Fehler.

Ich werde alles in Meiner Allmacht und Allwissenheit über euch kommen lassen, wie es nach Meinen Wünschen geschehen soll.

Meine geliebten Kinder, oft tut es Mir sehr leid, dass Ich euch so viel zumute. Es muss alles gesühnt werden, bedenkt das bitte, Meine geliebten Vater- und Marienkinder. Die Sühne ist wichtig. Ich möchte noch viele Priester vor dem ewigen Abgrund retten. Dafür sorgt ihr, dafür seid ihr da, denn ihr leistet Mir den Gehorsam.

Die Wahre Kirche wird sich in aller Glorie zeigen. Sie geht von Meinem Haus, dem Haus des Vaters aus. Ich habe dieses Haus Mir selbst erbaut und erdacht. Niemand kann dort eingreifen, denn Ich Bin der Herr und Meister in diesem Haus, der ewige Dreifaltige Gott, der Vater, der Vater im Himmel.

Alle Menschen werden recht bald den Vater im Himmel kennen lernen, nicht nur gewaltig, sondern auch in Seiner ganz großen Liebe. Ich liebe ohne Maßen und unendlich. Meine Liebe hört nie auf. Eure menschliche Liebe ist nicht daran zu messen.

Und so möchte Ich dich, Meinen geliebten Priestersohn für die kommende Zeit und alles, was auf dich zukommt, segnen. Nimm es an, so wie Ich es wünsche, wenn es auch nicht deinen Wünschen entsprechen wird. Denke immer daran, dass dein Vater im Himmel um alles weiß. Er allein kann dich leiten und Seine Wünsche werden für dich ein Geheimnis bleiben. Dieses Geheimnis werde Ich Stück für Stück lüften.

Oft wirst du Mich nicht verstehen können. Doch dann bin Ich auch bei dir. Sage einfach ‚Ja Vater'. „Ja Vater, Du bist mein Vater und ich dein Kind, ich, dein Priestersohn, als dein Kind." – Ich liebe dich und bleibe bei dir bis zu deinem Ende.

So segne Ich dich und alle anderen mit großer Liebe, Dankbarkeit und Göttlicher Kraft, im Namen des Vaters, des Sohnes und des Heiligen Geistes. Amen.

Ihr alle seid von Ewigkeit her geliebt. Glaubt und vertraut eurem Himmlischen Vater in der Dreieinigkeit. Amen.

7. Oktober 2016 – Rosenkranzfest. Die Gottesmutter spricht nach der Heiligen Opfermesse im Tridentinischen Ritus nach Pius V. durch Ihr williges, gehorsames und demütiges Werkzeug und Tochter Anne.

Anne: Im Namen des Vaters, des Sohnes und des Heiligen Geistes. Amen. Wir haben heute, am 7. Oktober 2016, das Rosenkranzfest der Gottesmutter gefeiert. Voraus ging, wie immer, eine würdige Heilige Opfermesse im Tridentinischen Ritus nach Pius V.

Der Marienaltar war heute besonders mit weißen Rosen, weißen Orchideen und weißen Lilien geschmückt. Diese bestätigen die Unbefleckt Empfangene, die Gottesmutter Maria. Sie hat den Engelsgruß empfangen. Sie wurde vom Heiligen Geist überschattet und hat den Sohn Gottes empfangen.

Darum war der Marienaltar in goldenes Licht getaucht und die Gottesmutter war nicht nur mit dem weißen Mantel bekleidet, sondern hielt auch gleichzeitig den weißen Rosenkranz in die Höhe. Damit wollte Sie sagen: „Betet recht oft den Rosenkranz. Nur dadurch könnt ihr die Welt noch retten."

Danke für den Engelsgruß, liebe Gottesmutter und für Dein: „Ja, Ich bin die Magd des Herrn, Mir geschehe nach Deinem Wort." Wir danken Dir für Deine Liebe, die Du als Mutter Gottes über uns ausströmst.

Jetzt spricht die Gottesmutter: Ich, eure liebste Mutter, spreche jetzt und in diesem Augenblick, durch Mein williges, gehorsames und demütiges Werkzeug und Tochter Anne, die ganz im Willen des Himmlischen Vaters liegt und nur Worte wiederholt, die heute aus Mir kommen.

Geliebte kleine Schar, geliebte Gefolgschaft und geliebte Pilger und Gläubige von nah und fern. Ihr seid heute Meinem Ruf gefolgt. Ja, es ist Mein Ruf, den Ich heute an euch richte. Glaubt und vertraut tief und nehmt den Rosenkranz, der eure größte Waffe ist, zur Hand. Es gibt heute nichts wichtigeres, als den Rosenkranz zu beten. Nur so könnt ihr den 3. Weltkrieg abwenden, denn er steht schon vor der Tür. Betet darum, dass der Himmlische Vater nicht Sein Strafgericht über die ganze Welt kommen lassen wird. Betet inniglich und mit ganzem Herzen den Rosenkranz.

Du, Meine Kleine, hast Mir heute deinen weißen Rosenkranz gezeigt, weil Ich dir Meinen Weißen entgegen gehalten habe.

Meine geliebten Marienkinder, wie sehr möchte Ich euch Mutter sein. Ich möchte an eurem Leid teilnehmen.

Du, Meine geliebte Katharina, hast ein Liebesleiden und der Himmlische Vater wünscht, dass du es so annimmst, wie Er es wünscht. Er allein weiß, wie es in deinem Herzen ausschaut. Wende dich nicht von Ihm ab, sondern halte Ihm dein Herz entgegen, dein Herz, das verwundet ist und bereits viele Wunden geschlagen hat.

Hat nicht der Himmlische Vater zu dir gesagt, dass Er die beste Heilsalbe hat? Hat Er nicht zu dir gesagt, dass Er dich ganz gesund machen will? Er wünscht diese Opfer von dir und Er liebt dich ganz besonders als Seine geliebte Tochter. Sage Ihm: „Ja Vater, alles für Dich. Es ist ein Liebesleiden und ich bin Dir dankbar, dass ich es mit Deinem Sohn Jesus Christus tragen darf."

Ich, eure liebste Mutter, bin euch im Leid vorangegangen. Wurde Ich vom Himmel nicht genug geliebt? Ja, und doch musste Ich das größte Leid für die Welt und für euch alle tragen. Darum bin Ich zur Miterlöserin Meines Sohnes Jesus Christus erwählt. Leider wird dieses Dogma der Miterlösung bis heute nicht verkündet, weil es diese Zeit mit dem unwürdigen Papst, der zum Häretiker und Antichristen geworden ist, nicht erlaubt. Ich habe für ihn bereits viele Tränen vergießen müssen, ja Blutstränen, die Ich auch heute noch an vielen Orten vergieße.

Wie gerne würde Ich dem Himmlischen Vater seine Reue um Vergebung vortragen. Doch er ist nicht bereit, umzukehren. Er lebt im Irrglauben und verkündet ihn als falscher Prophet in der ganzen Welt.

Meine geliebten Kinder, Ich bitte euch, versprecht dem Himmlischen Vater, dass ihr Ihm viele Opfer bringen wollt und bereit seid, für diese schweren Sakrilegien zu sühnen. Er wird erneut ans Kreuz geschlagen. Ja, es ist die volle Wahrheit.

Ich, als Mutter, stehe erneut unter Seinem Kreuz und sammle Meine Marienkinder unter Meinen Mantel, damit sie dort wohl geborgen und fähig sind, mitzuleiden.

Geliebte Katharina, wenn du Mich innig liebst, so bekommst du auch ein besonderes Leid, eine besondere Krankheit. Diese trage in Demut und Dankbarkeit, auch wenn es dir schwer fällt. Ich, als Himmlische Mutter, würde dir alles abnehmen, wenn es möglich wäre. Doch der Himmlische Vater verlangt große Opfer von dir. Darum liebt Er dich ganz besonders in dieser Krankheit. Sei folgsam und gehorsam, so wie du es bisher versprochen hast. Ich liebe dich unendlich.

Wie sehr liebt dich der Himmlische Vater in der Dreieinigkeit? Hat Er dir nicht alles geschenkt? Ist Er nicht ständig bei dir? Und Ich, als Himmlische Mutter, wie sehr liebe Ich dich und trage mit dir das Kreuz. Ich hebe es an, wenn es dir zu schwer wird. Ich werde dir viele Engel senden, die dich auf deinem Weg begleiten werden.

Und nun, Meine geliebten Marienkinder, möchte Ich euch heute, an Meinem Rosenkranzfest, in der Dreieinigkeit segnen, lieben und auch bei euch sein.

In jeder Lage seid ihr vom Heiligen Erzengel Michael und auch von allen anderen Engeln geschützt. Seid also gesegnet, im Namen des Vaters, des Sohnes und des Heiligen Geistes. Amen.

Ihr seid die Geliebten des Himmlischen Vaters und Meine Marienkinder. Seid bereit, die größten Opfer bringen zu wollen, denn in dieser Zeit wird von euch viel verlangt. Amen.

8. Oktober 2016 – Zönakel. Die Gottesmutter spricht nach der Heiligen Tridentinischen Opfermesse nach Pius V. durch Ihr williges, gehorsames und demütiges Werkzeug und Tochter Anne.

Anne: Im Namen des Vaters, des Sohnes und des Heiligen Geistes. Amen. Heute, am 8. Oktober 2016, haben wir in der Hauskirche in Göttingen, das Zönakel gefeiert. Voraus ging eine würdige Heilige Opfermesse im Tridentinischen Ritus nach Pius V. Der Marienaltar war an diesem Tag besonders mit einem herrlichen Blumenschmuck versehen. Diese Blumen sollten der Gottesmutter sagen, dass wir Sie lieben. Wir wollen Sie verehren, denn viele Menschen verachten Sie in dieser Zeit. Sie schmähen und verspotten die liebste Gottesmutter, die Gottesgebärerin und die Reinste aller Reinen. Darum wollen wir an diesem Tag der Gottesmutter die Freude bereiten, Ihrem Ruf zu folgen.

Die Gottesmutter wird heute sprechen: Ich, eure liebste Mutter, spreche jetzt und in diesem Augenblick, durch Mein williges, gehorsames und demütiges Werkzeug und Tochter Anne, die ganz im Willen des Himmlischen Vaters liegt und die Worte wiederholt, die aus Mir kommen.

Geliebte kleine Schar, geliebte Gefolgschaft und geliebte Pilger und Gläubige von nah und fern. Ich liebe euch alle und grüße euch, dass ihr in diese, Meine sichere Zufluchtsstätte, in den Pfingstsaal, eingetreten seid, um Meine Weisungen, die Ich euch gebe, entgegenzunehmen.

Geliebte kleine Schar, Ich danke euch für die Bereitschaft, dass ihr willig Meinem Ruf gefolgt seid. Ihr feiert dieses Zönakel voller Dankbarkeit und weiht euch Meinem Unbefleckten Herzen, weil ihr die Geborgenheit unter Meinem Mantel bereits oft erfahren habt. Ihr empfangt heute die Weisungen eurer Himmlischen Mutter. Ihr befolgt sie im Gehorsam. Dafür dankt euch der Himmlische Vater.

Ihr, Meine Geliebten, habt zwar viel Leid zu ertragen, aber Ich, als Himmlische Mutter, werde euch darin unterstützen. Blickt auf Mein Leid, auf Mein Leid, das Ich heute zu ertragen habe, in dieser Zeit der Verwirrnis und Lüge und des Ungehorsams gegenüber dem Himmlischen Vater in der Dreieinigkeit.

Man sagt heute, dass ihr diesen Bischöfen den Ungehorsam erweist. Wem müsst ihr den Gehorsam letztendlich erweisen? Natürlich dem Himmlischen Vater, nur Ihm sollt ihr gehorchen.

Was bedeutet wirklich der Gehorsam? Man will euch in die Irre führen und den Unglauben lehren. Auch sollt ihr nicht diesem jetzigen Heiligen Vater, der euch diesen Irrglauben vermitteln will, gehorchen. Er ist ein Häretiker und Antichrist. Leider ist das die Wahrheit.

Ihr sühnt, opfert und betet für ihn und seine Umkehr und doch seht ihr keinen Erfolg.

Betet weiterhin und seid zuversichtlich. Gebt euch nicht der Verzweiflung hin, sondern habt immer den Wunsch, den Willen des Himmlischen Vaters zu ertasten. Ich allein weiß um euer Leid und eure Sorge um die heutige Kirche. Ich wünsche, dass ihr euch dem Göttlichen Willen unterordnet.

Nehmt das Heilige Sakrament der Buße in Anspruch und auch die würdige Mundkommunion. Feiert täglich das Heilige Messopfer im Tridentinischen Ritus, denn nur dieses Opfermahl hat Gültigkeit. Wenn es euch nicht möglich ist, in eurer Nähe eine Kirche aufzusuchen, in der diese Heilige Messe gefeiert wird, dann besorgt euch die DVD. (Frau Winter, Kiesseestr. 51 b, 37083 Göttingen, Tel. Nr. 0551/30 544 80. Die DVD gibt es zum Selbstkostenpreis von € 5,- und das Begleitbüchlein von € 2,-) Dann werdet ihr bald feststellen, wie wertvoll es für euch ist, den wahren Katholische Glauben zu leben. Betet täglich den Rosenkranz, die Himmelsleiter und Waffe gegen den Bösen. Betet ihn innig und in Dankbarkeit. Ich, eure liebste Mutter, bete ihn mit euch.

Wenn eure Kraft erlahmt, dann werde Ich euch die Göttliche Kraft beim Himmlischen Vater erbitten. Er wartet auf euer Flehen, denn Er weiß um eure Schwachheit. Er wird euch erneut stärken. Wenn ihr schwach werdet, wirkt die Göttliche Kraft in euch. Oft spürt ihr es nicht, weil ihr nicht genug in euch hineinhorcht und die Stille nicht sucht. Der Himmlische Vater wirkt in euren Herzen und wartet darauf, dass ihr Ihm eure Liebe beweist, indem ihr mit Ihm sprecht. Dieses Sprechen könnt ihr im Allerheiligsten Altarssakrament, in der Anbetung, lernen. Alles dürft ihr Meinem Sohn vortragen. Er hört es gerne, wenn ihr um etwas bittet. Es geht in Erfüllung, wenn es gut für euch ist und es im Willen des Himmlischen Vaters liegt.

Ich, als Himmlische Mutter, bin stets bei euch. Ich umarme euch, wenn ihr nur einmal den Himmlischen Vater ‚Vater' nennt. Sagt: „Vater, Dein Wille geschehe, auch wenn ich nichts verstehe, ich glaube und vertraue. Ich weiß, dass Du mein Vater bist, der nur das Allerbeste für mich vorgesehen hat."

Mein Wille muss nicht immer konform mit Deinem Willen liegen, weil ihr unfähig seid, den Willen des Vaters zu erkennen, denn ihr seid nicht vollkommen. Flieht dann in Mein Unbeflecktes Herz, das euch tröstet. Es wird zur sicheren Zufluchtsstätte in eurem Leben werden, denn ihr befindet euch in einer schwierigen und gottlosen Zeit.

Der Modernismus liegt bald am Boden. Die Neue Kirche wird vom Himmlischen Vater aufgebaut und diese Neue Kirche ist die Kirche der Glorie. Das sichere Haus ist die Zufluchtsstätte in Mellatz. Das könnt ihr und auch alle anderen Gläubigen nicht ergründen und auch nicht verstehen.

Vertraut dem Himmlischen Vater, dass Er Sein Haus selbst gebaut hat. Er wünscht, dass ihr in diesem Haus eure sichere Zufluchtsstätte findet.

Holt euch täglich im Heiligen Messopfer die Kraft, stets den Willen des Himmlischen Vaters zu erfüllen. Es wird für euch alle nicht leicht sein, Meine geliebten Marienkinder, und doch wird die Göttliche Stärke in euch wirksam werden. Vertraut, dass der Himmlische Vater alles regelt und dass der Eingriff bald stattfinden wird. Wenn er auch gewaltig und unverständlich für euch alle sein wird, so sühnt doch weiterhin für die Vergehen und Sakrilegien, die in der heutigen Zeit begangen werden, besonders von den vielen Priestersöhnen.

Es wäre gut für alle Priester gewesen, wenn sie marianisch geworden wären und sich Meinem Unbefleckten Herzen geweiht hätten, um eine sichere Zufluchtsstätte zu finden. Ich möchte sie unter Meinem Mantel bergen, damit der Böse keinen Angriffspunkt hat, wenn sie glauben, dass Ich ihre Himmlische Mutter sein möchte, die ganz besonders alle Priester unaussprechlich liebt. Ich möchte sie zum Himmlischen Vater in der Dreieinigkeit führen.

Geliebte Priester, begreift doch endlich, dass euer Vater im Himmel euch unendlich liebt und dass Er eine unstillbare Sehnsucht nach euren Herzen hat. Gebt Ihm euch ganz hin, mit allem, was ihr habt und das euch lieb erscheint. Alles soll Ihm gehören, denn Er will die Schatzkammer eures Herzens sein.

Verlasst diesen Volksaltar, denn er ist vom Bösen erdacht. Dieser Modernismus, Meine geliebten Priestersöhne, will euch von der Wahrheit abbringen und euch in die Arme Satans führen. Warum glaubt ihr Mir nicht, Meine geliebten Priestersöhne, wie diese modernistische Kirche in euren Herzen Schaden erleidet.

Ich warte darauf, dass ihr im Heiligen Bußsakrament eine tiefe Reue über eure Vergehen empfindet. Warum glaubt ihr eurem Himmlischen Vater nicht, der euch vor dem ewigen Untergang bewahren will? Warum liebt ihr Ihn nicht genug? Habt ihr euer Priesterversprechen vergessen? Der Vater im Himmel wartet täglich auf eure Umkehr. Ihr verachtet und verschmäht Ihn. Glaubt ihr nicht, dass es für Ihn bitter ist, wenn ihr Ihn nicht bezeugt und Seine Gebote nicht beachtet? Glaubt und vertraut auf Seine Liebe, dann wird alles gut werden und die Wahrheit wird euch offenbar werden.

Ich segne euch nun mit allen Engeln und Heiligen in der Dreieinigkeit als eure Himmlische Mutter und Königin vom Sieg und der ganzen Welt, im Namen des Vaters, des Sohnes und des Heiligen Geistes. Amen.

Der Sieg wird bald gelingen, Meine geliebten Marienkinder. Flieht unter Meinen sicheren Mantel. Dann seid ihr geborgen, denn dort kann euch nichts geschehen, auch wenn der Böse versucht, euch abzubringen, so bin Ich als Mutter für euch da. Der Heilige Erzengel Michael wird alles von euch abwenden. Amen.

9. Oktober 2016 – 21. Sonntag nach Pfingsten. Der Himmlische Vater spricht nach der Heiligen Tridentinischen Opfermesse nach Pius V. durch Sein williges gehorsames und demütiges Werkzeug und Tochter Anne.

Anne: Im Namen des Vaters, des Sohnes und des Heiligen Geistes. Amen. Wir haben heute den 21. Sonntag nach Pfingsten gefeiert. Voraus ging eine würdige Heilige Tridentinische Opfermesse nach Pius V.

Während der Heiligen Opfermesse zogen die Engel von draußen ein und aus. Sie gruppierten sich um den Tabernakel und um den Marienaltar. Der Heilige Erzengel Michael schlug während der Heiligen Opfermesse sein Schwert in alle vier Himmelsrichtungen. Das durfte ich heute sehen. Ich hatte auch einen besonderen Duft, den ich bisher selten hatte. Es war wahrscheinlich ein Lilienduft. Ich konnte ihn nicht definieren, denn es war ein himmlischer Duft.

Der Marienaltar war reichlich mit weißen Blumen geschmückt und der Mantel der Gottesmutter war auch in weiß, sowie der Rosenkranz.

Der Himmlische Vater wird heute sprechen: Ich, der Himmlische Vater, spreche heute durch Mein williges, gehorsames und demütiges Werkzeug und Tochter Anne, die ganz in Meinem Willen liegt und die Worte wiederholt, die aus Mir kommen.

Meine geliebte kleine Schar, Meine geliebte Gefolgschaft und Meine geliebten Pilger und Gläubige von nah und fern. Ihr seid heute Meinem Ruf gefolgt und gestern dem Ruf Meiner Himmlischen Mutter. In der letzten Zeit habt ihr viele Weisungen von Mir und auch von der Himmlischen Mutter erhalten. Bitte, nehmt diese Weisungen ernst, die in eure Herzen hineingeströmt werden. Diese Weisungen sind für euch bestimmt und auch für die liebe Gefolgschaft. Die Zeit ist gekommen, die Zeit Meines Eingriffs steht vor der Tür. Ich bin so traurig darüber, dass so viele Menschen leiden müssen und, dass diese Ungläubigen, die vom Bösen sind, sich in die Enge treiben lassen.

Der Heilige Erzengel Michael musste heute das Schwert in alle vier Himmelsrichtungen schlagen, um den Bösen von euch abzuwenden. Achtet darauf, Meine geliebten Kinder, denn der Böse kann im anderen sein und er kann euch das Böse als Wahrheit übermitteln. Oft ist es Lüge oder auch sogar Schauspiel.

Gestern war ein besonderer Tag, der Tag des Zönakels eurer Himmlischen Mutter. Eure Mutter ist eure liebste Himmlische Mutter, die immer an euch denkt und euch in jeder Lage beisteht. Ruft Sie an und besonders auch alle Engel. Die Engel haben in dieser Zeit eine besondere Macht. Oft erkennt ihr nicht, dass der Böse euch versuchen will.

Haltet zusammen, seid willig und dankbar. Ihr könnt nicht in die Zukunft schauen. Aber Ich, der Himmlische Vater kenne die Vergangenheit, die Gegenwart und die Zukunft. Diese sind für Mich eins, aber nicht für euch, Meine Geliebten. Vieles erkennt ihr nicht, weil ihr fehlbare Menschen seid, weil ihr oft nach euren Gefühlen handelt. Diese Gefühle können trügen.

Heute habt ihr von dem bösen Knecht im Evangelium gehört, der seinem Mitknecht die Schulden nicht erlassen wollte. Ihm selbst aber wurden die Schulden erlassen. Was soll das für euch heißen, für euch alle? Euch wurden im Bußsakrament die Sünden vergeben. Nehmt dieses Sakrament oft in Anspruch und vergebt einander.

Wie sieht es bei den anderen Menschen aus? Sie bitten um Vergebung. Doch wenn der andere sie verletzt und sie beleidigt, so sind sie nicht in der Lage, verzeihen zu können. Wenn sie nachtragend sind, so kann Ich ihnen nicht helfen. Es gilt noch immer das Gebot: Liebet eure Feinde und betet für sie, denn auch sie will Ich retten.

Ihr, Meine Geliebten, seid Mir zum Trost da. Die Heilige Opfermesse, die ihr jeden Tag mitfeiert, ist für euch eine Kostbarkeit, die goldene Perle, die Schatzkammer. Ihr beachtet die Gebote, befolgt sie im Gehorsam.

Doch wie viele Menschen werden von der Lüge beeinträchtigt, von der Lüge des Obersten Stuhls in Rom, von der Lüge der Kardinäle und Bischöfe. Die Gläubigen werden in den Irrglauben und in die Lüge hineingestoßen. Die Lüge wird als Wahrheit dargestellt. Darum kehren sie nicht um.

Geliebte Priester, wie oft habe Ich euch ermahnt. Kehrt um und bezeugt die Wahrheit, denn nur die Wahrheit kann euch retten. Wenn ihr weiterhin der Lüge nachgeht, so wird der Unglaube sich in der ganzen Welt verbreiten. Die Gottlosigkeit hat zugenommen.

Doch Ich, der Himmlische Vater, möchte, dass viele Menschen umkehren können, dass sie dazu bereit sind. Ihr tragt mit eurer Sühne zur Umkehr bei. Euch bleibt allerdings das schwere Leid nicht erspart. Eure Himmlische Mutter trägt dieses schwere Kreuz mit euch. Sie weiß immer um euer Leid. Geht zur Mutter und klagt Ihr euer Leid. Sie wird euch helfen und die Engel herabbitten, die euch stützen, besonders den Heiligen Erzengel Michael.

Vergebet einander, wie Ich euch vergeben habe und verzeiht. Wenn euer Herz versperrt ist und ihr nicht verzeihen könnt, so kann das Gute nicht in euch eindringen. Das Gute ist von Mir, die Untugenden, die Lüge und der Unglaube sind vom Bösen. Das müsst ihr ganz klar erkennen. Vergebt einander, so wie Ich euch vergeben habe und empfangt dann würdig die Heilige Mundkommunion, die euch für die Himmelsreise stärkt. Betet täglich den Rosenkranz und haltet ihn in der Hand, wenn das Schwere euch bedrängen will und ihr oft vor Verzweiflung nicht ein noch aus wisst, da ihr meint, dass euer Kreuz auf euren Schultern drückt. Dann betet inniglich und fleht zum Himmlischen Vater, der euch in jeder Lage erhört, was in Seinem Wunsch und Willen liegt.

Seid für die letzte Zeit und für diesen Eingriff, der gewaltig sein wird, bereit.

Ihr, Meine Geliebten, seid geschützt, doch viele andere nicht. Sühnt weiter für diese, die noch nicht umkehren wollen. Es liegt ganz allein an ihrem Willen, nicht an der Gnade, die sie erhalten und nicht annehmen. Diese Gnade wird allen zuteil.

Ich liebe alle, besonders Meine geliebten Priestersöhne und habe große Sehnsucht nach ihren Herzen, die der Umkehr bedürfen.

So segne Ich euch von ganzem Herzen, Meine geliebten Vater- und Marienkinder in der Dreieinigkeit mit allen Engeln und Heiligen, besonders mit eurer liebsten Himmlischen Mutter, im Namen des Vaters, des Sohnes und des Heiligen Geistes. Amen. Ich liebe euch unermesslich. Seid bereit, den Wunsch und Willen des Himmlischen Vaters zu erfüllen. Amen.

11. Oktober 2016 – Mutterschaft Mariens. Die Gottesmutter spricht nach der Heiligen Tridentinischen Opfermesse nach Pius V. durch Ihr williges, gehorsames und demütiges Werkzeug und Tochter Anne.

Anne: Im Namen des Vaters, des Sohnes und des Heiligen Geistes. Amen. Wir haben heute, am 11. Oktober 2016, das Fest der Mutterschaft Mariens gefeiert. Voraus ging eine würdige, Heilige Opfermesse im Tridentinischen Ritus nach Pius V.

Der Marienaltar war mit reichlichem Blumenschmuck versehen. Die Gottesmutter erschien ganz in weiß und hielt während der Heiligen Opfermesse mehrmals einen weißen Rosenkranz in die Höhe. Auch segneten uns die Gottesmutter und das Jesuskind.

Die Gottesmutter wird heute sprechen: Ich, eure liebste Mutter, spreche jetzt und in diesem Augenblick, durch Mein williges, gehorsames und demütiges Werkzeug und Tochter Anne, die ganz im Willen des Himmlischen Vaters liegt und die Worte wiederholt, die heute aus Mir kommen.

Meine geliebte kleine Schar, Meine geliebte Gefolgschaft, Meine geliebten Pilger und Gläubige von nah und fern. Ich, eure liebste Mutter, habe heute Meine Mutterschaft feiern dürfen. Viele Menschen erkennen und bekennen nicht mehr, dass Ich die Mutter des Sohnes Gottes geworden bin. Ich wurde dazu auserkoren. Viele Gläubige nennen Mich heute Maria. Sie erkennen Meine Mutterschaft nicht an. Sie behaupten, dass Ich eine aus dem Volke bin, aber niemals die Himmlische Mutter, die Reinste aller Reinen, die Auserwählte vom Dreieinigen Gott.

Ich habe den Sohn Gottes vom Heiligen Geist empfangen. Ich bin vor, während und nach der Geburt rein geblieben. Das ist für alle ungewöhnlich und unverständlich. Und doch bin Ich als Gottesgebärerin von Ewigkeit her als Mutter des Gottessohnes dazu bestimmt worden.

Meine Mutterschaft wird von vielen Priestern und auch Gläubigen verunehrt und geleugnet. Sie glauben, dass der Katholizismus und der Protestantismus ein Glaube ist. Man hat den Protestantismus in die Katholische Kirche hineingeholt. Man hat nicht versucht, die Protestanten über den wahren Katholischen Glauben aufzuklären. Es gibt nur Eine Heilige Katholische und Apostolische Kirche, das ist die wahre Kirche.

Man hat die Priesterschaft im Katholischen Glauben verunehrt, indem man ihnen das Brevier und auch die priesterliche Kleidung als nicht zeitgemäß genommen hat. Das Heilige Messopfer wurde verunehrt und abgeändert. Heute, laut II. Vatikanum, soll in allen Kirchen ein Volksaltar stehen und an diesem hält der Priester die Mahlgemeinschaft. Das entspricht nicht der Wahrheit Meines Sohnes, Jesus Christus. Und doch glauben so viele Gläubige an die Lüge, die sie als Wahrheit bezeichnen. Ich, als Himmlische Mutter, bin auf Meine Marienkinder angewiesen, die Mich als Himmlische Mutter verehren und lieben, und nicht als irgendeine Maria.

Ich danke euch, Meine geliebte kleine Schar und Gefolgschaft und auch ihr Pilger, die ihr glaubt. Ich danke euch, dass ihr Meine Mutterschaft anerkennt.

Ich will euch in jeder Lage Mutter sein. Ihr müsst Vater, Mutter und Kinder um des Himmels Willen verlassen, wenn es im Willen des Himmlischen Vaters liegt und ihr um Seines Namens Willen verachtet werdet. Dann könnt ihr euch sogar freuen. Wenn ihr den Glauben in eurer Familie nicht leben dürft, so trennt euch, auch wenn es euch schwer fällt. Ich bin bei euch und weiß um euer Leid. Ich will euch Mutter sein und will euch trösten. Übergebt eure Kinder dem Himmlischen Vater. Er wird sie erziehen und auf die rechte Bahn führen. Ihr seid dazu nicht fähig in der heutigen Zeit. Ihr habt keine Möglichkeit in dieser modernistischen Epoche. Ihr könnt eure Kinder nicht im wahren Glauben unterrichten, denn sie werden von der Umwelt beeinflusst. Sie richten sich nach dem breiten Strom der Welt aus und finden nicht zur Wahrheit. Die weltlichen Gelüste und die vielen Möglichkeiten in dieser Welt halten sie vom Glauben ab.

Ich, als Himmlische Mutter, weiß um euer Leid und um eure blutenden Herzen um eure Kinder, nach denen ihr euch sehnt. Sie wollen dem Himmlischen Vater nicht gehorchen. Ihr wisst, Meine Geliebten, was die Wahrheit bedeutet.

Doch euer Ziel ist es, eure Kinder einmal in der ewigen Herrlichkeit wiederzusehen. Glaubt daran, dass der Himmlische Vater alles in Seine liebenden Hände nimmt und eure Kinder leitet und führt. Das, was ihr nicht könnt, wird der Himmlische Vater regeln. Er sorgt für alles, ganz besonders für euch, Meine geliebten Kinder.

Habt Vertrauen und trennt euch von euren Kindern, wenn sie euch behindern, den wahren Glauben zu leben, auch dann, wenn sie nicht in der Wahrheit liegen, das heißt, wenn sie das Heilige Messopfer nicht anerkennen und in wahrer Ehrfurcht mitfeiern. Für alle Gläubige ist es heute möglich, nach der DVD eine würdige und gültige Heilige Messe im Tridentinischen Ritus nach Pius V. mitzufeiern. (Bestellung: Dorothea Winter, Kiesseestr. 51 b, 37083 Göttingen, Tel. Nr. 0551/30 544 80) Es gibt diese Möglichkeit, die alle haben, die den wahren Katholischen Glauben leben wollen, darin gibt es keine Ausnahme. Ich liebe euch ganz besonders als Mutter der Dreieinigkeit, als eure Himmlische Mutter.

Heute, an diesem Tag, möchte Ich betonen, dass Ich eure liebste Mutter in jeder Lage sein will. Den wahren Trost bekommt ihr nur von Mir, eurer Himmlischen Mutter.

Ihr, geliebte Mütter, die ihr bereits euer Kind im Mutterleib habt töten lassen, Ich will euch den wahren Trost verleihen und euch zum Himmlischen Vater führen. Legt eine würdige Heilige Beichte ab, denn jeder Priester ist dazu berufen, euch dieses Bußsakrament zu spenden. Wichtig ist es für euch, dass ihr bereut, dass ihr eure Sünden vor Jesus Christus bekennen wollt, der auf euch wartet. Ihr sollt ein neues Leben beginnen. Ich bin für euch da, denn Ich will euch trösten. Ich möchte euch in eurem großen Leid nicht allein lassen.

Seid gesegnet von der Dreieinigkeit und eurer Himmlischen Mutter mit allen Engeln und Heiligen, im Namen des Vaters, des Sohnes und des Heiligen Geistes. Amen.

Dieses Fest heute soll euch allen sagen, dass es für euch alle eingesetzt wurde. Ich bin die Himmlische Mutter und will euch in jeder Lage zum Trost da sein. Amen.

12. Oktober 2016 – Sühnenacht in Heroldsbach. Die Rosenkönigin von Heroldsbach spricht durch Ihr williges, gehorsames und demütiges Werkzeug und Tochter Anne.

Anne: Im Namen des Vaters, des Sohnes und des Heiligen Geistes. Amen. Wir haben heute, am 12. Oktober 2016, die heutige Sühnenacht für den Gnadenort Heroldsbach begonnen. Die Mutter Gottes, die ich als Rosenkönigin am Marienaltar sehen durfte, hielt ihren weißen Rosenkranz in die Höhe und war auch mit weißen und rosa Rosen reichlich geschmückt. Sie wollte uns damit vermitteln, dass wir ihn täglich beten sollen.

Die Gottesmutter wird jetzt zu uns sprechen: Ich, eure liebste Mutter, spreche jetzt und in diesem Augenblick, durch Mein williges, gehorsames und demütiges Werkzeug und Tochter Anne, die ganz im Willen des Himmlischen Vaters liegt und nur Worte wiederholt, die heute aus Mir kommen.

Meine geliebte kleine Schar, Meine geliebte Gefolgschaft, geliebte Pilger von Heroldsbach und geliebte Gläubige von nah und fern. Ihr alle seid heute Meinem Ruf gefolgt. Dafür danke Ich euch, dass ihr die vielen Mühen auf euch genommen habt, denn für jeden von euch war es schwer, die weite Fahrt zu bewältigen und die vielen Mühen, die vorausgegangen sind, um die Vorbereitungen zu treffen.

Meine kleine Schar hat sich mit den Heroldsbacher Pilgern in der Hauskirche in Göttingen im Nachtgebet und in der Sühne verbunden. Ihr, Meine geliebte Gefolgschaft, betet Meinen Sohn Jesus Christus im Allerheiligsten Altarssakrament an. Ihr versucht im eifrigen Gebet die Müdigkeit zu überwinden. Ihr werdet dafür mit reichlichem Gnadensegen belohnt. Ein Strom der Liebe füllt eure Herzen mit hellem Licht aus.

Ihr hattet vieles in der letzten Zeit zu bewältigen, in dieser gottlosen Zeit. Ihr werdet von vielen Menschen verfolgt und auch sogar verleumdet. Doch ihr nehmt willig euer Kreuz auf eure Schultern. Man verachtet euch, weil ihr an die Himmlischen Botschaften glaubt. Ihr betet für eure Feinde und segnet die, die euch hassen.

Meine geliebten Marienkinder, es ist ganz sicher nicht einfach, euch von der Familie zu trennen, denn ihr erlebt den Unfrieden. Man schenkt euch kein liebes und aufbauendes Wort, im Gegenteil, man verurteilt euch, dass ihr noch immer zu dieser Gnadenstätte eilt, um an der Nachtanbetung teilzunehmen. Doch ihr glaubt und vertraut. Das liebe Jesuskind wird es euch danken.

Meine Botinnen und Boten, die Seherkinder von Heroldsbach, haben viele Erscheinungen gehabt und durften sogar das Jesuskind in ihren Armen wiegen. Tausende von Gläubigen sind zu der damaligen Zeit gekommen, um an den Erscheinungen teilzunehmen.

Doch leider hat man ihnen von dieser modernistischen Kirche kein Gehör geschenkt. Bis auf den heutigen Tag werden diese Seherkinder verfolgt und verleumdet. Darum, Meine geliebte Kleine, habe Ich dich ausersehen, Meine Botschaften für Heroldsbach entgegenzunehmen. Auch du, Meine Kleine, wirst an dieser Gnadenstätte verachtet, da man nicht wahrhaben möchte, dass du die heutige Prophetin bist und du aus dir nichts bist, sondern die Gnade Gottes in dir wirksam wird. Man glaubt nicht an Meine Botin Anne und verbietet ihr gerichtlich, diesen Ort zu betreten. Darum betet ihr, Meine geliebte kleine Schar, in dieser Sühnenacht, in eurer Hauskirche.

Wie viele Tränen habe Ich, als Rosenkönigin von Heroldsbach, bereits vergossen. Ich habe sie sogar sichtbar vergossen und doch glaubt man bis heute nicht an Meine Tränen. Wie viele Botschaften hast du dort schon erhalten, Meine geliebte Kleine? Und gerade diese sind dir zur Zielscheibe des Bösen geworden. Der Böse attackiert dich und möchte dich vom wahren Weg abbringen. Doch du erhältst die Göttlichen Stärken und du wirst deinen Weg weiter vorangehen. Eine Gerichtsverhandlung nach der anderen hat euch, Meine geliebte kleine Schar, mit hohen Geldstrafen belegt. Ihr habt es aus Liebe zum Himmlischen Vater, auf euch genommen. Nur die Liebe treibt euch voran. Seid nicht traurig, sondern dankt, dass ihr dem Kreuz Meines Sohnes näher gekommen seid.

Euer geliebter Himmlischer Vater wird bald Seinen Eingriff vornehmen müssen, denn die Apostasie schreitet mit Riesenschritten voran. Die Folgen des Eingriffs werden grausam für viele Menschen sein, denn diese werden bald erkennen, dass sie dem Irrglauben verfallen sind.

Doch Ich, Meine geliebten Marienkinder, habe euch dafür ausersehen, Meine Botschaften in die Welt zu tragen und weiterzugeben, denn sie entsprechen der Wahrheit. Dass man dich, Meine Kleine, verfolgt und verachtet, ist natürlich vom Bösen. Doch sei nicht traurig darüber, dein liebster Jesus weiß um alles, was dich bewegt. Und Ich, deine liebste Mutter, umarme dich, damit du alles in Geduld erträgst. Sei weiterhin dem Himmlischen Vater gehorsam.

Bedenkt, Meine geliebte kleine Schar, ihr seid auserwählt, Meine Liebe weiterzugeben. Ich liebe alle, die Meinen Sohn Jesus Christus lieben, der für alle ans Kreuz geschlagen wurde. Deshalb liebt Er alle Menschen, die ihr Kreuz willig annehmen und mit Geduld ertragen und die nicht aufgeben. Die Hoffnungslosigkeit darf eure Herzen nicht ergreifen. Doch manchmal seid ihr verzweifelt. Dann komme Ich, eure liebste Mutter, und stärke euch mit dem Heiligen Geist, den Ich euch sende, denn Ich bin die Braut des Heiligen Geistes.

Die Liebe ist doch das Größte, was ihr in eurem Leben geschenkt bekommt. Ich selbst lehre euch die wahre Liebe, die Liebe zu der Dreieinigkeit. Hat Mein Sohn Jesus Christus euch nicht die Göttliche Kraft geschenkt? Ihr geht den schwersten Weg, das ist der Weg der Wahrheit, der zur Liebe führt. Gebt nicht auf und schreitet voran. Seid dankbar für jeden neuen Tag, den ihr erleben dürft, denn er bietet eine neue Chance, dem Himmel Freude zu bereiten. Diese Freude soll eure Herzen ausfüllen. Dann spürt ihr eine besondere Kraft, die euch erneut zu guten Taten antreibt.

Meine geliebte Gefolgschaft, am morgigen Tag werdet ihr in die Mulde gehen und dort eine Heilige Opfermesse nach der DVD mitfeiern. Diese wird euch neue Kraft verleihen. Ihr werdet es spüren, wenn ihr euren Heimweg antretet. Diese Göttliche Kraft sollt ihr auskosten und nachspüren. Dann wird das Gute in euch bleiben und der Böse hat keinen Angriffspunkt. Er kann euch nicht erreichen.

Meine geliebten Muldaner, schreitet auch ihr voran. Nehmt euer Kreuz willig und dankbar an. Wenn ihr diese Dankbarkeit erspürt, so bin Ich mitten unter euch. Ich danke euch, dass ihr in jedem Monat diesen Wallfahrtsort aufsucht und sühnt. Ihr tröstet Mich, die Rosenkönigin. Einen reichen Gnadensegen der schönsten Rosen werde Ich über euch ausgießen. Haltet durch, Meine Geliebten.

Ich segne euch in der Dreieinigkeit mit allen Engeln und Heiligen, besonders mit dem Heiligen Erzengel St. Michael, im Namen des Vaters, des Sohnes und des Heiligen Geistes. Amen.

Anne: Gelobt und gepriesen sei das Allerheiligste Altarssakrament, jetzt und in Ewigkeit. Amen.

16. Oktober 2016 – 22. Sonntag nach Pfingsten. Der Himmlische Vater spricht nach der Heiligen Opfermesse im Tridentinischen Ritus nach Pius V. durch Sein williges, gehorsames und demütiges Werkzeug und Tochter Anne.

Anne: Im Namen des Vaters, des Sohnes und des Heiligen Geistes. Amen. Heute, am 22. Sonntag nach Pfingsten, am 16. Oktober 2016, haben wir diesen Tag festlich begangen. Voraus ging eine würdige Heilige Opfermesse im Tridentinischen Ritus nach Pius V. Der Opferaltar und auch der Marienaltar waren in gleißendes goldenes Licht getaucht. Die Engel zogen während der Heiligen Opfermesse ein und aus und gruppierten sich um den Tabernakel am Opferaltar und auch um den Marienaltar. Der Himmlische Vater, die Gottesmutter und auch das Jesuskind segneten uns mehrere Male während der Heiligen Opfermesse.

Der Himmlische Vater wird heute sprechen: Ich, der Himmlische Vater, spreche heute durch Mein williges, gehorsames und demütiges Werkzeug und Tochter Anne, die ganz in Meinem Willen liegt und nur Worte wiederholt, die aus Mir kommen. Geliebte kleine Schar, geliebte Gefolgschaft und geliebte Pilger und Gläubige von nah und fern, die ihr an Meine Botschaften glaubt und sie befolgt. Ihr, Meine Geliebten, seid daran interessiert, diese Botschaften zu empfangen, da ihr wisst, dass sie der Wahrheit entsprechen. Ihr erkennt diese Wahrheit.

Ich Bin der Allmächtige, der Allweise und Gütige Himmlische Vater, der diese Botschaften vermittelt, denn von allen Seiten wird euch die Unwahrheit gelehrt. Vom Obersten Stuhl her wird die Lüge als Wahrheit hingestellt. Die Kardinäle, Erzbischöfe und Bischöfe liegen in der Unwahrheit. Sie gehorchen diesem manipulierten Papst, der im Konklave von den

Freimaurern vorherbestimmt war. Der Himmlische Vater wünscht, dass in der Sixtinischen Kapelle der Heilige Geist erneut weht. Dann erst wird ein würdiger Heiliger Vater ernannt und nicht gewählt.

Dieser jetzige Papst hat Veränderungen vorgenommen, die nicht dem Katholischen Glauben entsprechen. Der Liberalismus wird praktiziert. Er hat Einzug in der Messliturgie gefunden und abgeänderte Formen angenommen. Die Zehn Gebote werden außer Acht gelassen, man verwirft sie. Die Sünde besteht nicht mehr und die Ewigkeit der Hölle gibt es nicht. Die Sieben Sakramente, die Mein Sohn Jesus Christus selbst eingesetzt hat, sind in Vergessenheit geraten, denn man lebt ja schließlich in der neuen, modernen Zeit und nicht im Mittelalter. Die wiederverheirateten Geschiedenen dürfen den Heiligen Leib Meines Sohnes empfangen. Obwohl sie weiterhin die Sünde pflegen, werden sie zur Heiligen Kommunion zugelassen und dürfen auch dass Bußsakrament empfangen. Sie bereuen nicht die schwere Sünde, dass sie mit einem neuen Partner in ehelicher Gemeinschaft zusammen leben. Die Möglichkeit einer Josefsehe wird ihnen nicht vor Augen geführt.

Man sagt, dass das Heilige Opfermahl nicht in der Ordnung liegt. Bisher hat man den Volksaltar und die Laienkommunion nicht abgeschafft. Die Laien teilen immer noch den Leib und das Blut Meines Sohnes Jesus Christus aus, und das in einer Ehrfurchtslosigkeit, die Mich, den Himmlischen Vater, bittere Tränen vergießen lässt.

Die Tradition und die Ehrfurcht klammert man aus. Meine Worte und Meine vielen Ermahnungen in den Botschaften passen nicht in diese Zeit der Barmherzigkeit. Mit dieser Barmherzigkeit deckt dieser manipulierte Papst, der den Obersten Stuhl in der Katholischen Weltkirche heute noch bekleidet, alles zu, was den Katholischen Glauben beinhaltet.

Ich, der Himmlische Vater, habe das Zepter in die Hand nehmen müssen, weil dieser unwürdige Papst noch immer das Amt des Heiligen Stuhls bekleidet. Er ist nicht in der Lage, ‚ex cathedra‘ zu künden und kann auch nicht den wahren Glauben weitergeben.

Meine Kardinäle und Bischöfe schweigen leider zu dieser Verwirrnis und diesem Unglauben. Allerdings sind sie verpflichtet, diesem Papst und falschen Propheten die Wahrheit vor Augen zu führen. Sie haben die Pflicht, ihn aufmerksam zu machen, die Wahrheit in der Welt zu verkünden und nicht diesen Irrglauben.

Darum, Meine Geliebten, habe Ich Meinen Sohn Jesus Christus aus diesen Tabernakeln hinausnehmen müssen. Leider halten noch viele daran fest, dass sie in dieser Kirche das würdige Sakrament der Heiligen Kommunion empfangen, nämlich Meinen Sohn in der Gottheit und Menschheit. Das kann nicht der Wahrheit entsprechen, denn es ist ein Stückchen Brot, das die Gläubigen empfangen. Mein Sohn Jesus Christus kann sich in diesen unwürdigen Händen der Priester, die den Modernismus leben und verbreiten, nicht mehr verwandeln. Darum bleibt dieses Brot weiterhin Brot. Die Wandlung vollzieht sich nicht in ihren Händen, denn es sind unwürdige Priester, die vom Freimaurertum geleitet werden. Diese Priester erkennen bis heute nicht die Verwirklichung des Heiligen Opfermahls Meines Sohnes Jesus Christus. Während der Heiligen Opfermesse sollen sie sich Meinem Sohn ganz und gar hingeben, ja eins mit Ihm werden. Dies geschieht in diesen unwürdigen Priestern heute nicht, denn sie stehen am Volksaltar und huldigen dem Volk.

Darum wiederhole Ich, Meine geliebten Gläubigen, bleibt aus diesen Kirchen heraus. Ich Bin der liebende Himmlische Vater in der Dreieinigkeit, der euch in der Wahrheit und im wahren Glauben durch Meine Botschaften unterrichtet. Ich spreche durch Mein williges Werkzeug und Tochter Anne, die Meine Wahrheit der Welt verkündet. Ich habe sie durch viele Krankheiten verdemütigt. Sie ist und bleibt Mein Werkzeug und widersteht dem Bösen. Sie wird Meine Botschaften in die Welt hinausschreien, denn sie wird vom Eifer im Glauben vorangetrieben.

Meine Geliebten, glaubt nicht daran, was dieser Sender, der die Unwahrheit, dass Meine geliebte Tochter eine Sektiererin ist, verbreitet, da Ich Meinen Sohn Jesus Christus aus den modernistischen Tabernakeln herausgenommen habe. Es entspricht der Wahrheit.

Wenn die Priester wieder würdig ein Heiliges Opfermahl im alten Ritus feiern, werde Ich Mich erneut durch Meinen Sohn Jesus Christus im Heiligen Opfermahl verwandeln können. Das heißt, Mein Sohn vereinigt sich im Heiligen Opfermahl mit den Priestern. Sie werden mit Meinem Sohn eins und geben sich Ihm ganz hin. Sie bezeugen dadurch, dass sie Mich lieben und aus dieser Liebe alles Weltliche verlassen wollen. Man kann ihnen alles nehmen und doch werden sie nicht von der Wahrheit abweichen. Wenn sie aus diesen modernistischen Kirchen hinausgestoßen und vom Heiligen Stuhl aus ihrem Amt genommen werden, dürfen diese

Priester sicher sein, dass Ich, der Himmlische Vater, sie leite. Dann werden diese Priester nicht dem Gehorsam ihrer zuständigen Bischöfe erliegen. Ich wünsche von euch, Meine geliebten Gläubigen, dass ihr ein Heiliges Opfermahl mitfeiert. Dieses Heilige Opfermahl könnt ihr nach der von Mir gestalteten DVD in würdiger und gültiger Weise mitfeiern. Lasst euch nicht von dieser Wahrheit abbringen. Der Böse ist listig und er wird euch mit allerlei trübsinnigen Gedanken verwirren. Oft spürt ihr es nicht einmal, wenn man euch die Unwahrheit vorgaukelt. Es klingt manchmal so, dass es euch angenehm erscheint und ihr erleichtert seid. Ich warne euch vor der List Satans, denn in dieser Zeit übt er seine Macht aus, da diese Kirche in den schwersten Verwirrnissen liegt.

Meine Tochter Anne ist keine falsche Prophetin. Ihr könnt es an vielen Äußerungen erkennen. Seit zwölf Jahren sühnt sie. Sie leidet und bedankt sich für dieses Leid, das sie für die ganze Welt trägt. Ich habe ihr die Weltensendung übertragen, die Ich ihr auf ihre schwachen Schultern gelegt habe und das entspricht der Wahrheit.

Könnte sie in diesen zwölf Jahren immer noch diese Botschaften empfangen und weitergeben, wenn sie eine falsche Prophetin wäre? Sie wird von Meinem heiligmäßigen Priestersohn begleitet, den Ich seit vielen Jahren vorbereitet habe. Er führt sie auf ihrem schweren Weg, da sie von allen Priestern und der Obrigkeit der heutigen Kirche abgelehnt, verfolgt und verleumdet wird. Dieses erträgt sie willig und in Demut. Sie bestätigt immer erneut: „Ich gehorche nur Meinem liebsten Himmlischen Vater in der Dreieinigkeit und schenke Ihm täglich Mein ‚Ja Vater', so wie Du es willst, so werde ich es befolgen. Ich gehorche nicht dem Obersten Stuhl, diesem unwürdigen Papst, sondern Dir, Meinem geliebten Himmlischen Vater. Ich liebe Dich, Mein Himmlischer Vater und alles, was Du möchtest, das werde ich erfüllen und sollte es auch mein Leben kosten." So sagt Meine geliebte Tochter Anne.

Meine geliebten Gläubigen, oft fällt es ihr nicht leicht. Sie hat vieles zu tragen und zu ertragen in dieser Weltensendung, die Ich ihr als einzige Botin gegeben habe. Niemand wird diese Botschaften weiterführen können, da Ich diese Botin von Ewigkeit her ernannt habe, obwohl sie es nicht gespürt hat. Nun sagt sie Mir seit zwölf Jahren ein williges ‚Ja Vater'.

Diese Wahrheit geht mit der Bibel konform und darum habe Ich ihr einen Seelenführer zur Seite gestellt. Er überprüft alles, bevor es in die

Welt durchs Internet gestellt wird. Die Priester sagen, dass sie die Bibel kennen und darum nicht die Pflicht haben, an Privatoffenbarungen zu glauben.

Mein geliebter Priestersohn, der Seelenführer Meiner geliebten Tochter, würde sie aufmerksam machen, wenn es nicht der Wahrheit entspricht, denn er ist Priester und kennt die Bibel. Leider sind die heutigen Priester nicht mehr bibelfest, denn sie lesen sie nicht und beten nicht einmal mehr das Brevier. Zudem haben sie bereits die Priesterkleidung abgelegt, weil sie sich Meiner schämen. Den Rosenkranz, als Waffe gegen den Bösen, kennen sie nicht einmal mehr und er wird ihnen leider in der Ausbildung auch nicht gelehrt. Sie verehren die liebste und reinste Gottesmutter schon sehr lange nicht mehr. Sie weihen sich nicht Ihrem Unbefleckten Herzen und glauben auch nicht daran. Sie, die Reinste aller Reinen, wird heute so verunehrt.

Man verdreht heute den wahren Katholischen Glauben und verbindet ihn mit den anderen Religionen in der ganzen Welt, was man als Globalismus bezeichnet. Der Katholische Glaube ist deshalb abhanden gekommen. Man findet ihn gar nicht mehr und die Menschheit bleibt unaufgeklärt. Das kann nicht der Wahrheit entsprechen, denn es gibt nur eine Einzige, Wahre, Katholische und Apostolische Kirche und nur auf diese sollen alle hören.

Wie viele Gläubige treten täglich aus der Kirche aus, weil sie die Wahrheit suchen und niemand diese Menschen aufklären kann, denn die Seminaristen werden bereits falsch unterrichtet und lernen die Wahrheit in der Bibel nicht kennen.

Darum hat euer Himmlischer Vater euch allen diese Botschaften zur Hand gegeben, damit ihr zum Glauben zurückfindet. Wenn ihr tief in euren Herzen den Glauben findet, so habt ihr den wahren Schatz, den euch niemand rauben kann. Lasst euch nicht vom Irrglauben beeinflussen.

Meine geliebten Gläubigen, Ich wünsche, dass ihr um diesen Heiligen Geist betet und dass ihr wieder die Sieben Sakramente würdig empfangt, was ihr in dieser modernistischem Kirche nicht könnt.

Weiterhin bleibt das Heilige Bußsakrament allen Priestern überlassen, weil ihr dort eure Sünden bereut und bekennt und Ich euch die Vergebung eurer Sünden schenke. Der Empfang einer würdigen Heiligen Kommunion ist heute in diesem Modernismus nicht möglich. Es bleibt ein Stückchen Brot.

Ich habe euch nun, Meine Geliebten, genauestens aufgeklärt, was in der heutigen Kirche geschieht. Ich, der Himmlische Vater, bin gezwungen, in dieser Zeit eine Neue Kirche, die Kirche der Glorie, erstehen zu lassen.

Meine Geliebten, die glauben und vertrauen, nehme Ich auf Meine rechte Seite. Dort wird ihnen nichts geschehen, denn sie erkennen den wahren Glauben, den sie leben und bezeugen. Das sind Meine wahren Nachfolger, die ihr Kreuz willig tragen, die nicht aufbegehren. Sie sind auf dem rechten Weg und werden den steilen Kalvarienberg erklimmen. Alle anderen sind verirrt und liegen im Unglauben. Ich, der Himmlische Vater, möchte auch Meine verirrten Priester und Gläubigen wieder zurück auf den rechten Weg bringen. Dafür sühnt ihr heute, Meine Geliebten von nah und fern.

Ich rufe alle Priester des Modernismus zur Umkehr auf. Bereitet euch auf die Ewigkeit vor, denn das Himmelreich ist für euch alle da, wenn ihr den wahren Dreieinigen Gott liebt und verehrt. Ich liebe alle, die Mich lieben.

In diesen modernistischen Kirchen verehren die Priester nicht Mich, den Sohn Gottes, sondern sie huldigen dem Volk. Feiert das Heilige Opfermahl der Tradition, dann seid ihr gerettet und in euren Herzen wird es licht und hell. Lasst dieses Licht leuchten und stellt es nicht unter den Scheffel. Ihr werdet für viele Menschen, die nach der Wahrheit suchen, zum Licht der Welt. Gebt ihnen von euren Gnaden, die ihr täglich im Heiligen Opfermahl geschenkt bekommt. Ich danke euch, Meine Geliebten, dass ihr Mich in Meinem Opfermahl tröstet.

Meine geliebte kleine Schar, betet und sühnt für die vielen Sakrilegien, die heute begangen werden. Ich wünsche, dass recht bald viele Priester umkehrwillig sind und reumütig zum Heiligen Opfermahl zurückkehren. Dann wird es wieder eine Einheit in der Katholischen Kirche geben, die viele mit Sehnsucht erwarten.

Ich, euer Himmlischer Vater, der euch unermesslich liebt, segnet euch nun in der Dreieinigkeit mit allen Engeln und Heiligen, besonders mit eurer liebsten Himmlischen Mutter, der Unbefleckt Empfangenen, im Namen des Vaters, des Sohnes und des Heiligen Geistes. Amen.

Ich liebe euch unaussprechlich und werde euch nie allein lassen.

24. Oktober 2016 – Fest des Heiligen Erzengels Raphael. Der Himmlische Vater spricht nach der Heiligen Tridentinischen Opfermesse nach

Pius V. durch Sein williges, gehorsames und demütiges Werkzeug und Tochter Anne.

Anne: Im Namen des Vaters, des Sohnes und des Heiligen Geistes. Amen. Wir haben heute, am Fest des Heiligen Erzengels Raphael, eine würdige Heilige Opfermesse im Tridentinischen Ritus nach Pius V. gefeiert. Der Opfer- und auch der Marienaltar waren wieder in goldenes, gleißendes Licht getaucht. Die Altäre waren mit festlichem Blumenschmuck versehen. Der Heilige Erzengel Michael hielt mit dem Schwert das Böse von uns ab.

Der Himmlische Vater wird heute sprechen: Ich, der Himmlische Vater, spreche jetzt und in diesem Augenblick, durch Mein williges, gehorsames und demütiges Werkzeug und Tochter Anne, die ganz in Meinem Willen liegt und nur Worte wiederholt, die aus Mir kommen.

Meine geliebte kleine Schar, Meine geliebte Gefolgschaft, Meine geliebten Pilger und Gläubige von nah und fern. Auch heute gebe Ich euch einige besondere Weisungen, die tief in euer aufnahmebereites Herz hineingeschrieben werden. Ich danke euch, Meine geliebten Glaubenden, dass ihr Meine Botschaften empfangen wollt, die euren Lebensweg erleichtern sollen.

In der heutigen schweren Zeit ist es für euch wichtig, dass Ich euch mit Meiner glühenden Liebe anstecke, damit ihr die Göttliche Kraft in euch hineinströmen lasst. Ihr seid aus euch nicht fähig, die Himmelsleiter zu erklimmen. Ich bedanke Mich, dass ihr täglich stetig den Rosenkranz in eure Hände nehmt und ihn inniglich und in Demut betet. Der Rosenkranz ist das Schwert, das ihr gegen den Bösen erhebt. Satan muss dann weichen, obwohl er euch bedrängen möchte, vom wahren Weg abzuweichen. Ihr müsst bedenken, dass Satan listig im anderen Menschen sein kann. Ihr spürt es oft nicht. Wenn ihr gelassen und ruhig bleibt, so wird euch der Heilige Geist alles eingeben, was ihr zu sagen habt oder tun sollt.

Vertraut heute besonders auf den Heiligen Erzengel Raphael, denn er ist der Fürbitter der Reisenden und der Fürbitter in schweren und aussichtslosen Krankheiten. Fleht zu ihm, wenn ihr an einer schweren Krankheit leidet. Wenn es in Meinem Willen liegt, so werdet ihr gesunden. Der Glaube und die Reue über eure Sünden werden euch heilen.

Meine Geliebten, wie oft habt ihr Meine Weisungen erhalten und ihr seid diesen gefolgt. Doch viele Menschen glauben heute nicht mehr an die

Übernatur. Sie wollen alles ergründen und verstehen. Leider kann Ich, der Himmlische Vater, sie nicht in ihren Herzen erreichen. Sie wollen Wunder erleben und unternehmen weite Reisen, um das Weltliche in vollen Zügen zu genießen.

Den Wert eines Opfers und das Verzichten um des Himmels Willen haben viele Menschen nicht verstanden. Sie können euch Glaubende nicht verstehen und verspotten euch. Nehmt dieses Kreuz schweigend auf eure Schultern und begehrt nicht auf, denn man wird euch nicht verstehen wollen. Ihr könnt keine Änderung im anderen erzielen, wenn der andere nicht die Bereitschaft zeigt.

Meine geliebten Vaterkinder, nehmt die heutige Verfolgung auf euch und dankt für euer Leid.

Wie viele Priester gehen heute den Irrweg und spüren es nicht einmal, dass Ich sie berühren und retten möchte. Sie kehren Mir weiter den Rücken zu und frönen dem Modernismus. Sie gehen den leichteren Weg und schwimmen im allgemeinen Strom der Welt dahin.

Oft sind die Gläubigen Suchende. Doch sie finden keinen Priester, der sich ihrer annimmt. Sie klagen zwar ihr Leid, doch sie finden kein offenes Ohr. Das Bußsakrament wird ihnen als Bußandacht, als Ersatz, gegeben. Sie finden keine Erlösung ihrer Sünden, denn in dieser Modernistik gibt es keine Sünde. Die wiederverheirateten Geschiedenen haben die Erlaubnis, die Heilige Kommunion zu empfangen. Doch das wahre Glück in der Übernatur erleben sie nicht.

Meine geliebten Kinder, wie sehnsüchtig schaue Ich auf Meine Priestersöhne, die ihr durch eure Sühne erreichen könnt. Bisher habt ihr viele Opfer gebracht, um Mir, eurem Vater im Himmel, eine Freude zu bereiten. Ich bedanke Mich bei euch, dass ihr bisher durchgehalten habt und Mir versprecht, auch weiterhin Meinem Willen zu folgen, mag es kosten was es wolle. Ihr, Meine geliebten Vaterkinder, werdet durch eure Misserfolge erstarken. Ich sehe eure Bemühungen. Oft weint ihr Tränen der Enttäuschung und meint, dass Ich, der Himmlische Vater, euch nicht beschützen würde. Doch Ich Bin immer bei euch und lasse euch nie allein, denn Ich wohne in euren Herzen, doch nur bei denen, die an Mich glauben.

Der Heilige Erzengel Raphael, dessen Fest ihr heute begeht, wird in der Zukunft manchem erscheinen, die aber nicht wissen, ob er es ist. Er nimmt nämlich Menschengestalt an und wird Wunder wirken, Wunder der Heilungen. Ruft ihn auch an, wenn ihr weitere Fahrten unternehmen müsst, er wird euer Reisebegleiter sein. Auch dort wird sich so manches ereignen, was nicht zu ergründen ist. Dann wisst ihr, Meine Geliebten, es war der Heilige Erzengel Raphael, den ihr angerufen habt.

Meine Geliebten, in euch und auch um euch herum werden Wunder der Gnade geschehen. Ich, der Himmlische Vater, lasse vieles geschehen, um die Menschen aus ihrem Todesschlaf aufzurütteln.

Schaut auf die vielen Katastrophen, wie Erdbeben, Überschwemmungen, Feuerbrände, Epidemien und unerklärlichen Krankheiten. Über allem stehe Ich. Ich lasse alles zu und die Menschen wollen es in der Wissenschaft erklären. Viele Stunden verbringen sie in der Forschung und suchen nicht nach ihrem Schöpfer in der Übernatur. Dabei will Ich allen Menschen nahe sein. Ich liebe Meine Geschöpfe unergründlich und möchte niemanden in die Irre gehen lassen. Je mehr Menschen Mich verlassen, desto mehr wächst Meine Sehnsucht nach ihrer Umkehr.

Betet, Meine Kinder, und verlasst Mich nicht. Ihr seid doch Meine Getreuen, die Ich in Mein Herz geschlossen habe. Übt die Demut, denn der Böse ergreift euch ganz besonders im Stolz. Das bleibt der hauptsächliche Angriffspunkt. Lernt die List Satans kennen und erkennen, denn diese List macht sich heute breit. Der Böse möchte die Menschen entzweien und Zwietracht streuen. Der Streit ist dem bösen Geist willkommen.

In der Katholischen Kirche hat Satan alles erreicht, denn er hat die Spitze gebrochen. Er hat den heutigen Heiligen Vater zur Häresie verleitet. Den vorhergehenden Papst hat er zum Wankelmut verführt, so dass er abgedankt hat, obwohl ein gültiger Papst bis zu seinem Lebensende dieses Amt bekleiden sollte.

Ihr werdet es feststellen, Meine Geliebten, dass Ich am Werk bin, Ich, der Allmächtige und Allwissende Vater. Ich werde die Geschicke der Kirche lenken und niemand wird sagen können: „Mir hat der Himmlische Vater keine Chance zur Umkehr gegeben." Man muss diese Chance auch ergreifen, und darf nicht ängstlich sein, die größten Opfer zu bringen. Der Segen liegt im Opfer. Ich, der Himmlische Vater, weiß um alles und lasse niemanden in seinen Problemen des Alltags allein. Ich beschütze alle mit einem Heer von Engeln.

Doch Ich sage euch allen, seid wachsam, denn der Böse geht um wie ein brüllender Löwe und versucht zu verschlingen, was er verschlingen kann.

Ich segne euch nun mit der Göttlichen Kraft, mit dem Heiligen Erzengel Raphael, mit eurer liebsten Mutter und Königin vom Sieg und mit allen Heiligen, im Namen des Vaters, des Sohnes und des Heiligen Geistes. Amen.

Seid wachsam und befolgt stets Meine besonderen Weisungen, denn Ich Bin alle Tage bei euch, weil Ich euch unermesslich liebe.

30. Oktober 2016 – Christkönigsfest. Der Himmlische Vater spricht nach der Heiligen Tridentinischen Opfermesse nach Pius V. durch Sein williges, gehorsames und demütiges Werkzeug und Tochter Anne.

Anne: Im Namen des Vaters, des Sohnes und des Heiligen Geistes. Amen. Heute, am 30. Oktober 2016, haben wir das Christkönigsfest gefeiert. Voran ging eine würdige Heilige Opfermesse im Tridentinischen Ritus nach Pius V. Der Opfer- sowie der Marienaltar waren in gleißendes Licht getaucht und geschmückt mit wunderschönem Blumen- und Kerzenschmuck. Die Engel zogen ein und aus. Sie sangen das Gloria in excellsis Deo. Es entstand eine recht feierliche Stimmung. Ich spürte, dass Christus, der König der ganzen Welt in Meinem Herzen anwesend war.

Der Himmlische Vater wird sprechen: Ich, der Himmlische Vater, spreche heute, am Fest Meines Sohnes, dem Christkönigsfest, durch Mein williges, gehorsames und demütiges Werkzeug und Tochter Anne, die ganz in Meinem Willen liegt und nur Worte wiederholt, die aus Mir kommen.

Geliebte kleine Schar, geliebte Gefolgschaft und geliebte Pilger und Gläubige von nah und fern. Ich, der Himmlische Vater, gebe euch heute bedeutende Weisungen für die Zukunft, damit euer Leben im Geiste Jesu Christi, Meines Sohnes, intensiver gelebt werden kann.

Meine geliebten Kinder, wird nicht heute, Mein Sohn Jesus Christus, von allen verleugnet und verachtet? Werdet nicht auch ihr, Meine geliebten Kinder, in dieser heutigen Zeit wegen eures Glaubens verachtet? Mein Sohn ist wirklich und wahrhaftig der König der ganzen Welt. Könnt ihr da noch schweigen, wenn der König eurer Herzen verachtet wird?

Ihr müsst euren Katholischen und Wahren Glauben bezeugen, denn die Kirche Meines Sohnes ist völlig am Boden zerstört und man trampelt noch auf ihr herum. Man verstößt Meine Geliebten, ja, man verfolgt sie. Die Christenverfolgung ist in vollem Gange. Doch achtet darauf, dass Mein Sohn Jesus Christus euch beschützen wird.

Der Gehorsam, Meine Geliebten, steht an erster Stelle. Doch wem sollt ihr den Gehorsam erweisen, Meine geliebten Priestersöhne? Eurem Bischof, der im Irr- und Unglauben liegt, der die Lüge als Wahrheit hinstellt? Oder müsst ihr eurem Heiligen Vater, der die Häresie verkündet, den Gehorsam erweisen, obwohl er alle Kardinäle, Bischöfe und Priester in die Irre führt?

Nein, Meine Geliebten, jetzt seid ihr am Scheideweg angelangt. Jetzt ist die Spaltung des Glaubens eingetreten, das müsst ihr erkennen und auch weitergeben. Man kann euch nicht zum Schweigen verurteilen, wenn man die wahre Kirche Meines Sohnes verunstaltet. Mein Sohn Jesus Christus ist für alle ans Kreuz gegangen, und nicht nur für diejenigen, die glauben und vertrauen, sondern auch für diejenigen, die sich im Irrglauben befinden und verharren.

Er möchte alle Seine Geschöpfe zum wahren Glauben führen und an Sein Göttliches Herz drücken. Leider hören diese Priester nicht auf die Worte Meines Sohnes, der voller Sehnsucht auf sie schaut. Er will ihre Herzen durchströmen und doch verleugnen sie Ihn. Sie bewerfen Ihn sogar heute mit Schmutz und verharren im größten Morast. In dieser modernistischen Kirche ist der Irr- und Unglaube eingezogen, nämlich Satan persönlich. Der Teufel wütet in diesen Kirchen und viele Gläubige gehen dadurch auf die linke Seite, die Seite der ewigen Verderbnis. Sie bezeugen auch heute nicht die Wahrheit und schweigen.

Ihr, Meine Geliebten, müsst Mich in Meinem Sohn und im Heiligen Geist, achten und verehren und bezeugen, auch dann, wenn es euer Leben kosten sollte.

Ich, der Himmlische Vater, bin euch in Meinem Sohn vorausgegangen. Ihn habe Ich in die Welt gesandt, um euch alle zu erlösen. Seht ihr nicht Meinen großen Schmerz? Ich habe Meinen Einzigen Sohn, den Gottessohn, in die Welt gesandt, um euch zu erlösen. Er, der unschuldig war, hat das größte Leiden erdulden müssen und ist gehorsam gewesen bis zum Kreuz. Er hat die Heilige Eucharistie für euch als Testament eingesetzt, als letzte und größte Hinterlassenschaft. Warum erweist ihr euch nicht dankbar und fallt vor Ehrfurcht auf die Knie? Warum strauchelt ihr und schwimmt mit dem allgemeinen Strom dahin? Erkennt ihr nicht, dass Mein Sohn Jesus Christus für euch ans Kreuz gegangen ist? War Seine Liebe nicht groß genug? Hat Er nicht alles für euch gegeben? Waren die Opfer

Meines Sohnes umsonst? Hat Er wirklich umsonst gelitten und die größten Qualen erleiden müssen? Wacht ihr nicht endlich auf? Der letzte Tropfen Blut ist für euch geflossen, auch für die, die nicht glauben.

Ihr, Meine geliebten Vaterkinder, glaubt daran, dass Ich, der Himmlische Vater, eingreifen muss. Dieses für euch unerklärliche Ereignis steht vor euren Augen. Es wird grausam und gewaltig sein und unweigerlich auf euch zukommen.

Doch ihr, Meine Kinder, die ihr glaubt, ihr seid geschützt. Ihr habt Mir zu jeder Zeit den Gehorsam erwiesen. Ihr würdet es auch mit eurem letzten Tropfen Blut bezeugen. Diese Sicherheit habe Ich von euch erhalten. Ihr liebt Mich, den Dreieinigen Vater im Himmel. Das habt ihr des Öfteren bewiesen. Dafür bedanke Ich Mich heute, am Fest Meines Sohnes, dem Christkönigsfest.

Er ist es, der euch unermesslich liebt. Eure liebste Mutter, steht für die Irrenden und für die Ungläubigen an Meinem Thron.

Es gibt nur eine Wahrheit und das ist die Wahrheit des Einzigen Katholischen Glaubens. Niemals wird es einen anderen Glauben geben als diesen. Alles andere ist die Machenschaft des Menschen. Die Offenbarung des Heiligen Johannes sagt euch die volle Wahrheit, die unumstößlich ist.

Schaut in die Bibel, Meine Geliebten. Dort erkennt ihr die Wahrheit. Doch leider bezeugen Meine geliebten Priestersöhne diese Wahrheit nicht. Sie sagen: „Wir haben doch die Bibel, wir benötigen keine Prophetien, denn das sind Phantasien, an die muss man nicht glauben." – Kennt ihr die Bibel wirklich? Dann weist Mir in Meinen Botschaften einen Fehler nach.

Oder liegt ihr in der Unwahrheit? Dann solltet ihr umkehren. Noch ist es Zeit.

Ich Bin der Weg, die Wahrheit und das Leben. Wer an Mich glaubt, der wird leben. Wer aber nicht glaubt, der wird verdammt werden. So steht es in der Bibel, die ihr wirklich nicht kennt. Darum sende Ich heute die Propheten zu euch. Doch ihr versucht, sie seelisch zu Grunde zu richten und mordet sie, weil ihr sie verfolgt und verachtet. Glaubt ihr, das bleibt unbestraft? Doch Meine Strafe ist mit Liebe gepaart. Ich habe euch, Meine Priestersöhne, erwählt, doch ihr erweist Mir keinen Gehorsam.

Ich liebe euch noch immer und möchte eure Seelen zurückerobern. Deshalb habe Ich viele Propheten und Seher für euch bestimmt, damit ihr erkennt, dass Ich euch wirklich liebe. Kehrt um, denn der Unglaube hat von euren Herzen Besitz ergriffen. Der Glaube in euch muss in die Tiefe wachsen. Ich sehne Mich weiterhin nach euren Herzen.

Heute, am Christkönigsfest, habt ihr euch dem Herzen Meines Sohnes Jesus Christus geweiht, in der Weihe des Menschengeschlechtes an das Heiligste Herz Jesu. Ich danke euch, dass ihr der Liebe Meines Sohnes gefolgt seid. Diese Weihe ist so wichtig, weil ansonsten viele Menschen für immer verloren gehen, in der ewigen Verdammnis. Das könnt ihr nicht begreifen und nicht ergründen, weil euer menschliche Verstand nicht ausreicht.

Meine Gläubigen, euer Glaube ist nicht in die Tiefe gewachsen, er befindet sich nur an der Oberfläche. Ich wünsche, dass euer Glaube tief wie das Meer wird und ihr Meinen Sohn in der Dreieinigkeit lebt und bezeugt.

Das Heilige Opfermahl muss bei euch wieder an die erste Stelle gesetzt werden und niemals diese Mahlgemeinschaft. Der Mahltisch und das Volksmahl sind euch heute so wichtig. Das Volksmahl heißt, ihr dient dem Volk und nicht Meinem Sohn Jesus Christus in der Dreieinigkeit. Ihr wendet euch von Mir ab und verlasst Mich auf diesem bitteren Weg. Ihr schlagt erneut Meinen Sohn ans Kreuz.

Ihr, Meine geliebten Priestersöhne, wacht auf, denn der Eingriff eures Himmlischen Vaters steht dicht vor der Tür. Dann wird es für euch alle zu spät sein.

Wenn ihr nicht umkehren wollt und nicht erkennt: Ich Bin der Mächtige, der Allgewaltige und Dreieinige Vater im Himmel. An den müsst ihr glauben und den müsst ihr bezeugen.

Ich liebe und segne euch in der Dreieinigkeit mit allen Engeln und eurer liebsten Himmlischen Mutter. Im Namen des Vaters, des Sohnes und des Heiligen Geistes. Amen.

Lebt die Liebe und seid eurem Himmlischen Vater in der Dreieinigkeit gehorsam.

1. November 2016 – Fest Allerheiligen. Der Himmlische Vater spricht nach einer Heiligen Opfermesse im Tridentinischen Ritus nach Pius V. durch Sein williges, gehorsames und demütiges Werkzeug und Tochter Anne.

Anne: Im Namen des Vaters, des Sohnes und des Heiligen Geistes. Amen. Heute, am 1. November 2016, haben wir das Fest Allerheiligen gefeiert. Voraus ging eine würdige Heilige Opfermesse im Tridentinischen Ritus nach Pius V. Der Opfer- und auch der Marienaltar waren reichlich mit Blumen- und Kerzenschmuck versehen. Heute zogen nicht nur die Engel ein und aus. Ich habe viele Heilige gesehen. Unter anderen habe ich den Heiligen Pater Pio, den Pfarrer von Ars, den Heiligen Franziskus, die kleine Heilige Therese hat Rosen gestreut, die Heilige Maria Margarethe von Alacoque, die Rosa Mystika, die Fatima-Madonna und die Rosenkönigin, die Rosen gestreut und auch Tränen in Heroldsbach vergossen hat, die bisher nicht anerkannt wurden.

Heute wird der Himmlische Vater sprechen: Ich, der Himmlische Vater, spreche jetzt und in diesem Augenblick, durch Mein williges, gehorsames und demütiges Werkzeug und Tochter Anne, die ganz in Meinem Willen liegt und nur Worte wiederholt, die aus Mir kommen.

Heute habt ihr das Fest Allerheiligen gefeiert. Alle Heiligen werden euch im Himmel beistehen, wenn der Böse zum letzten Schlag ausholt. Noch hat er seine Macht und wird sie auch ausüben. In vielen Menschen wird deshalb das Böse den Vorrang haben. Sie sind zum Verfolger Meiner Geliebten und Getreuen geworden.

Meine geliebten Priestersöhne, warum erkennt ihr auch heute noch immer nicht die Wahrheit? Warum habt ihr euch zu Verfolgern Meiner Geliebten gemacht? Warum verfolgt ihr sie auch heute, obwohl ihr wisst, dass sie die Wahrheit verkünden und mit der Bibel konform liegen? Ihr sagt: „Wir haben die Bibel und das genügt uns. Wir benötigen keine Propheten, denn das sind sicher die falschen Propheten." Können sie als falsch bezeichnet werden? Meine geliebten Priestersöhne, wenn Meine Auserwählten nichts als die Wahrheit verkünden und ganz konform mit der Bibel liegen, die ihr leider nicht kennt? Ihr habt euch der Macht in der heutigen Zeit verschrieben und ihr stellt diese an die erste Stelle. Den Dreieinigen Gott, euren liebsten Vater und die Himmlische Mutter habt ihr in den modernistischen Kirchen verbannt. Das ist das Allerschlimmste, Meine geliebten Priestersöhne. Das werdet ihr bitter bereuen müssen.

Noch ist es Zeit, noch könnt ihr umkehren. Betet, Meine Getreuen für diese abgefallenen Priestersöhne, für diese Irrenden und Verwirrten. Leider verkünden sie die Lüge in der modernistischen Kirche. Das II. Vatikanum ist auf Lüge aufgebaut, ‚Amore laetitia' ist ein Lügengespinst. Dieser Heilige Vater wurde von den Freimaurern manipuliert, er ist eine einzige Lüge.

Ihr dürft ihm nicht folgen, denn er verkündet Häresien. Die Gläubigen erkennen leider nicht, dass sie ihm nicht folgen dürfen.

Die Gläubigen kennen nicht mehr den Unterschied zwischen der Heiligen Eucharistie und dem Abendmahl. Sie sagen, dass es keinen Unterschied darin gibt. Sie wollen einmal das Abendmahl und auch gleichzeitig die Kommunion empfangen.

Die Heilige Eucharistie gibt es nicht mehr, Meine Geliebten, denn das Allerheiligste wird nicht mehr im Tabernakel angebetet. Man hat die Verehrung des Allerheiligsten nicht mehr gepflegt, denn es hat nur noch eine Symbolkraft.

Man hat den Katholischen Glauben mit anderen Religionen gleich gemacht und er ist dadurch geschwunden, das nennt man heute Globalismus. Man kennt die Unterschiede nicht mehr, denn man bekennt sich nicht mehr zum wahren Katholischen Glauben. Die Ungläubigen stellen Meine Getreuen als Phantasten hin, weil sie eine reiche Phantasie haben sollen und selbstgemachte Botschaften verkünden. So werden Meine Getreuen verunglimpft, die Ich erwählt habe und die Mein Wort verkünden.

Meine geliebten Priestersöhne, erkennt ihr immer noch nicht die Wahrheit? Liege Ich, der Himmlische Vater, in der Unwahrheit? Ich will euch vor dem ewigen Untergang retten, Meine geliebten Priestersöhne.

Diese, Meine Geliebten, werden auch ihre Treue beweisen, wenn sie ihr Leben für den Glauben lassen müssen. Dann werden sie immer noch bezeugen, dass Ich der Wahre und Große Gott in der Dreieinigkeit bin und sie werden ihren letzten Tropfen Blut dafür hergeben.

Euch, Meine geliebten Priestersöhne, möchte Ich vor dem ewigen Untergang retten, denn Meine Sehnsucht ist so groß, dass ihr das nicht verstehen könnt. Ich liebe alle Meine Priester ganz besonders, denn Ich habe sie erwählt und berufen.

Auch hat Meine liebste Mutter Sehnsucht nach Ihren Priestern, denn Sie ist doch die Mutter der ganzen Kirche. Sie fleht an Meinem Thron für eure Umkehr und sieht doch bisher keine Erfolge. An vielen Orten weint Sie Bluttränen. In Heroldsbach hat Sie sichtbar geweint und doch hat man diese Tränen nicht von diesem modernistischem Papst und dieser modernistischen Kirche anerkannt. Warum folgt ihr diesem Papst, der das II. Vatikanum vorlebt und Häresien verbreitet. Es entspricht doch nicht der Wahrheit. Er verkündet die Lüge. Das ist gesetzwidrig.

Und nun holt der Böse zum letzten Schlag aus, denn der Protestantismus wird vom Obersten Stuhl verkündet, dadurch ist der Katholische Glaube verunstaltet. Man hat ihn verdrängt.

Dieser falsche Prophet feiert die 500-Jahrfeier des Reformators Luther, der sich von der Katholischen Kirche abgespalten hat. Ist das nicht bitter, Meine Geliebten? Heute tritt nun diese Spaltung erneut ein.

Nur die Menschen spüren es nicht, weil sie mit dem Katholischen Glauben nicht mehr konfrontiert werden wollen. Der Reformator Luther hat alle Sakramente abgeschafft. Er hat die Heilige Eucharistie so verunehrt, dass es nur noch ein Abendmahl gibt.

Wenn ihr im Abendmahl Jesus empfangt, so bildet ihr es euch ein: Er ist es in diesem Augenblick. Nach diesem Empfang ist und bleibt es Brot.

Meine Geliebten, man hat die Heilige Wandlung außer acht gelassen. Darum kann dann auch niemand das Sakrament der Heiligen Kommunion empfangen.

In dieser abgespaltenen, modernistischen Kirche tritt keine Verwandlung ein. Es kann deshalb auch nicht der Heilige Leib Jesu Christi sein, den die Gläubigen empfangen wollen. Er bleibt ein Stückchen Brot.

Ihr werdet es bald sehen, dass der Böse aus diesen Tabernakeln sichtbar erscheinen wird. Dann wird es ein großes Wehklagen und Schreien in diesen modernistischen Kirchen geben, weil die Gläubigen angstvoll aus diesen Kirchen eilen werden. Doch dann ist es zu spät. Ich habe euch oft gewarnt, Meine Gläubigen. Bleibt aus diesen modernistischen Kirchen heraus.

Doch leider glaubt ihr nicht. Ihr seid nicht Meine Getreuen, denn auch ihr seid zu Verfolgern Meiner Propheten geworden. Ihr mordet sie seelisch. Ja, so ist es. Ihr verachtet sie, ihr schmäht sie, ihr nehmt ihnen die Ehre.

Doch Ich, der Große Allmächtige und Allgewaltige Gottvater werde bald eingreifen, denn Ich kann euch nicht mehr ertragen. Ihr müsst diesen Eingriff hinnehmen, weil Ich euch viele Chancen gegeben habe. Diese Chancen waren dafür da, um umkehren zu können und wollen.

Eure liebste Mutter, der ihr euch Ihrem Unbefleckten Herzen weihen solltet, habt ihr nicht befolgt. Sie hat gefleht und um eure Umkehr gebeten. Und doch musste Sie zuschauen, dass ihr immer mehr auf die linke Seite übergewechselt seid. Euer Stolz und eure Überheblichkeit wird immer größer.

Meine geliebten Priestersöhne, warum habt ihr die eigene Macht ergriffen? Warum habt ihr Mir und Meiner Mutter nicht die Hand gereicht? Händeringend stand sie vor euch und hat euch angefleht: „Kommt doch zu Mir, kommt doch zu Meinem Unbefleckten Herzen. Weiht euch diesem Herzen. Ich nehme euch unter Meinen Schutzmantel.“

Noch bleibt euch eine kurze Weile und dann wird es für alle zu spät sein, die Meiner Mutter nicht die Hand gereicht haben. Alle will Sie retten, alle vor dem ewigen Tod bewahren. Doch es ist bitter für Sie, wenn die Gläubigen diese Chancen nicht ergreifen.

Und nun zu diesem Ehrentag. Alle Heiligen werden euch an diesem Tag beistehen, wenn der Böse zum letzten Schlag ausholt. Er kann euch nicht schaden, denn ihr seid geschützt. Der Lichtkreis umgibt euch. Die Wahrheit werden die erkennen, die glauben und vertrauen. Die anderen werden euch weiterhin verachten, schmähen und verfolgen.

So segne Ich euch heute in der Dreieinigkeit mit allen Heiligen, mit eurer liebsten Mutter und allen Engeln, im Namen des Vaters, des Sohnes und des Heiligen Geistes. Amen.

Betet, betet, betet, Meine Geliebten, denn viele stehen kurz vor dem Abgrund. Sühnt und opfert für diese. Amen.

5. November 2016 – Zönakel. Die Gottesmutter spricht nach der Heiligen Tridentinischen Opfermesse nach Pius V. durch Ihr williges, gehorsames und demütiges Werkzeug und Tochter Anne.

Anne: Im Namen des Vaters, des Sohnes und des Heiligen Geistes. Amen. Wir haben heute, am 5. November 2016, das Zönakel in der Hauskirche in Göttingen gefeiert. Eine Heilige Opfermesse im Tridentinischen Ritus nach Pius V. ging diesem Zönakel voraus. Der Opfer- sowie auch der Marienaltar waren reichlich geschmückt. Die Gottesmutter war in einem weißen Mantel erschienen und hob einen blauen Rosenkranz in die Höhe. Ihre Krone funkelte mit vielen Diamanten und ihr Mantel war mit vielen kleinen glitzernden Steinchen besetzt.

Die Gottesmutter wird heute sprechen: Ich, eure liebste Mutter, die Rosenkönigin von Heroldsbach und die Mutter und Königin vom Sieg, spreche heute durch Mein williges, gehorsames und demütiges Werkezeug und Tochter Anne, die ganz im Willen des Himmlischen Vaters liegt und Worte wiederholt, die heute aus Mir kommen.

Geliebte kleine Schar, geliebte Gefolgschaft und geliebte Pilger und Gläubige von nah und fern. Ich habe euch heute in dieses Zönakel berufen, damit ihr die Weisheit des Heiligen Geistes, den Geist der Wahrheit geschenkt bekommt. Ihr erkennt das nicht, wenn ihr euch nicht in der Gelassenheit befindet. Nehmt dieses große Geschenk in euren geöffneten Herzen auf. Es muss für diese Wahrheiten weit geöffnet sein, damit der Böse keine Chance bekommt. Er geht wie ein brüllender Löwe um und möchte euch noch im letzten Augenblick verwirren. Wenn ihr nicht die ganze Wahrheit lebt und sie bezeugt, so könnt ihr nicht in dieses Zönakel eintreten.

Geliebte Priestersöhne, weiht euch Meinem Unbefleckten Herzen, damit ihr sicher und stark in diese Neue Kirche eintreten könnt. Diese Kirche hat Mein Sohn, Jesus Christus als Hinterlassenschaft für euch eingesetzt. Von dieser Kirche ist nichts mehr in dieser Epoche übrig geblieben. Alle befinden sich im Irrglauben, denn alles wird verdreht, so dass man die Wahrheit nicht erkennen kann.

Der Teufel ist der Verdreher und Lügner, und das kommt nun in dieser Zeit des massiven Glaubensabfalls, der Apostasie, zum tragen. Die Häresien des heutigen Papstes hören nicht auf, sondern nehmen bedrohliche Formen an. Der Böse glaubt, seinen Sieg errungen zu haben. Es ist nicht zu fassen, wie Satan seine Macht ausübt und wie er Meine geliebten Priestersöhne in die Irre führt. Sie verharren in ihrem Stolz und sind überheblich. Sie stehen weiter am Volksaltar und feiern die Mahlgemeinschaft und führen ihr Volk verantwortungslos in die Irre.

Meine Geliebten, spürt ihr, dass ihr diesen Priestern nicht folgen dürft? Erkennt ihr, dass der Oberste Hirte den Irrglauben verkündet? Diese Häresien sind so beeinträchtigt, dass die Gläubigen es nicht einmal erkennen, so dass diese Priester für sie lobenswert erscheinen. Sie fühlen sich von ihnen angesprochen, weil die Sünde nicht beachtet wird. Man hat ihnen vorgegaukelt, dass es keine Sünde mehr gibt und die Hölle abgeschafft ist. Die weltlichen Gelüste sind den Menschen wichtig geworden. Ihr Leben ist danach ausgerichtet, und einen liebenden Gott gibt es nicht mehr.

Sie verharren in den schweren Sünden, denn die Ohrenbeichte hat man abgeschafft und sie durch die Bußandacht ersetzt. Die Heilige Eucharistie ist völlig verfälscht, man hat sie dem Abendmahl der protestantischen Kirche gleichgestellt. Der Globalismus ist am Zug. Alles wird gleich gemacht, es gibt keine Unterschiede im Glauben. Der Liberalismus und der

Humanismus haben sich verbreitet. Die glaubenslose Menschheit versinkt im Morast.

Ich, als Himmlische Mutter, kann Meinen Kindern nicht helfen. Ich warte auf ihren Ruf. Doch sie schweigen und darum kann die Engelschar nicht herabgerufen werden.

Die Handkommunion und die Laien am Altar sind zum ausschlaggebenden Übel geworden. Schwere Sakrilegien lasten auf diesen Priestern, die Meinem Sohn keinen Gehorsam erweisen.

Von Meiner Marianischen Priesterbewegung ist kein Segen und keine Kraft ausgegangen, denn das Heilige Opfermahl ist ihnen bis heute fern geblieben. Ich hatte sie berufen und wollte sie unter Meinem Schutzmantel bergen. Doch Ich kann sie nicht beschützen, da sie ihren eigenen Willen anwenden. Oft liegen sie in schwerer Sünde und treten damit an den Altar. Sie leben und verkünden den Irrglauben, obwohl Ich ihnen viele Weisungen gegeben habe.

Meine Gläubigen, die vor Meinem Sohn bei der Heiligen Kommunion niederknien, werden diskriminiert und verachtet. Man macht sie öffentlich lächerlich und nimmt ihnen die Ehre. Man verbietet ihnen die Mundkommunion, damit sie im breiten Strom dahinschwimmen und letztendlich aus der Kirche austreten, weil man ihnen kein Gehör schenkt. Man verachtet sie und schmäht sie. Man weist sie aus dem Gotteshaus Meines Sohnes hinaus. So weit ist heute die Kirche Meines Sohnes hinabgesunken.

Mein Sohn Jesus Christus hat darum einen neuen Plan erdacht, um eine Neue Kirche zu gründen. Doch wie schaut es mit den Priestersöhnen aus? Gehorchen diese Priester Meinem Sohn Jesus Christus oder gehorchen sie ihrem zuständigen Bischof? Feiern sie das Heilige Opfermahl oder frönen sie der Mahlgemeinschaft?

Meine geliebten Kinder, wie traurig ist doch Mein Sohn Jesus Christus, der Sohn Gottes, der alles für uns Menschen getan hat, der für unsere Erlösung ans Kreuz gegangen ist. Wie viele Tränen hat Er für die Priester bereits vergossen. Ich, als Himmlische Mutter, weine heute sichtlich an vielen Orten, ja, Ich weine sogar Blutstränen. Alle Meine Priester möchte Ich unter Meinem weiten und sicheren Mantel bergen. Leider ist dies bis heute nicht möglich.

Die Boten des Himmlischen Vaters werden heute alle verfolgt. Daran könnt ihr die Wahrheit erkennen. Die Boten, die Er erwählt hat, sind verpönt. Man glaubt nicht an die Übernatur, weil man im Weltlichen verharrt. Der Himmlische Vater musste aufgrund Seiner Weltensendung eine Botin bestimmen, um Sein Wort in die Welt hinauszuschreien. Meine Kleine wurde dazu bestimmt. Sie wird verachtet und doch wird sie mutig voranschreiten, denn der Himmlische Vater hält das Zepter sicher in Seiner Hand.

Es wird noch eine geraume Zeit vergehen, bis der Neue Oberste Hirte ernannt wird. Bisher ist es für den Himmlischen Vater nicht möglich, eine Neue Kirche aufzubauen.

Mein Sohn benötigt Priester, die ein heiliges Leben bezeugen und leben, die die Heilige Messe am Altar als Opfermahl feiern und diese Wahrheit in der Gänze verkünden, ob gelegen oder ungelegen. Diese Priester werden mutig und nicht von der Angst befallen sein. Sie werden in Demut vor Meinem Sohn niederfallen. Sie werden sich in Seiner Liebe geborgen wissen. Ihm werden sie allein den Gehorsam erweisen. Durch ihre Verfolgungen werden sie erstarken. Wie ein Fels in der Brandung werden sie auftreten. Man wird sie erkennen, denn alles, was bisher war, wird dann nicht mehr sein. Diese Priestersöhne benötige Ich, und sie werden sich sammeln an den vier Enden der Erde. Nach diesen Priestern sehnt sich Mein Sohn.

Warum, Meine geliebten Priestersöhne, wacht ihr immer noch nicht auf? Die Boten, die Mein Sohn gesandt hat, liegen in der Demut und verkünden Mein Wort. Sie schauen nicht ängstlich auf die anderen, die sie verfolgen.

Der Böse hat seinen Einzug gehalten und zieht die Priester, die den Irrglauben leben, immer mehr in seinen Sog. Sie gehorchen nicht Meinem Sohn, sondern sind den satanischen Mächten verfallen. Sie gehorchen nicht dem Himmlischen Vater in der Dreieinigkeit. Doch der Himmlische Vater wird eingreifen, dann, wenn es niemand erwartet.

Das Heilige Messopfer wird in der ganzen Welt verbreitet und die Gläubigen werden in die Neue Kirche hineinströmen. Ich, als Mutter der Kirche, werde sichtbar in Erscheinung treten, und die Menschen können es nicht erfassen. Die Ungläubigen werden die neuen Situationen nicht erklären können. Vor Staunen werden sie niederfallen und Meinen Sohn in der Dreieinigkeit verehren. Die Zeit wird alle Wunden heilen.

Ich, als Mutter der Kirche, sage Meinen Priestersöhnen: Bekehrt euch, denn ihr seid auf dem falschen Weg. Noch ist es Zeit, denn der Eingriff des Himmlischen Vaters steht dicht vor der Tür. Noch eine kleine Weile und es wird geschehen, was die Menschheit noch nie gesehen hat und nicht fassen kann. Der letzte Kampf hat seit langem begonnen und er geht dem Ende zu.

Ihr, Meine geliebten Marienkinder, ihr steht auf der wahren und rechten Seite. Lasst euch nicht abbringen, denn ihr kämpft mit Mir, eurer liebsten Mutter, die euch nicht allein lässt. Wir werden den Kampf mit Erfolg bestehen, denn Ich bin stolz auf Meine Marienkinder, die sich Mir geweiht haben. Ihr seid geschützt in jeder Lage. Warum habt ihr Angst? Schreitet mutig voran, denn das ist der wahre und schwere Weg, der Weg zum Berge Golgotha. Mein Sohn Jesus Christus ist ihn voraus gegangen. Beweist Ihm durch eure Gegenliebe, durch eure Standhaftigkeit und euer Vertrauen, dass ihr Ihn wirklich liebt.

Ich liebe und segne euch in der Dreieinigkeit mit allen Engeln, besonders mit dem Erzengel Michael, im Namen des Vaters, des Sohnes und des Heiligen Geistes. Amen.

Ihr seid geschützt. Lebt die Liebe und verachtet den Bösen.

6. November 2016 – 5. Sonntag nach Erscheinung. Der Himmlische Vater spricht nach der Heiligen Tridentinischen Opfermesse nach Pius V. durch Sein williges, gehorsames und demütiges Werkzeug und Tochter Anne.

Anne: Im Namen des Vaters, des Sohnes und des Heiligen Geistes. Amen. Wir haben heute, am 6. November 2016, den fünften Sonntag nach Erscheinung gefeiert. Eine Heilige Opfermesse ging diesem Sonntag voraus. Während der Heiligen Opfermesse zogen die Engel ein und aus. Ich habe auch die drei Erzengel gesehen, den Heiligen Erzengel Michael, Erzengel Gabriel und den Erzengel Raphael. Der Heilige Joseph erschien neben der Gottesmutter. Er möchte uns beschützen, weil wir in unserer kleinen Schar eine kleine Familie bilden.

Der Himmlische Vater wird heute sprechen: Ich, der Himmlische Vater, spreche jetzt und in diesem Augenblick, durch Mein williges, gehorsames und demütiges Werkzeug und Tochter Anne, die ganz in Meinem Willen liegt und nur Worte wiederholt, die aus Mir kommen.

Geliebte kleine Schar, geliebte Gefolgschaft und geliebte Pilger und Gläubige von nah und fern. Ihr seid Meinem Ruf gefolgt und Ich werde euch heute einige Weisungen geben. Ihr seid vom Heiligen Geist erfüllt, weil ihr auf der wahren und rechten Seite steht. Ihr empfangt Meine Weisungen und befolgt sie. In jeder Heiligen Opfermesse empfangt ihr besondere Gnaden, die Ich durch Meinen Sohn Jesus Christus austeile. Ihr erhaltet diese Gnaden, da ihr in der Heiligmachenden Gnade seid und ihr des Öfteren das Heilige Bußsakrament in Empfang nehmt.

In diesem Monat November könnt ihr viele Ablässe für die Armen Seelen gewinnen. Betet auch für die Seelen der Priester, an die niemand denkt und betet.

Ja, Meine Geliebten, Ich möchte euch auf eurem schweren Lebensweg begleiten und euch sagen: „Vergebt einander. Wenn ihr die Liebe weitergebt, so habt ihr alles, denn die Liebe eint euch. Sie verbindet die Menschen."

Sie verbindet auch das Band der Ehe. In der heutigen Zeit gehen viele Paare auseinander, die Ich im Ehesakrament füreinander bestimmt habe. Sie beachten nicht die Liebe, die sie miteinander verbunden hat. Ich bin der Dritte in ihrem Bund und dieser Bund bleibt unauflöslich bestehen. Freud und Leid wollten sie miteinander teilen, so haben sie vor dem Traualtar gelobt. Wenn diese Paare miteinander in schwierigen Situationen beten, so würden sie spüren, dass ihre Liebe neu erglüht. Nun könnten sie einander verzeihen und das Band der Liebe würde wiederhergestellt.

Leider sieht es in diesen heutigen Ehen anders aus, denn die meisten leben in einem eheähnlichen Verhältnis, das die Liebe auf die Dauer nicht eint. Diese Verbindung kann Ich nicht dulden, denn sie beinhaltet eine schwere Sünde, die sie von Mir trennt. Diese Lebensgemeinschaften bringen keinen Segen, im Gegenteil, sie zerstören das Band der Ehe.

Nehmt die Heilige Kommunion nicht in Empfang, auch nicht die Geistige Kommunion, denn auch sie geschieht in der schweren Sünde und ist ungültig. Wenn ihr die Heilige Kommunion unwürdig empfangt, so esst ihr euch das Gericht.

Es ist und bleibt eine schwere Sünde und von dieser Sünde müsst ihr Abstand nehmen und ein besseres und neues Leben beginnen.

Dieser Heilige Vater legalisiert diese Sünde und kündet die Häresie. Doch Sünde bleibt Sünde. Man kann laut ‚Amor laetitia' keine Ausnahme gelten lassen.

Darum eint euch dieses Heilige Sakrament, Meine geliebten Ehepaare. Es ist eins der Sieben Sakramente, die Mein Sohn Jesus Christus für euch als Lebensqualität eingesetzt hat. Er möchte euch in der Göttlichen Liebe einen, damit ihr die Tugenden übt. Dieses Sakrament der Ehe ist unauflöslich. Wenn ihr euch der Gottesmutter weiht, so wird Sie euch zu wahren und christlichen Charakteren erziehen. Manche Tugenden, die noch in euch schlafen, wird sie fördern. Sie, als Himmlische Mutter weiß, was euch zum wahren Glauben fehlt. Sie schenkt euch Ihre ganze mütterliche Liebe.

Heute habt ihr im Evangelium vom Weizen gehört, der mit dem Unkraut heranwächst. Lasst beides wachsen bis zur Ernte. Dann erst sollt ihr das Unkraut vom Weizen trennen, es herausziehen und verbrennen, es taugt zu nichts. Den Weizen aber bringt in Meine Scheunen.

Was bedeutet das für euch? Wenn eine Person in der Familie in schwerer Sünde liegt, so wird er mit vielen Gläubigen zusammenkommen. Wenn er sich ein Beispiel an den Guten nimmt, so wird ihn der liebende Jesus wieder in Seiner Liebe umpfangen. Wenn er aber in der Sünde verharrt, so bleibt er von Gott getrennt und wird Sein Reich nicht schauen dürfen, wenn er seine Sünden nicht im Bußsakrament bereut und bekennt. Er ist der Verdammnis ausgesetzt.

Wenn sich die Verirrten an den Glaubenden ein Beispiel nehmen, so werden sie gerettet und können zur Wahrheit gelangen. Sie müssen sich im Gehorsam ganz Meinem Willen ergeben. Dann werde Ich sie in Meine ausgebreiteten Arme schließen.

Ich werde ihnen viele Chancen geben. Sie werden erkennen, was Wahrheit ist. Es gibt nur eine Wahrheit, die Wahrheit des Einzigen Katholischen Glaubens. Zu diesem Glauben müssen letztendlich alle zurückkehren, wenn sie das wahre Glück erleben wollen. Aber Sünde bleibt Sünde und nichts kann durch eine Verschleierung beschönigt werden, denn Meine Gebote bleiben bestehen. Wenn nur einer ein Jota daran verändert, der ist dem Bösen erlegen. Die Zehn Gebote geben euch nutzvolle Weisungen für euer Leben, um es lebenswerter zu gestalten. Wenn ihr die Gebote missachtet, so werdet ihr unglücklich werden.

Viele Menschen habe Ich auf diese Zehn Gebote aufmerksam gemacht, doch sie wollen diese nicht befolgen. Sie leben in schwerer Sünde und richten sich nach den weltlichen Gelüsten aus. Leider kann Ich sie durch die Gnadenströme, die Ich ihnen vermittle, noch nicht erreichen. Halsstarrig leben sie dahin und genießen ihr Leben, ohne sich um das Ewige Leben Gedanken zu machen.

Es gibt keine leibliche Mutter, die nicht an ihre Kinder denkt, wenn sie falsche Wege einschlagen. Viel inniger ist das Band der Himmlischen Mutter zu ihren Kindern. Sie trauert um sie, wenn sie andere Wege gehen, die unumgänglich zur Sünde führen. Sie bittet an Meinem Thron für ihre Umkehr und um die Erkenntnis ihrer Schuld. Wenn diese Personen sich ganz dem Willen des Himmlischen Vaters hingeben, so wird ihnen alles verziehen. Auch die schwersten Sünden werde Ich verzeihen, weil Ich der liebende Dreifaltige Gott bin, der alle Seine Kinder in der Liebe eint.

Wenn diese Gläubigen zu beichten gewillt sind, so werden sie einen geeigneten Beichtvater finden, denn Ich werde ihnen diesen zuführen. Wenn sie Mir schon einen kleinen Teil ihrer Schuld gestehen, so werde Ich, als liebender Sohn in der Dreieinigkeit, ihnen sofort verzeihen. Ein einziger, der seine Schuld vor Mir bekennt, nehme Ich sofort wieder auf und trage ihm nichts nach. In dem Augenblick seines Geständnisses habe Ich ihm bereits alles verziehen.

Leider geht es vielen Menschen so, dass sie nicht umkehren wollen. Diesen Willen werde Ich, der Himmlische Vater, nicht brechen. Ich wünsche Mir Umkehrwillige, die tief vor Mir ihre Schuld bekennen. Mag die Schuld auch noch so groß sein, Ich werde nach dem Bekenntnis alles verzeihen. Das Glück eines Bekenners nach der Heiligen Beichte ist unbeschreiblich groß. Die Beichtenden werden über ihre Umkehr sehr glücklich sein.

Meine Geliebten, achtet in Zukunft auf die bevorstehenden Wunder, die Ich durch euch wirken will, denn um euch herum werden Wunder der Heilungen geschehen. Glaubt tief an Meine Allgewalt und Allmacht. Ich werde das Unmögliche möglich machen.

Vieles möchte Ich euch noch auf euren Weg geben. Ihr werdet erkennen, dass die Zeichen des Himmels zahlreicher werden. Die Menschen werden an euch herantreten und sie werden staunen, wie ihr das Leben aus dem Glauben heraus meistert. Man wird sich ein Beispiel an euch nehmen. Man wird bei euch einen Rat holen und fragen: „Wie habt ihr das Leben gemeistert?" Vor Staunen werden viele auf die Knie fallen und an die Dreieinigkeit glauben.

So segne Ich euch heute in der Dreieinigkeit mit eurer liebsten Mutter und Königin vom Sieg mit allen Engeln und Heiligen, im Namen des Vaters, des Sohnes und des Heiligen Geistes. Amen. Lebt die Liebe und seid wachsam, denn der Böse versucht euch zu Fall zu bringen.

13. November 2016, 0.15 Uhr – Sühnenacht Heroldsbach. Der Himmlische Vater spricht durch Sein williges, gehorsames und demütiges Werkzeug und Tochter Anne.

Anne: Im Namen des Vaters, des Sohnes und des Heiligen Geistes. Amen. Heute, am 13. November 2016, haben wir in der Hauskirche in Göttingen, während der Anbetung, die Sühnenacht betend verbracht. Der Opferaltar und auch der Marienaltar waren in gleißendes Licht getaucht und auch festlich geschmückt. Der Heilige Erzengel Michael schlug sein Schwert in alle vier Himmelsrichtungen, um das Böse von uns fern zu halten. Die Engel zogen während der Aussetzung des Allerheiligsten ein und aus und beteten Jesus Christus im Heiligen Altarssakrament an. Die Tabernakelengel verneigten sich in Ehrfurcht.

Der Himmlische Vater wird sprechen: Ich, der Himmlische Vater, spreche jetzt und in diesem Augenblick durch Mein williges, gehorsames und demütiges Werkzeug und Tochter Anne, die ganz in Meinem Willen liegt und nur die Worte wiederholt, die aus Mir kommen.

Meine geliebte kleine Schar, Meine geliebte Gefolgschaft und Pilger von nah und fern. Ich habe euch heute eine besondere und wichtige Botschaft zu bringen. Diese wird für euch alle unverständlich sein, denn sie ist nicht zu verstehen und nicht zu ergründen. Ich weise euch in andere neue und außergewöhnliche Richtung. Folgt Meinem Ruf und dem Ruf eurer liebsten Himmlischen Mutter, die sehr besorgt um euch ist.

Ihr steht nun an Meiner Zeitenwende. Eine neue Ära ist angebrochen. Alles wird sich nach Meinem Plan ereignen und wird in der vollen Ordnung ablaufen. Meinen vorherigen Plan habe Ich durchkreuzen müssen, da Ich den Willen Meiner Priesterschaft nicht brechen werde. Sie gehorchen Mir nicht, sondern dienen dem Mammon und letztendlich dem Bösen. Nur sie spüren es noch nicht, dass sie der Macht verfallen sind. Sie sind den weltlichen Gelüsten gefolgt. Doch Ich habe ihnen viele Chancen gegeben, sich zu ändern. Trotz Meiner vielen Gnadenerweise haben sie ihr unstetes Leben nicht geändert und laufen den Verirrungen der heutigen Kirche nach. Sie haben diese Gnaden nicht angenommen, trotz Meiner vielen Ermahnungen und Informationen.

Glaubt und vertraut tiefer, denn Ich Bin der Weg, die Wahrheit und das Leben. Folgt Mir nach, dann bereitet ihr euch für das Ewige Leben vor und Meine Liebe wird kein Ende haben.

JESUS LEHRT UNS EIN REUEGEBET

Akt der Reue

„O Herr, verzeihe uns, verzeihe o Gott. Durch Deine Vaterliebe bitten wir Dich – rette uns aus unserer Not und verzeihe uns die Sünden, die wir gegen Dich und unsere Brüder begangen haben.

Mein Gott, verzeihe uns, öffne Dein Vaterherz und verleihe uns Dein Erbarmen. Wir bereuen alle unsere Sünden, alle – auch die Sünden, die unsere Väter begangen haben. Aber besonders unsere eigenen."

Kleine Seele

Hier unterbricht die Kleine Seele den Heiland und sagt Ihm: „Heiland entschuldige mich, ich möchte Dich unbedingt etwas fragen. Wenn wir am Platz dieser armen Leute dieses Dein Gebet sprechen würden, in der Gesinnung, wie Du es verlangst, würdest Du es annehmen, wie wenn es von ihnen käme?"

Und jetzt die wunderbare Antwort Jesus:

„Ich Bin der Gott der Barmherzigkeit und der Gerechtigkeit. Durch euer Gebet wäre Meine Gerechtigkeit besänftigt. Und Meine Barmherzigkeit wäre bereit sie aufzunehmen. Durch euch würde Ich sie als Kinder Meines Volkes anerkennen. Ja, betet den Akt der Reue an ihrer Stelle und Ich werde ihr Herz zu Mir lenken."

In dieser entscheidenden Stunde habe Ich Meinen geliebten Priestersohn, Pfarrer Rudolf Lodzig, zum Nachfolger Petri ernannt. Ihn habe Ich seit vielen Jahren geläutert, weil Ich ihn auf diese Aufgabe vorbereiten musste. Er war Mir in allem gehorsam und er hat sich Meinen Weisungen willig gefügt. Ich danke dir für deine Bereitschaft, geliebter Priestersohn.

Es ist für Mich, als Himmlischer Vater, eine Notsituation eingetreten, da dieser Heilige Vater den Irrglauben verbreitet und dem Freimaurertum gehorcht.

Er lässt sich vom Bösen leiten und Satan hat ihn bereits in seinen Fängen. Ich habe um ihn gekämpft, doch er hört nicht auf Meine Stimme.

Ich bin das Lamm in der Wüste und Ich kenne Meine Schafe und die Meinen kennen Mich. Sie erkennen die heutigen Verirrungen und ergreifen willig Meinen Schutz und Beistand. Sie erkennen die Wahrheit, denn sie sind weise. Diese Weisheit habe Ich ihnen geschenkt, weil sie ihre Schuld vor Mir bekannt haben.

Mein Priestersohn hat in dieser Nacht sein Schuldbekenntnis vor Meinem Sohn Jesus Christus abgelegt und er befindet sich nun in der Heiligmachenden Gnade.

Geliebter Priestersohn, Ich gebe dir hiermit die Beichtbefugnis, die man dir ungerechtfertigterweise weltweit genommen hat, wieder zurück. Sei nicht ängstlich, geliebter Priestersohn. Dieses Verbot, welches dir dein Bischof und der damalige Domkapitular erteilt hat, ist ungültig. Wenn man dem Kirchenrecht genüge getan hätte, so wärest du zweimal zur mündlichen Vernehmung vorgeladen worden. Dies hat man unterlassen und grundlos, zudem noch weltweit, untersagt. Willig hast du jahrelang dieses Verbot ertragen und bist Mir im Gehorsam gefolgt. Nie habe Ich eine Klage von dir gehört. Du hast für deine Verfolger gebetet und wirst es auch weiterhin tun.

Diesem Domkapitular habe Ich eine schwere Krankheit für seine Umkehr und zur Besinnung geschenkt. Deinen weiteren Verfolgern wird es genau so ergehen, denn Meine Fügungen sind unergründlich. Doch sie sollen der Umkehr dienen und nicht Mein Strafgericht betreffen.

Du, Mein geliebter Priestersohn, wirst dieses Amt einige Zeit bekleiden. Ich habe dich erwählt und niemand als Ich, kann dir dieses Amt nehmen. Sei für Meine Fügungen weiterhin bereit. Ich liebe dich, du wirst von Mir geleitet.

Sei wachsam, denn der Böse will dich von Meiner Wahrheit abbringen. Wie eine brüllender Löwe wird er um dich kämpfen, denn er übt seine allerletzte Macht aus.

Und nun, Mein geliebter Priestersohn, lege dein Treueversprechen ab und spreche Mir nach:

„Ewiger hoher Vater im Himmel, Dir allein will ich folgen und Deinen Willen ganz erfüllen, mag es auch Mein Leben kosten. Ich bin bereit, alles zu ertragen, was Du von mir wünschst. Du bist Mein höchstes Gut und der Schatz in Meinem Herzen."

Nun legt auch Meine kleine Schar, stellvertretend mit ihrer Gefolgschaft, das Treueversprechen ab:

„Ewiger Himmlischer Vater in der Dreieinigkeit, ich bin ganz Dein und will nur Deinen Willen in der Gänze erfüllen. Mache mit mir, was Du willst, ich folge Dir, auch wenn es mein Leben kosten solle. Du bist die Glut meines Herzens."

Meine willigen Kinder, Ich danke euch für dieses Versprechen. Bleibt Meine Gefolgschaft in eurem Kreuzesleiden, denn ihr seid Meine Vaterkinder.

Der jetzige Heilige Vater wurde von den Freimaurern manipuliert und nicht ernannt. Er hat diese Heilige, Katholische Kirche in den Boden gestampft. Ich bin nun gezwungen, die Neue Kirche zu gründen. Diese soll von dem kleinen Ort Mellatz-Opfenbach, von Meinem Haus der Glorie, ausgehen. Das ist für euch alle unverständlich und auch unergründlich.

Ihr, Meine geliebte kleine Schar, euch habe Ich erwählt, Mein Haus, das Haus der Glorie, zu erbauen und es zu gestalten nach Meinen Wünschen und Plänen. Ihr habt alles im Gehorsam erfüllt und dafür danke Ich euch.

Von dem kleinen Ort Mellatz-Opfenbach wird die Neue Kirche gegründet. Für alle sind diese, Meine Weisungen unverständlich und unergründlich. Doch Ich Bin der Allumfassende Himmlische Vater und handle in weiser Vorausschau, die niemand ergründen kann.

Meine Geliebten, geht Meinen weiteren Weisungen nach, dann kann euch nichts geschehen.

Meine Zeit ist gekommen, in der Ich vieles geschehen lasse. Leider wird für euch alle Mein Eingreifen nicht leicht sein. Ihr geht einen beschwerlichen Weg, den Weg zum Berge Golgotha. Die letzten Stufen werdet ihr nun erklimmen. Eure Himmlische Mutter wird euch begleiten und euch an die Hand nehmen.

Eure Verfolgungen haben begonnen. Man wird euch die Ehre nehmen, verachten und schmähen. Alles werdet ihr in Geduld ertragen, denn es ist Mein Wunsch und Plan, dem ihr folgen sollt.

Betonen möchte Ich, dass ihr euch mit der Hauskapelle in Mellatz verbunden habt, das heißt, die Hauskapelle in Mellatz und diese Hauskirche in Göttingen sind eins.

Es wird noch eine lange Zeit vergehen, bis ihr zu Meinem Haus der Glorie reisen könnt, denn Meine Tochter Katharina ist weiterhin schwer erkrankt.

Doch Ich Bin der Herr über Leben und Tod und Ich allein kann sie heilen, dann wenn Ich es vorgesehen habe, denn es geht nicht nach euren Vorstellungen und Wünschen, sondern nach Meinen Plänen. Schenkt euch ganz und gar Mir, dann kann Ich in euch wirken und viele Priester vor der ewigen Verdammnis retten.

Ich segne euch nun in der Dreieinigkeit mit allen Engeln und Heiligen, besonders mit eurer Himmlischen Mutter, im Namen des Vaters, des Sohnes und des Heiligen Geistes, Amen. Seid bereit für Meine Fügungen, Ich liebe euch und werde immer bei euch sein. Entwickelt keine Ängste, denn sie halten euch von der Wahrheit fern.

20. November 2016 – Letzter Sonntag nach Pfingsten. Der Himmlische Vater spricht nach der Heiligen Opfermesse im Tridentinischen Ritus nach Pius V. durch Sein williges, gehorsames und demütiges Werkzeug und Tochter Anne.

Anne: Im Namen des Vaters, des Sohnes und des Heiligen Geistes. Amen. Heute, am letzten Sonntag nach Pfingsten, dem 20. November 2016, haben wir die Heilige Opfermesse im Tridentinischen Ritus nach Pius V. in würdiger Weise gefeiert. Der Opferaltar und besonders der Marienaltar waren nicht nur in gleißendes Licht getaucht, sondern der Marienaltar war in einem herrlichen Rosenmeer eingebettet.

Diese 30 wunderschönen Rosen hat Mir Meine Maria aus Wiesbaden geschenkt. Ich danke dir dafür, Mein geliebtes Marienkind. Darum kommt heute die Rosenkönigin von Heroldsbach zur Wirkung.

Die Engel zogen während der Heiligen Opfermesse ein und aus und gruppierten sich um den Opfer- und auch um den Marienaltar. Die Gottesmutter, der Heilige Joseph, das Jesuskind und der Heilige Pater Pio segneten während der Heiligen Opfermesse. Der Himmlische Vater war anwesend und der Heilige Erzengel Michael schlug sein Schwert in alle vier Himmelsrichtungen, um das Böse von uns abzuhalten.

Der Himmlische Vater wird jetzt sprechen: Ich, der Himmlische Vater, spreche jetzt und in diesem Augenblick, durch Mein williges, gehorsames und demütiges Werkzeug und Tochter Anne, die ganz in Meinem Willen liegt und nur Worte wiederholt, die aus Mir kommen.

Geliebte kleine Schar, geliebte Gefolgschaft und geliebte Pilger und Gläubige von nah und fern. Ihr alle seid heute Meinem Ruf gefolgt. Ich gebe euch eine ganz bedeutende und wichtige Botschaft auf euren beschwerlichen Lebensweg mit.

Im Heiligen Evangelium habt ihr gehört, dass Mein Eingriff dicht vor der Tür steht, das heißt, in Meiner Allgewalt, Allmacht, Allwissenheit und allumfassenden Wirksamkeit werde Ich in ganz naher Zukunft wirken.

Bald, Meine Geliebten, wird das Kreuz Meines Sohnes Jesus Christus am gesamten Firmament sichtbar erscheinen. Mein Sohn Jesus Christus wird auch mit Seiner und eurer Mutter am Firmament erscheinen. Ohne Seine Himmlische Mutter, die Mutter der gesamten Katholischen Kirche, wird Mein Sohn nicht erscheinen wollen, denn sie gehören zusammen. Sie hat den Gottessohn, den Eingeborenen Jesus Christus geboren und wurde deshalb zur Gottesgebärerin und gleichzeitig zur Mutter der Kirche erhoben. Sie hat Ihren Sohn nie allein gelassen und ist Ihm bis unter dem Kreuz gefolgt.

Die Protestanten lassen diese Mutter der Kirche außer Acht. Sie behaupten, dass die Katholiken die Gottesmutter anbeten. Nein, Meine Geliebten, ihr ehrt Meine liebste Mutter. Die Lutheraner liegen natürlich nicht in der Wahrheit. Sie berufen sich auf ihren Gründer Luther. Dieser hat alles, was im Katholischen Glauben für die gesamte Weltkirche von Wichtigkeit ist, in den Boden gestampft. Dieser Gründer hat alles für null und nichtig erklärt. Diesem teuflischen Gründer folgen die Protestanten auch heute noch. Sie glauben, dass sie die Wahrheit leben.

Nein, Meine geliebten Protestanten, ihr müsst umkehren und zu dem Einzigen Wahren Katholischen Glauben zurückkehren. Man hat diesen Glauben verunehrt und ist diesem Häretiker, dem jetzigen Papst Franziskus, gefolgt. Man hat sich erlaubt, diese ungültigen Lebensgemeinschaften als legal zu betrachten und meint, man kann gleichzeitig die Heilige Kommunion würdig empfangen. Doch wer unwürdig dieses Brot empfängt, der isst sich das Gericht.

Ich, der Himmlische Vater, habe Meinen Sohn aus diesen modernistischen Tabernakeln hinausnehmen müssen, weil Er von diesen homosexuellen Priestern verunehrt wird. Wieviel Schmutz wäre in diese modernistischen Kirchen hineingetragen worden, wenn Ich nicht frühzeitig Meinen Sohn aus diesen Tabernakeln hinausgenommen hätte.

Nun, Meine geliebten Gläubigen, könnt ihr einzeln entscheiden, ob ihr nun Meinen Weg, den beschwerlichen Weg, gehen wollt, oder den protestantischen Glauben vorzieht. Alles wurde in den Boden gestampft. Die Katholische Kirche ist bis zur Unkenntlichkeit herabgestuft worden.

Ich, der Himmlische Vater, habe seit langem das Zepter in die Hand genommen und habe diesen, Meinen Priestersohn, Pfarrer Rudolf Lodzig, als den neuen Oberhirten ernannt.

Es ist eine Notsituation eingetreten, Meine Geliebten. Nicht gerne habe Ich Meinen Plan geändert. Es ist in der heutigen Zeit erforderlich geworden, denn Meine Kardinäle, Bischöfe und Priester gehorchen Mir, bis auf die vier Kardinäle, nicht. Diese gehen den beschwerlichen Weg. Sie kämpfen gegen die siebzehn neu ernannten Kardinäle an. Sie haben diesen Kampf begonnen und werden auch siegen. Dafür werde Ich, der Himmlische Vater, sorgen. Dieser Papst Franziskus wird bald seines Amtes enthoben.

Ihr, Meine geliebte kleine Schar, habt viele Verfolger. Doch diesen Verfolgern werde Ich einzeln schwere Leiden auferlegen müssen. Warum, weil sie nicht Meinen Weg gehen und weil sie Meine geliebten Auserwählten in übelster Weise verfolgen. Ihr, Meine Geliebten, seid bereits vor die Gerichte geschleppt worden. Doch der Sieg ist euch gewiss.

Dann, wenn Mein Sohn Jesus Christus nach Meinem Wunsch am Himmlischen Firmament erscheinen wird, zieht Er euch auf die rechte Seite. Ihr, die ihr nicht glaubt, werdet in die ewige Verdammnis hinabstürzen. Das ist bitter für euren Himmlischen Vater, der alles ersichtlich Erdenkliche getan hat, um diese Kardinäle, Bischöfe und Priester zu retten.

Nun wird die Kirche sich spalten. Auch die Piusbrüder werden sich spalten. Einige werden sich für die rechte Seite entscheiden, die anderen tendieren zur linken Seite. Es wird ein gewaltiger Kampf stattfinden, ein Kampf zwischen Gut und Böse. Die Gottesmutter, die Schlangenzertreterin mit Ihren Kindern, wird der teuflischen Macht entgegentreten.

Eure liebste Mutter, die Rosenkönigin von Heroldsbach wird siegen. Der Ort Heroldsbach wird sich als Gnadenort ausweiten.

Man wird euch wieder anerkennen müssen, obwohl ihr gerichtlich belangt wurdet und diesen Gnadenort verlassen musstet. Man hat über euch das Hausverbot verhängt. Doch Ich, der Himmlische Vater, werde dieses zurücknehmen.

Das zweite Vatikanische Konzil wird für unwirksam erklärt werden. Alle Volksaltäre werde Ich zertrümmern.

In dieser modernistischen Kirche wird es grausam zugehen, denn der Teufel wird sichtbar aus den Tabernakeln hinauskommen. Ich habe euch gewarnt, Meine geliebten Gläubigen, des Öfteren habe Ich euch gewarnt.

Was verlangt ihr von diesen modernistischen Priestern, die die Homosexualität pflegen und gleichzeitig die Kommunion austeilen? Die Laien stehen am Altar und die Heilige Eucharistie wird nicht mehr verehrt. Das Heilige Opfermahl wird unwürdig gefeiert. Die Verehrung des Allerheiligsten Altarssakramentes wird nicht mehr gepflegt. Alles dies sind Punkte, an denen ihr erkennen könnt, dass der Katholische Glaube schwindet.

Ihr, Meine geliebte kleine Schar, seid vor dem Bösen geschützt. Ihr seid von eurer Hauskirche in Göttingen an den Ort der Hauskapelle in Mellatz gestellt worden. Ihr seid eins mit Mellatz geworden, weil Ich euch hier in Göttingen benötige, um Meinen Plan auszuführen. Durch die Hauskapelle in Mellatz wird die Neue Kirche entstehen. Niemand wird daran glauben. Aber Ich habe das Kleinste und die kleine Schar, die Mir niemals ein Nein entgegengesetzt hat, auserwählt. Diese kleine Schar hat die schwersten Verachtungen und Drangsale, einschließlich der schwersten Krankheiten, durchgestanden. Und doch, Meine Geliebten, steht ihr, wie die Säulen, hinter Mir, eurem Himmlischen Vater. Ihr ehrt Mich, den Dreieinigen Gott in jeder Heiligen Opfermesse, denn Ich opfere Meinen Sohn Jesus Christus erneut an diesen Opferaltären, an denen das wirkliche Opfermahl in tridentinischer Weise nach Pius V. gefeiert wird.

Meine Geliebten, bestellt euch diese DVD, bei Frau D. Winter, Tel.-Nr. 0551/305 44 80, denn sie ist wichtig für die kommende Zeit. Alle, die glauben, sollen auch geschützt werden. Ich muss in gewaltiger und furchterregender Weise eingreifen.

Wie ihr heute im Evangelium gehört habt, werden die Sterne vom Himmel fallen und Sonne und Mond werden nicht mehr scheinen. Die Welt wird sich verfinstern. Grausam wird dieser Eingriff mit gewaltigem Donnergrollen stattfinden. Blitze und ein Feuerball, der über die Erde jagt, wird ganze Landstriche vernichten. Leider, Meine Geliebten, muss Ich so gewaltig eingreifen. Ich bin traurig über diesen Eingriff.

Ihr, Meine Geliebten, haltet stand und bleibt Mir treu. Achtet die Gebote und ertragt alles in Geduld und Gelassenheit.

Ich, euer Himmlischer Vater, werde alles richten und euch in Meine Arme schließen, da ihr Mir den Trost gespendet habt. Ihr habt nie gesagt: „Nein Vater, es wird mir zu schwer." Nichts war euch zu viel und Ich danke euch dafür, Meine Geliebten.

Ich segne euch in der Dreieinigkeit mit eurer liebsten Himmlischen Mutter und allen Engeln und Heiligen, im Namen des Vaters, des Sohnes und des Heiligen Geistes. Amen.

Anne: Gelobt und gepriesen sei das Allerheiligste Altarssakrament, jetzt und in alle Ewigkeit. Amen.

27. November 2016 – 1. Adventssonntag. Der Himmlische Vater spricht nach der Heiligen Opfermesse im Tridentinischen Ritus nach Pius V. durch Sein williges, gehorsames und demütiges Werkzeug und Tochter Anne.

Anne: Im Namen des Vaters, des Sohnes und des Heiligen Geistes. Amen. Die Heilige Opfermesse wurde im Tridentinischen Ritus nach Pius V. in aller Ehrfurcht gefeiert. Der Adventskranz war mit violetten Schleifen besetzt und eine Kerze wurde feierlich nach der Weihe des Kranzes entzündet. Die Flamme der entzündeten Kerze entflammte etwa 20 cm hoch und ich sah den Heiligen Geist in Form einer Taube, darüber den Himmlischen Vater, daneben der Sohn Gottes, also die Dreifaltigkeit. Von draußen zogen während der Heiligen Opfermesse die Engel ein und aus. Sie verneigten sich vor dem Tabernakel und fielen während der Heiligen Wandlung auf ihr Angesicht. Dazu vernahm ich den Engelchor in verschiedenen Tonlagen, es waren wohl neun Chöre der Engel, die das Gloria, Kyrie und Sanctus sangen.

Der Marienaltar war reichlich mit verschiedenen prachtvollen Blumen geschmückt. In den Blumen funkelten kleine Brillanten. Der weiße Mantel der Gottesmutter war auch mit kleinen Diamanten besetzt.

Der Himmlische Vater wird heute, am 1. Adventssonntag, sprechen: Ich, der Himmlische Vater, spreche jetzt und in diesem Augenblick, durch Mein williges, gehorsames und demütiges Werkzeug und Tochter Anne, die ganz in Meinem Willen liegt und nur Worte wiederholt, die aus Mir kommen.

Geliebte kleine Schar, geliebte Gefolgschaft und geliebte Pilger und Gläubige von nah und fern. Ich, der Himmlische Vater, werde euch heute einige wichtige und richtungsweisende Informationen hinsichtlich Meines nahen Eingriffs geben.

Meine geliebte kleine Schar, ihr habt durchgehalten, ihr ward für Mich, euren Himmlischen Vater in der Dreieinigkeit da, ihr seid Mein Trost, ihr gebt nicht auf, sondern werdet weiter kämpfen.

In diesem großen Kampf steht ihr nun, aber nicht allein. Die Gottesmutter, eure liebste Mutter, hat euch unter ihren Mantel genommen. Sie will nicht allein kämpfen. Sie ruft ihre Marienkinder auf, mit Ihr den Kampf

gegen den Bösen aufzunehmen. Der Rachen des Bösen ist weit geöffnet. Er wird noch viele Priester, die Mir nicht den Gehorsam erweisen, verschlingen.

In dieser Katholischen Kirche ist die Finsternis eingedrungen, vor allen Dingen die Finsternis des Verstandes. Die Obrigkeit hat leider den Verstand verloren. Dieser Papst, der sich selbst auf den Stuhl Petri gesetzt hat und von den Freimaurern gesteuert wird, ist der Antichrist. Ihr könnt es noch nicht glauben, Meine Geliebten. Dieser geht in häretischer Weise vor. Er hat viele Anhänger, die sich im modernistischen Glauben befinden und ihn leben. Sie sind dem Bösen verfallen.

Ihr, Meine Geliebten, nehmt Abstand von allen, von denen ihr nicht genau wisst, ob sie vom Bösen beeinflusst werden. Seid wachsam, denn der Böse geht um, und versucht, euch zu beeinflussen. Er möchte euch verwirren und vom Guten abbringen. Doch Ich gebe euch genaue Informationen und Instruktionen.

Ja, Mein Sohn Jesus Christus wird mit Seiner Mutter, der Himmlischen Mutter, am gesamten Firmament erscheinen. Doch zuvor wird das Kreuz in einem hellen übernatürlichen Licht zu sehen sein. Es wird in allen Teilen der Erde erscheinen. Die Menschen werden vor diesem hellen Licht erschrecken und vor Angst erstarren.

Gewaltige Erdbeben werden geschehen und eine große Hungersnot wird eintreten. Die Sterne werden vom Himmel fallen und Sonne und Mond werden nicht mehr scheinen.

Von großen Drangsalen, Seuchen und schweren Krankheiten werden viele Menschen heimgesucht. Alle werden es nicht fassen können, dass Ich, der Himmlische Vater, die Regentschaft übernommen habe und die Welt in Meinen Händen halte.

Alles, was nur je ein Mensch zerstören kann, liegt am Boden. Nichts ist heute noch in der Ordnung, nichts.

Die Jugend liegt verdorben am Boden. Die ungeborenen Kinder werden im Mutterleib bestialisch ermordet, die Kinder im Schulalter werden sexualisiert, ja bereits in den Kindergärten überschreitet man bei den Kleinsten die Schamgrenze.

Alle dürfen den Leib Meines Sohnes Jesus Christus empfangen, auch die, die in schwerer Sünde liegen und den Leib Meines Sohnes in unwürdiger Weise empfangen.

Dieser Papst Franziskus hat sich das Recht genommen, alles zu verändern, was im Katholischen Glauben der Wahrheit entspricht, denn es gibt nur einen einzigen wahren Glauben und das ist der katholische, den er in allen Formen verändert hat. Die Dogmen sind nicht mehr spruchreif für ihn. Er selbst hat sich auf den Thron Petri gesetzt, um seine Macht auszuüben, was ihm gelungen ist, denn er hat viele Anhänger. Er verkündet den Irrglauben in der ganzen Welt und man glaubt ihm. Viele laufen ihm nach. Warum geschieht das heute? Die Menschen befinden sich in schwerer Sünde, weil sie den Gelüsten der Welt zusprechen. Die Sexualität ist bei vielen an die erste Stelle gerückt, auch bei den heutigen Priestern. Die Homosexualität wird sogar in Rom praktiziert.

Meine geliebten Kinder, glaubt ihr nun, dass Ich, der Himmlische Vater, in gewaltiger Weise eingreifen muss? Es fällt Mir schwer, diesen Eingriff in die Tat umzusetzen. Noch habe Ich Meinen Zornesarm zurückgehalten, weil Meine liebste Mutter und auch eure Mutter, Mich angefleht hat, noch eine kurze Zeit zu warten, da Sie noch einige Priester vor der ewigen Verderbnis retten möchte.

Die Zeit ist erfüllt, denn die Dunkelheit ist eingekehrt, die Dunkelheit des Verstandes. Wie soll Ich, der Himmlische Vater, den Priestern die Wahrheit in die Herzen schreiben, damit sie aufwachen?

Das Licht des Glaubens sollte heute das erste Adventslicht sein. Diese Priester haben es entzündet. Sie wissen leider nicht den Grund. Die Bedeutung für die Vorweihnachtszeit, der Vorbereitung auf die Geburt Meines Sohnes Jesus Christus, ist ihnen abhanden gekommen. Sie genießen nicht mehr diese besinnliche schöne Zeit und lassen dieses Licht des Advents nicht in ihre Herzen hineinleuchten. Sie haben ihr Herz verschlossen und dem Bösen Einlass gewährt. Dieser übt seine Macht aus. Dieser Häretiker sitzt weiterhin auf dem Thron Petri. In ganz kurzer Zeit werde Ich ihn hinwegfegen, denn er ist es nicht wert, dieses Amt zu bekleiden.

Und nun habe Ich einen besonderen Wunsch an Meinen Priestersohn, den Ich erwählt habe, das Amt Petri zu bekleiden, weil eine Notsituation eingetreten ist.

Nicht er hat sich erwählt, sondern Ich habe ihn ernannt. Ich wünsche von diesem, Meinem geliebten Priestersohn, dass er das russische Land dem Unbefleckten Herzen Mariens, Meiner liebsten Mutter, weiht. Dies soll an dem Tag des Unbefleckten Herzens Mariens, am 8. Dezember, stattfinden. Sollte dies nicht geschehen, so wird der Dritte Weltkrieg vor der Tür stehen und dieser ist dann nicht mehr abzuwenden. Die zwei Großmächte, die USA und Russland, werden gegeneinander kämpfen. Dieser Kampf wird grausam sein. Alle Mächte sind mit den schärfsten Atomwaffen ausgerüstet. Nur die wirksamste Waffe des Rosenkranzes nehmen sie leider nicht zur Hand. Du, Mein geliebtes Deutschland, stehst mitten in diesem Krieg und du wirst es nicht überstehen. Nichts könnt ihr verhindern, wenn es einmal brodelt.

Ich wünsche, dass nun viele erkennen, dass das Gebet den Vorrang haben muss und dass sie den Rosenkranz zur Hand nehmen und sühnen und opfern wollen. Es wäre von Vorteil, wenn endlich Sühnenächte einberufen würden. Mein Wunsch ist es, dass dies von Rom ausgehen sollte.

Doch leider hat dieser Häretiker Franziskus keine Sühnenacht einberufen, da er selbst sich dem Teufel verschrieben hat. Ihr habt so viel für ihn gesühnt und gebetet, doch vergeblich. Bisher ist er nicht umgekehrt.

Doch nun spaltet sich in recht kurzer Zeit diese Kirche. Eine Spaltung, Meine Geliebten, tut weh, denn sie bringt Unruhe und Unsicherheit mit sich. Ihr sollt eins sein, eines Sinnes. Spaltung heißt, dass ein Teil der katholischen Christen sich abspalten und in die Verwirrnis und Irrglauben hinabsinken, weil sie nicht an Meine Worte glauben, die Ich durch Meine geliebte kleine Anne in die Welt gesandt habe. Dieser habe Ich die Weltensendung übertragen. Sie leidet und sie erfüllt ganz und gar Meine Wünsche. Ich habe sie für Meinen Willen brauchbar gemacht und geläutert, sowie Ich Meinen Priestersohn weiterhin läutern werde.

Und nun, Meine Geliebten, möchte Ich euch an diesem 1. Adventssonntag, segnen. Er soll Licht und Klarheit in euer Herz hineingeben. Glaubt und vertraut.

Ich segne euch nun in der Dreieinigkeit mit eurer Himmlischen Mutter und allen Engeln und Heiligen, im Namen des Vaters, des Sohnes und des Heiligen Geistes. Amen.

Glaubt und vertraut tiefer und seid wachsam, denn der Böse geht um. In allen Menschen kann er wirksam werden. Deshalb wachet und betet, denn die Stunde der Wahrheit ist nahe.

3. Dezember 2016 – Zönakel. Die Gottesmutter spricht nach der Heiligen Opfermesse im Tridentinischen Ritus nach Pius V. durch Ihr williges, gehorsames und demütiges Werkzeug und Tochter Anne.

Anne: Im Namen des Vaters, des Sohnes und des Heiligen Geistes. Amen. Wir haben heute, am Samstag, dem 3. Dezember 2016, das Zönakel gefeiert. Voran ging eine würdige Heilige Opfermesse im Tridentinischen Ritus nach Pius V.

Wir sind mit der Gottesmutter in den Pfingstsaal, in Ihre Zufluchtsstätte, eingetreten. Wir haben uns heute dem Unbefleckten Herzen der Gottesmutter geweiht. Der Marienaltar war deshalb ganz in weiß gehalten, umringt mit wunderschönen weißen Orchideen. In den Orchideen glänzten kleine Diamanten. Ihr weißer Mantel war auch mit kleinen Diamanten übersät, sowie Ihre Krone und Ihr Zwölfsternekranz. Die Engel waren um den Marienaltar geschart. Auch der Opferaltar war während der Heiligen Opfermesse mit Engeln umringt, die ein und aus zogen. Während der Heiligen Wandlung fielen sie vor Ehrfurcht auf ihr Angesicht nieder und verneigten sich vor diesem großen Geheimnis der Heiligen Eucharistie.

Die Gottesmutter wird heute, an Ihrem Festtag, dem Zönakel, sprechen: Ich, eure liebste Himmlische Mutter, werde heute, an Meinem

Festtag, dem Zönakel, durch Mein williges, gehorsames und demütiges Werkzeug und Tochter Anne, sprechen. Ich spreche jetzt und in diesem Augenblick zu euch, Meine geliebten Kinder.

Geliebte kleine Schar, geliebte Marienkinder, geliebte Vaterkinder, geliebte Gefolgschaft und geliebte Pilger und Gläubige von nah und fern.

Heute, an diesem Zönakel, habt ihr besondere Gnaden erhalten. Der Gabentisch war reichlich gedeckt für euch, Meine geliebten Kinder.

Wie sehr habe Ich, eure liebste Mutter, auf diesen Tag gewartet, da ihr Mir zum Trost da sein sollt. An wie vielen Gnadenorten habe Ich heute nicht nur Tränen, sondern sogar Blutstränen vergossen. Der Schmerz, der Meinem Sohn Jesus Christus zugefügt wird, ist unermesslich groß. So leide auch Ich, eure Himmlische Mutter, unter diesem Schmerz.

Wie sehr wünsche Ich, dass Meine geliebten Priestersöhne sich Meinem Unbefleckten Herzen weihen. Sie sollen dadurch geschützt sein. Leider haben sie heute keinen Schutz. Planlos irren sie umher. Sie geben sich dem breiten Strom des Modernismus hin. Wie sehr leidet darum diese gesamte Katholische Kirche, die Kirche, die Mein Sohn Jesus Christus eingesetzt hat, für alle, die an Ihn glauben. Wie ihr in der Lesung der Bibel vernommen habt, werden die, die nicht glauben, der ewigen Verdammnis ausgesetzt sein. Viele von den Priestern und sogar die Kardinäle und Bischöfe stehen am Abgrund. Auch der manipulierte Papst Franziskus steht vor diesem Abgrund, da er immer noch den Irrglauben verkündet und das in der ganzen Welt. Leider folgen ihm die vielen Menschenmassen und merken es nicht, dass sie in die Irre geführt werden. Sie suchen die Welt, denn die hat heute viel zu bieten. Sie wissen nicht wie es weitergehen soll, verfallen den Süchten und gehen anderen Religionen nach.

Niemand sagt ihnen, was der Wahrheit entspricht. Niemand sagt ihnen, was Sünde ist. Sie leben in dieser Sünde und nehmen psychiatrische Einrichtungen in Anspruch, um Hilfe zu bekommen und werden somit in falsche Bahnen gelenkt.

Die vielen Partnerschaften, die heute gelebt werden, liegen in schwerer Sünde. Ungeborene Kinder werden bereits im Mutterleib getötet, da es doch legal und sogar gesetzlich festgelegt ist. Es sind große Vergehen, die gesühnt werden müssen.

Darum muss Ich heute weinen, Meine geliebten Marienkinder. Ich muss um diese vielen Morde weinen, bis hin zur Euthanasie. Die Mütter, die ihre eigenen Kinder durch falsche Beratungen umbringen lassen, müssen sich in psychiatrische Behandlungen begeben, weil sie es nicht verkraften, denn sie leiden an dem grausamen Mord, der an ihren ungeborenen Kindern begangen wird. Diese Morde werden als legal angesehen, denn niemand klärt die Mütter auf. Mit einem Abtreibungsschein gehen sie in diese vorgeschriebenen Kliniken und wissen nicht, was mit ihnen wirklich geschieht. Leider werden diese Ärzte und Kliniken von den Reformen der heutigen Politik unterstützt.

Wie viel Leid würde ihnen erspart bleiben, wenn man ihnen den Glauben näher gebracht hätte. Doch niemand ist heute fähig, den Glauben weiterzugeben. Der Glaubensabfall ist so enorm gestiegen und es wird ihm kein Einhalt geboten.

Ihr, Meine Geliebten, sühnt für diese schwere Schuld. Wie sehr hat man die Kirche Meines Sohnes bisher zerstört. Alles, was der Wahrheit entspricht, wurde abgeschafft und der Sünde zugeordnet. Nichts ist an der heutigen Katholischen Kirche mehr heil geblieben, denn es ist ein völliges Chaos eingetreten, und das ist unbeschreiblich groß.

Absichtlich zerstört man nun auch noch die Seelen der kleinen Kinder im Kindergarten. Man bringt ihnen die Sexualität nahe, um diese Seelchen zu vergiften und für das Leben unbrauchbar zu machen, denn sie werden verdorben.

Ein Unglück löst das andere ab. Die Bosheit Satans nimmt immer mehr zu. Seine Macht wird gewaltig und in dieser Gewalt greift er ein, da Meine geliebten Priestersöhne ihm nicht Einhalt gebieten. Sie haben die Macht ergriffen und der Modernismus hat Tür und Tor geöffnet. Die Volksaltäre werden an manchen Orten neu errichtet und sogar eingeweiht. Welch große Schandtat ist dies.

Mein Sohn Jesus Christus muss weiterhin leiden, denn man schlägt Ihn erneut ans Kreuz. Von den eigenen auserwählten Priestern wird Er verlassen und verkauft. Sie bereuen nicht ihre schweren Vergehen, sondern neue Häresien kommen noch hinzu. Sie merken nicht, dass sie durch ihr Verhalten die zuständigen Gemeinden in die Verwirrnis führen. Nein, sie sündigen weiter.

Viele Priester treten mit ihrer Homosexualität an den Altar. Sie wissen nicht mehr, was sie tun, denn sie verwechseln den Altar mit einem Schauspielplatz. Nichts ist ihnen heilig, denn sie haben bereits den Verstand verloren. Die Priesterkleidung ist ihnen fremd geworden, denn sie sind als Priester nicht mehr erkennbar, denn ihr Verstand ist umnebelt.

In den Familien und in den Kirchen ist die völlige Finsternis eingekehrt. Die Wahrheit wird nicht erkannt und gelebt. Man spricht einfach nicht mehr darüber. Somit wird der Glaube auch nicht mehr weitergegeben.

Meine geliebten auserwählten Boten und Botinnen werden verachtet und verfolgt. Wie viele Botschaften habe Ich, als Himmlische Mutter, bereits in die Welt hinaussenden dürfen, weil Mein Sohn Jesus Christus es so wollte. Wie viele Boten und Botinnen hat der Himmlische Vater neu ernannt, um die Priester zur Umkehr zu bewegen. Leider greift die Apostasie weiterhin in unvorstellbarem Maße um sich. Niemand gebietet ihr Einhalt.

Wie traurig sieht es in allen Familien aus, in Wirtschaft und Politik und auch in vielen Gemeinden.

Mich, als Himmlische Mutter, hat man verbannt, denn man glaubt nicht an Meine Hilfe. Als Gnadenvermittlerin bin Ich unbrauchbar geworden. In die äußerste Ecke der Kirchen hat man Mich verbannt.

Es ist unmodern geworden, sich Meinem Unbefleckten Herzen zu weihen, obwohl Ich sehnlichst auf diesen Tag des 8. Dezembers warte.

Meine Geliebten, weiht euch alle Meinem Unbefleckten Herzen und bereitet euch vor allen Dingen auf diesen Tag mit einer Novene vor.

Wie wichtig ist es doch, dass man Meine Botschaft von Fatima erfüllt, dass man Russland Meinem Unbefleckten Herzen weiht. Dieses soll Mein Priestersohn in Göttingen, als Heiliger Vater in der Notsituation, an diesem Tag an Meinem Opferaltar vollziehen.

Es wird eine Heilige und in die Geschichte eingehende Gnadenstunde sein. Ich hoffe, dass viele Priester diese Stunde als letzte Chance ergreifen. Sie soll ihnen bewusst machen, welche große Verantwortung sie gegenüber ihren Gläubigen haben.

Wacht auf, Meine geliebten Priestersöhne, noch ist es Zeit. Noch ist die Zeit der Gnade gegeben. Ich rufe euch an diesem Tag in der Gnadenstunde auf. Kommt an Mein Unbeflecktes Herz und weiht euch Meinem Herzen. Dann kann Ich euch unter Meinen Schutzmantel nehmen und ihr werdet vor allem Unheil bewahrt.

Der dritte Weltkrieg wird dadurch abgewandt, Meine Geliebten, denn er steht ganz nahe vor der Tür. Ich bitte darum den Präsidenten von Russland, dass er die Waffen zurückziehen möge. Nehmt bitte diese wirksame

Waffe des Rosenkranzes zur Hand. Nur der Rosenkranz kann euch alle vor dem grausamen Krieg bewahren. Betet ihn inniglich und stetig, denn Mein Sohn Jesus Christus wartet auf eure Hilfe und auf eure Umkehr, Meine geliebten Priestersöhne.

Der Himmlische Vater wird recht bald eingreifen, Meine Geliebten. Ich möchte noch viele unter Meinem Schutzmantel bergen.

Wie sehr warte Ich auf jeden einzelnen von euch, denn Ich liebe euch alle. Mit dieser grenzenlosen Liebe möchte Ich euch zum Herzen des Himmlischen Vaters führen. Er wird euch liebend und segnend in Seine Arme schließen.

Ich segne euch nun mit allen Engeln und Heiligen in der Dreieinigkeit, im Namen des Vaters, des Sohnes und des Heiligen Geistes. Amen.

Ihr alle seid geschützt, wenn ihr euch auf dieses große Fest vorbereitet und es festlich begeht, diese Weihe des Unbefleckten Herzens Mariens. Amen.

4. Dezember 2016 – 2. Adventssonntag. Der Himmlische Vater spricht nach der Heiligen Tridentinischen Opfermesse nach Pius V. durch Sein williges, gehorsames und demütiges Werkzeug und Tochter Anne.

Anne: Im Namen des Vaters, des Sohnes und des Heiligen Geistes. Amen. Wir haben heute, am 4. Dezember 2016, dem zweiten Adventssonntag, eine würdige Heilige Opfermesse im Tridentinischen Ritus nach Pius V., gefeiert. Der Opferaltar und auch der Marienaltar waren in goldenes, gleißendes Licht getaucht. Der Blumenschmuck, die vielen weißen Orchideen, waren mit kleinen Diamanten besetzt, sowie auch, der weiße Mantel der Gottesmutter.

Der Himmlische Vater wird jetzt sprechen: Ich, der Himmlische Vater, spreche jetzt und in diesem Augenblick, durch Mein williges, gehorsames und demütiges Werkzeug und Tochter Anne, die ganz in Meinem Willen liegt und nur Worte wiederholt, die aus Mir kommen.

Geliebte kleine Schar, geliebte Gefolgschaft, geliebte Pilger und Gläubige von nah und fern und geliebte Marien- und Vaterkinder. Ihr alle seid an diesem zweiten Adventssonntag, Meinem Ruf gefolgt.

Alles, was ihr heute erfahrt, ist von äußerster Wichtigkeit, denn Ich gebe euch Informationen, die für Meinen Eingriff erforderlich sind, Meine Geliebten. Alles ist vorgesehen. Ich, der Himmlische Vater, bereite alle Menschen vor, damit sie die Kraft erhalten, nach Meinem Plan und Willen alles zu ertragen und Meinem Ruf zu folgen.

Ich wünsche, dass ihr zunächst für die Weitergabe Meiner Botschaften sorgt, denn in aller Entschiedenheit wird Mein gewaltiger Eingriff über die gesamte Menschheit stattfinden. Dieses Geschehen wird für viele Personen unvorstellbar sein.

Ihr, Meine Geliebten, habt den vollen Schutz. Doch wie sieht es mit den Andersgläubigen und den Verirrten aus? Sie haben die Möglichkeit, sich noch im letzten Augenblick für die Wahrheit zu entscheiden. Wie wird das geschehen?

Das Kreuz wird am gesamten Firmament hell erleuchtet erscheinen, und viele können in einem Augenblick ihre schwere Schuld bereuen, oder sie fliehen unter das Kreuz von Meggen oder Eisenberg, nehmen somit ihr eigenes Kreuz an und bereuen von ganzem Herzen die Sünden ihrer Vergangenheit.

Voraussetzung ist natürlich, dass sie an Meine Botschaften glauben, die Ich vielen Boten und Botinnen gegeben habe. Sie dürfen nicht zu Verfolgern Meiner Auserwählten werden, wie so viele Priester in der heutigen Zeit.

Alle, die Meine Boten verfolgen, werden zu Feinden der Katholischen Kirche. Sie werden auf die Rufe Satans hören. Gewaltig werden sie gegen euch, Meine Geliebten, vorgehen.

In dieser letzten Zeit, bevor Mein Eingriff stattfindet, wird Satan seine letzte Macht ausüben. Er wird zum letzten und gewaltigsten Schlag ausholen. Danach wird ihm alle Macht genommen. Alle, die dann seinem Ruf folgen, werden in die ewige Verdammnis hinabstürzen. Dort wird Heulen und Zähneknirschen sein und die Macht Satans wird für immer wirksam sein. Es gibt kein Zurück mehr.

Grausam wird dieses Geschehen kommen und in aller Gewalt und Macht.

Mein Sohn Jesus Christus und Meine Himmlische Mutter werden in aller Strahlkraft am Firmament erscheinen. Man wird es sich nicht erklären können. Niemand kann dies voraussehen, denn Ich, der Himmlische Vater, weiß ganz allein um diesen Zeitpunkt des Geschehens. Auch niemand wird es vorher erfahren. Seid also auf diese Stunde des Eingriffs vorbereitet. Doch bevor dies geschieht, wird den Gläubigen die Möglichkeit gegeben, sich dem Unbefleckten Herzen der Gottesmutter zu weihen, und zwar wie es Meine Himmlische Mutter bereits gestern verkündet hat, am 8. Dezember 2016, durch Meinen geliebten Priestersohn in Göttingen, der zu dieser Zeit das Amt des Papstes in der Notsituation bekleidet.

Wer nicht glaubt, der wird auch keinen Schutz erfahren.

Meine geliebten Priestersöhne, wacht auf und bekehrt euch, denn Ich, der Himmlische Vater, werde in großer Macht und Herrlichkeit kommen. Der Eingriff steht vor der Tür.

Darum wünsche Ich, dass Russland dem Unbefleckten Herzen Mariens geweiht wird. Diese Weihe muss stattfinden, Meine Geliebten. Ich will die ganze Menschheit vor dem dritten Weltkrieg retten. Er soll abgewandt werden, das ist Mein Wunsch an alle, die glauben und beten.

Niemand wird verstehen, was dann geschieht. Ein großer Feuerball wird über die Erde rollen und ganze Landstriche werden ausgelöscht werden. Könnt ihr das verstehen, Meine Geliebten? Könnt ihr euch das erklären, wenn das geschehen wird?

Meine geliebte Obrigkeit, warum erkennt ihr immer noch nicht die Wahrheit? Warum verfolgt ihr bis heute Meine geliebten Boten und Auserwählten? Warum seid ihr bis heute ihre Verfolger?

Nehmt die Bibel zur Hand und beweist Mir einen Fehler. Was Ich in Meinen Botschaften verkündet habe, entspricht der vollen Wahrheit. Nichts dürft ihr daran verändern, nicht ein Jota.

Ich Bin der Gewaltige, der Allwissende und Allmächtige Himmlische Vater in der Dreieinigkeit, der Schöpfer der ganzen Welt und des Universums. Mein Wort ist Wahrheit, denn Ich bin der Weg, die Wahrheit und das Leben. Wer an Mich glaubt, wird gerettet werden. Wer aber nicht glaubt, der wird verdammt werden. Diesem, Meinem Wort, sollt ihr folgen.

Man wird euch verachten, schmähen und euch die Ehre nehmen. Nehmt euer Joch auf euch und folgt Mir nach, denn ihr seid die Nachfolger Meiner Apostel.

Nehmt die wirksame Waffe, den Rosenkranz zur Hand. Alle Verfolger könnt ihr daran erkennen, dass sie niemals den Rosenkranz beten.

Ich wünsche, dass nun auch Russland die Waffen zurückzieht und die einzig wirksame Waffe zur Hand nimmt, nämlich den Rosenkranz. Dann wird Russland, und sogar die gesamte Menschheit, vor dem dritten Weltkrieg bewahrt.

Das ist Meine Wahrheit und Information an die Menschheit. Wachet und betet, denn die Stunde der Wahrheit ist gekommen.

Ich liebe euch alle und segne euch in dieser Feierstunde, in der Dreieinigkeit mit eurer Himmlischen Mutter, allen Engeln und Heiligen, im Namen des Vaters, des Sohnes und des Heiligen Geistes. Amen.

Wachet und betet, denn die Stunde ist nahe.

8. Dezember 2016 – Fest der Unbefleckten Empfängnis Mariens. Die Gottesmutter spricht nach der Heiligen Tridentinischen Opfermesse nach Pius V. durch Ihr williges, gehorsames und demütiges Werkzeug und Tochter Anne.

Anne: Im Namen des Vaters, des Sohnes und des Heiligen Geistes. Amen. Heute, am 8. Dezember 2016, an dem Fest der Unbefleckten Empfängnis Mariens, haben wir eine würdige Heilige Opfermesse im Tridentinischen Ritus nach Pius V. gefeiert.

Der Opfer- und auch der Marienaltar waren in ein intensives goldenes, gleißendes Licht getaucht. Die Engel, voran die drei Heiligen Erzengel, zogen während der Heiligen Opfermesse in die Hauskirche hinein, scharten sich um den Opferaltar und besonders um den Tabernakel. Während der Heiligen Wandlung verneigten sich die Tabernakelengel vor dem großen Geheimnis der Heiligen Eucharistie.

Der Marienaltar war heute, an diesem Fest, besonders mit reichlichem Kerzen- und wunderschönem weißem Blumenschmuck versehen. Ein Meer von Rosen und Orchideen umringten die Muttergottes. Der Mantel der Gottesmutter, Ihr Zwölfsternekranz und auch Ihre Krone waren mit vielen Diamanten, die hell funkelten, geschmückt.

Das kleine Jesuskind segnete uns während der Heiligen Opfermesse. Auch der Himmlische Vater breitete Seinen Segen über uns aus.

Heute, am Festtag Mariens, wird die Gottesmutter zu uns sprechen: Ich, eure liebste Himmlische Mutter und Königin vom Sieg, spreche heute, an Meinem Festtag, dem 8. Dezember 2016, durch Mein williges, gehorsames und demütiges Werkzeug und Tochter Anne, die ganz im Willen des Himmlischen Vaters liegt und nur Worte wiederholt, die aus Mir kommen.

Dieser besondere Tag wird in die Geschichte der Katholischen Kirche und ganzen Welt eingehen.

Ihr, Meine geliebten Kinder und Marienkinder, habt euch Meinem Unbefleckten Herzen feierlich geweiht. Diese Weihe hat Mein Priestersohn in Göttingen vollzogen, weil es Mein Wunsch ist.

In aller Ehrfurcht hat Mein Priestersohn Russland Meinem Unbefleckten Herzen geweiht, so wie Ich es in Fatima den Kindern vorausgesagt hatte. Diese Botschaft ist auch heute noch aktuell.

Wertvoll ist diese Botschaft auch noch heute, obwohl Meine geliebten Priestersöhne nicht daran glauben. Alles ist im Willen und Plan des Himmlischen Vaters vorgesehen.

Ja, Meine geliebten Marienkinder, es ist heute ein bedeutender Tag, an dem Ich zu euch sprechen darf. Dieser Tag hat so viel Bedeutung, weil die Menschheit vom wahren Glauben abgewichen ist. Sie glaubt, vertraut nicht mehr. Es ist nicht mehr modern und zeitgemäß. Die Einheit in der Katholischen Kirche ist nicht mehr gegeben.

Andere Religionen werden mit dem Katholischen Glauben gleichgesetzt. Das ist eine große Freveltat. Es gibt nur eine Heilige, Katholische und Apostolische Kirche, und diese, Meine Geliebten, liegt in allem in der vollen Wahrheit.

Was bedeutet heute Wahrheit? Der Himmlische Vater in der Dreieinigkeit sagt: „Ich Bin der Weg, die Wahrheit und das Leben. Wer an Mich glaubt, der wird gerettet, wer aber nicht glaubt, der wird verdammt werden."

Ja, Ich, eure liebste Mutter, vergieße viele Tränen um Meine abgefallenen Priestersöhne. An vielen Orten vergieße Ich sogar Blutstränen. Auch heute weine Ich, weil Meine Priestersöhne trotz der vielen Chancen, die ihnen der Himmlische Vater schenkt, nicht umkehren wollen.

In dem Ort Göttingen wurden alle Priester über diese heutige Gnadenstunde informiert. Die wichtigste Botschaft vom 4. Dezember haben sie nicht angenommen. Es war eine erneute Chance, die sie bekommen haben. Auch darüber bin Ich sehr traurig, denn Göttingen hat eine besondere Gnade geschenkt bekommen.

Diese Gnade haben sie achtlos verstreichen lassen, ja sie haben diese Gnaden sogar abgelehnt. Somit sind sie zu den Verfolgern der Botin, die die Weltensendung in der heutigen Kirche vom Himmlischen Vater erhalten hat, geworden. Diese Weltensendung ist so bedeutend, dass ihr sie nicht fassen könnt, Meine geliebten Kinder. Staunend steht ihr vor der Größe des Allgewaltigen Gottes.

Meine Tochter hat viele Leiden und schwere Krankheiten aus der Hand des Himmlischen Vaters angenommen. Sie hat jahrelang gesühnt. Zwölf Jahre ist sie dem Willen des Himmlischen Vaters gefolgt, so wie auch Mein geliebter Priestersohn. Er selbst hat heute diese Weihe als Amtsträger des Obersten Hirten, das ihm der Himmlische Vater in dieser Notsituation gegeben hat, vollzogen.

Es ist traurig Meine Geliebten, dass dieser Oberste Stuhl in unwürdiger Weise besetzt ist.

Es ist eine große Freveltat und Häresie, dass in so gravierender Weise der Irrglaube in der ganzen Welt verbreitet wird. Diese schweren Vergehen müssen gesühnt werden.

Stellt euch erneut dem Himmlischen Vater zur Verfügung, damit Er euch als brauchbare Werkzeuge in der ganzen Welt einsetzen kann. Sühne über Sühne, Opfer über Opfer sind erforderlich.

Ihr, Meine Geliebten, lasst nicht nach im Gebet und Opfer. Gebt euch ganz und gar dem Willen des Himmlischen Vaters hin, auch wenn es euer Leben kosten sollte, denn ihr habt es dem Himmlischen Vater in eurem einmaligen Versprechen angeboten.

In ungewöhnlicher Weise steht Meine geliebte kleine Schar nun im Mittelpunkt, gestützt von ihrer Gefolgschaft. Fest, wie eine Eiche, steht diese hinter der kleinen Schar. Vieles ist noch durchzustehen.

Noch hat der Böse seine Macht nicht ganz verloren. Kämpft mit Mir, Meine geliebten Marienkinder, denn Ich, eure Himmlische Mutter, werde mit euch, Satan den Kopf zertreten.

Lasst nicht nach in eurer Bereitschaft, voll und ganz zu glauben, auch, wenn der Himmlische Vater das Unmögliche von euch verlangt.

Er ist der Herrscher der ganzen Welt, der Allgewaltige und Allmächtige Gott. Dem allein sollt ihr folgen. Nehmt alles an, was euch entgegenschlägt, denn es steht im Willen des Himmlischen Vaters. Begehrt nicht auf, denn um alles weiß der Himmlische Vater. Wundert euch also nicht, denn Seine Wege werden offenkundig werden. Die Treue wird von euch verlangt.

Der heutige Tag ist von besonderer Wichtigkeit. Darum bitte Ich euch alle, Meine Geliebten, bereitet euch in dieser Feierstunde auf die Gnadengeschenke des Himmels vor.

Eine bedeutende Stunde wartet auf euch. Eure Himmlische Mutter wird euch nie allein lassen. Glaubt daran und vertraut tiefer. Alle Tage werde Ich bei euch sein und euch geeint zum Himmlischen Vater führen, der euch in Seine Arme schließt.

Wartet in Geduld auf diesen Tag, denn die Stunde des Eingriffs, der gewaltig sein wird, und die ganze Welt betrifft, ist nahe.

So segne Ich euch nun, eure Himmlische Mutter, in der Einheit der Dreifaltigkeit, in der Liebe des Himmlischen Vaters, in der Leidensbereitschaft des Sohnes Jesus Christus und in dem Feuer des Heiligen Geistes, im Namen des Vaters, des Sohnes und des Heiligen Geistes. Amen.

Seid bereit, denn die Stunde naht, wo Jesus Christus in großer Macht und Herrlichkeit mit Seiner Himmlischen Mutter erscheinen wird, obwohl dieses Geschehen niemand erwartet. Es steht dicht vor der Tür. Amen.

Weltweihe an das Unbefleckte Herz Mariens

O Maria, Königin des Heiligen Rosenkranzes, Hilfe der Christen, Zuflucht des menschlichen Geschlechtes, Siegerin in allen Schlachten Gottes, flehend werfen wir uns vor Deinem Throne nieder.

Wir kommen voll Vertrauen, um Barmherzigkeit, Gnade und Hilfe zu erflehen in unserer Not.

Wir vertrauen nicht auf unsere Verdienste, sondern einzig auf die unendliche Güte Deines mütterlichen Herzens. Dir und Deinem Unbefleckten

Herzen vertrauen wir uns an und weihen wir uns in dieser bedeutsamen Stunde.

Wir vereinigen uns nicht nur mit der ganzen Kirche, dem geheimnisvollen Leib Deines Göttlichen Sohnes, der in so vielen Gliedern leidet und blutet, bedrängt und verfolgt wird. Wir vereinigen uns auch mit der ganzen Welt: Sie ist von Zwietracht zerrissen, von Hass durchwühlt, ein Opfer ihrer eigenen Sünde.

Lass Dich rühren durch so viele Ruinen in der Welt und in den Seelen, durch so viele Schmerzen und Ängste, durch so viele gemarterte Seelen, so viele, die in Gefahr sind, ewig verlorenzugehen.

Mutter der Barmherzigkeit, erbitte uns vom Himmlischen Vater die christliche Versöhnung der Völker! Erwirke uns vor allem die Gnaden, die in einem Augenblick die Herzen der Menschen umwandeln können, die Gnaden, die den ersehnten Frieden vorbereiten und sichern!

Königin des Friedens, bitte für uns und gib der Welt den Frieden in der Wahrheit, in der Gerechtigkeit und in der Liebe Christi! Gib ihr vor allem den Frieden der Seelen, damit in der Ruhe der Ordnung das Reich Gottes sich ausbreite!

Gewähre Deinen Schutz den Ungläubigen und allen, die im Todesschatten liegen! Lass für sie die Sonne der Wahrheit aufgehen! Lass sie mit uns vor dem einen Erlöser der Welt die Worte wiederholen: Ehre sei Gott in der Höhe und Friede den Menschen auf Erden, die guten Willens sind!

Den durch Irrtum und Zwietracht getrennten Völkern, vornehmlich denen, die zu Dir eine besondere Verehrung tragen, schenke den Frieden, und führe sie zurück zum einen Schafstall Christi unter dem einen und wahren Hirten!

Erflehe volle Freiheit der Heiligen Kirche Gottes! Schütze sie wider ihre Feinde! Halte die wachsende Flut der Unsittlichkeit auf! Wecke in den Gläubigen die Liebe zur Reinheit, die Übung des christlichen Lebens und apostolischen Eifer, damit die Gemeinschaft derer, die Gott dienen, zunehme an Verdienst und Zahl!

Dem Herzen Deines Göttlichen Sohnes wurde die Kirche und die ganze Menschheit geweiht. Auf Ihn sollten sie die ganze Hoffnung setzen; Er sollte für sie die unversiegliche Quelle des Sieges und der Rettung sein.

So weihen wir uns auf ewig auch Dir, Deinem Unbefleckten Herzen, Du Mutter und Königin der Welt. Deine Liebe und Dein Schutz sollen den

Sieg des Reiches Gottes beschleunigen. Alle Völker im Frieden mit Gott und mit sich, sollen Dich ewig preisen.

Mit Dir sollen sie von einem Ende der Erde bis zum anderen das ewige Magnifikat des Ruhmes, der Liebe und Dankbarkeit zum Herzen Jesu anstimmen. In Ihm allein können sie die Wahrheit, das Leben und den Frieden finden. Amen.

11. Dezember 2016 – 3. Adventssonntag, Gaudete. Der Himmlische Vater spricht nach der Heiligen Tridentinischen Opfermesse nach Pius V. durch Sein williges, gehorsames und demütiges Werkzeug und Tochter Anne.

Anne: Im Namen des Vaters, des Sohnes und des Heiligen Geistes. Amen. Wir haben heute, am 11. Dezember 2016, am dritten Adventssonntag, den Gaudete-Sonntag gefeiert. Es ging eine würdige Heilige Opfermesse im Tridentinischen Ritus nach Pius V. voraus.

Das ist der Freudensonntag. Darum war auch der Opferaltar mit besonderem Kerzen- und Blumenschmuck versehen. Der Marienaltar war in gleißendes Licht getaucht und mit wunderschönen Rosen und Orchideen geschmückt. Die Engel und auch die Heiligen erfreuten sich an diesem Sonntag im Himmel. Dieses durfte ich heute schauen.

Der Himmlische Vater wird heute sprechen: Ich, der Himmlische Vater, spreche jetzt und in diesem Augenblick, durch Mein williges, gehorsames und demütiges Werkzeug und Tochter Anne, die ganz in Meinem Willen liegt und nur Worte wiederholt, die aus Mir kommen.

Meine geliebte kleine Schar, Meine geliebte Gefolgschaft und Meine geliebten Pilger und Gläubige von nah und fern. Ihr habt heute den Freudensonntag in würdiger Weise gefeiert.

Freut euch alle Tage, Meine Geliebten, freuet euch, denn der Erlöser naht.

Meine besondere Botschaft besteht darin, dass du, Meine geliebte Kleine, die Rufende in dieser Wüste der heutigen Zeit bist. Bis an die Enden der Erde werden Meine Informationen und Botschaften durch das Internet dringen. Dieses Internet habe Ich erfinden lassen. Nicht durch eure Erkenntnis, sondern es war ganz allein Mein Wunsch und Plan.

Es ist unfassbar, wie weit Meine Worte die Menschen in der ganzen Welt erreichen. Viele Menschen glauben nicht, sie sind in ihren Sünden verstrickt und wissen nicht, wie sie an die Wahrheit gelangen können. Darum, Meine Geliebten, möchte Ich durchs Internet die Menschen erreichen.

Weil du Meine Rufende für alle Menschen bist, Meine geliebte Kleine, wirst du auch viele Leiden ertragen müssen. Obwohl ihr euch an diesem Gaudete-Sonntag erfreuen sollt, wirst du die beschwerliche Aufgabe haben, die Menschen auf Meine Worte der Wahrheit aufmerksam machen, denn die Finsternis hat die Erde verdunkelt. Der Verstand der Menschen ist umnebelt.

An diesem heutigen Sonntag spürt ihr, Meine Geliebten, dass der Erlöser naht.

Viele verwerfen diese bedeutsamen Botschaften und wenden sich der Welt zu.

Am heutigen Sonntag werden sich viele Menschen den weltlichen Freuden anpassen. Von ihnen wird nichts abverlangt und es bedarf keiner Änderung in ihrem Leben. Die Menschen sind in den weltlichen Gelüsten verstrickt. Sie wissen nicht einmal, was dieses kommende Weihnachtsfest bedeutet. Sie wissen nicht, dass ihr Erlöser naht, dass die Geburt Jesu Christi in einem ärmlichen Stall zu Bethlehem am Weihnachtsfest gefeiert wird.

Das kleine Jesuskind möchte die Menschen von den Ketten der Sünde befreien und sie spüren es nicht einmal. Sie wollen sich keinen Gedanken hingeben, die das Gefühl ansprechen. Das Herz, das sich nach dem Tiefreligiösen sehnt, darf sich nicht regen. Man täuscht sich durch die Freuden der Welt darüber hinweg. An den Freuden des Himmels will man nicht teilhaben, denn das Übernatürliche ist heute ein Tabuthema.

Nur, wer im Glauben vereint ist, wird an diesen himmlischen Freuden teilhaben. Weltliche Freuden, Meine Geliebten, vergehen, aber die himmlischen bleiben bestehen. Darum freut euch alle Tage und seid im Frieden vereint. Der Friede soll endlich über die ganze Menschheit kommen.

Darum wird Mein Sohn Jesus Christus in der Hochheiligen Weihnacht geboren, um diese Freude in die Herzen der Menschen hinein zu strahlen. Auf diese Heilige Nacht sollt ihr euch freuen. Das ist die Bedeutung des Weihnachtsfestes. Die Liebe des kleinen Jesuskindes soll euer Herz erfreuen.

Bereitet euch an diesem dritten Adventssonntag auf dieses Hochheilige Fest vor, denn ihr habt die dritte Kerze heute entzündet. Es soll in euren

Herzen strahlen und diese Strahlkraft soll die Menschen erreichen. Eure Herzen sollen vor Freude zerspringen, denn die Güte und die Liebe sollt ihr verbreiten.

Die Liebe wird euer Herz so stark durchdringen, bis ihr selbst ein Feuerbrand der Liebe werdet. Diese Liebe sollt ihr weitergeben, weitergeben an Menschen, die sie empfangen wollen. Es sind die Menschen, die sich von der Sünde abkehren, die Meinen Willen ganz und gar erfüllen. Auch wenn es schwer wird, auch dann wenn das Kreuz drückt, sollen Meine Kreuzträger Mir ihr williges Ja geben. Auch wenn ihnen keine Möglichkeit gegeben wird, dass eine Besserung ihrer Probleme zu erwarten ist, auch dann sollen sie nicht aufgeben, sondern voller Hoffnung und Zuversicht in die Zukunft blicken.

Folgt Mir nach, Meine Geliebten, dann seid ihr gestärkt. Wenn ihr aber der Welt nachfolgt und dort eure Freuden sucht, so wird Satan eingreifen können. Die Menschen können euch verführen. Wenn ihr euch aber dem Willen des Himmlischen Vaters hingebt, so könnt ihr die Freuden des Himmels bereits hier auf Erden genießen und der Friede wird in eure Herzen einkehren. Diesen, Meinen Frieden, sollt ihr weitergeben. Das ist Meine Botschaft heute, am dritten Adventssonntag, dem Fest Gaudete.

Vieles werdet ihr nicht verstehen, Meine Geliebten. Das einzige, was Ich euch wünsche, ist, dass der Friede, der in eure Herzen am heutigen Sonntag eingekehrt ist, an die Menschheit weitergegeben wird, an die glaubenden Menschen, die ein tiefes Gottvertrauen haben. Die Heilige Nacht, an dem euer Erlöser geboren wird, naht. Auf diese Nacht sollt ihr euch alle freuen.

Das Licht möge in euren Herzen erstrahlen und dieses Licht der Wahrheit wird bis an die Enden der Erde dringen. Diese Dunkelheit, die die Welt ergriffen hat, wird weichen. Wenn der Friede einkehrt, dann wird auch die Freude und Liebe in die Herzen einkehren. Die Freude wird die Herzen lichterloh erstrahlen lassen. Freut euch und liebet einander. Gebt diese Liebe weiter, dann bin Ich alle Tage bei euch bis ans Ende der Welt.

Ich segne euch nun in diesem Frieden und der Vorfreude auf das Weihnachtsfest, auf das Fest der Geburt Jesu Christi, im Namen des Vaters, des Sohnes und des Heiligen Geistes. Amen.

Friede sei mit euch und die Freude des heutigen Tages soll in eure Herzen hineinstrahlen. Amen.

13. Dezember 2016 – Rosa-Mystika-Tag. Die Gottesmutter spricht nach der Heiligen Tridentinischen Opfermesse nach Pius V. durch Ihr williges, gehorsames und demütiges Werkzeug und Tochter Anne.

Anne: Im Namen des Vaters, des Sohnes und des Heiligen Geistes. Amen. Wir haben heute, am 13. Dezember 2016, das Heilige Messopfer im Tridentinischen Ritus nach Pius V. in würdiger Weise gefeiert. Heute haben wir auch den Festtag der Rosa Mystika begangen.

Der Marienaltar war in gleißendes goldenes Licht getaucht und die Engel zogen während der Heiligen Opfermesse ein und scharten sich um den Marienaltar. Während der Heiligen Wandlung zogen die Engel auch ein und gruppierten sich um den Tabernakel. Sie verneigten sich in ehrfürchtiger Weise. Der Himmlische Vater segnete uns. Die Gottesmutter gab uns auch den Segen während der Heiligen Opfermesse. Sie lächelte uns voller Freude und Dankbarkeit zu.

Die Gottesmutter wird als Rosenkönigin von Heroldsbach sprechen: Ich, eure liebste Mutter und Königin vom Sieg und Rosenkönigin von Heroldsbach, werde heute durch Mein williges, gehorsames und demütiges Werkzeug und Tochter Anne sprechen, die ganz im Willen des Himmlischen Vaters liegt und nur Worte wiederholt, die aus Mir kommen.

Geliebte kleine Schar, geliebte Gefolgschaft, geliebte Marienkinder, geliebte Pilger und Gläubige von nah und fern, besonders ihr Pilger von Heroldsbach und ihr geliebte Muldaner. Ich spreche heute zu euch, weil Ich euch Gnadenströme übermitteln möchte, Gnadenströme aus Heroldsbach.

Ihr, Meine geliebte kleine Schar, dürft diesen Gnadenort Heroldsbach nicht mehr betreten, diesen größten Wallfahrtsort Deutschlands. Und doch bekommt ihr besondere Gnadengeschenke am 12. und am 13. eines jeden Monates übermittelt.

Ja, Meine Geliebten, Ich bin auch die Rosa Mystika, die mystische Rose. Auch die Heilige Opfermesse ist Mystik pur.

Wer das Geheimnis der Heiligen Opfermesse nicht im mystischen Sinn versteht, der ist nicht tief genug im Glauben verankert. Es ist ein großes mystisches Geheimnis. Dieses Opfermahl ist das größte mystische Geheimnis. Es ist nicht mit der Mahlgemeinschaft, die heute in den modernistischen Kirchen gefeiert wird, zu vergleichen.

Ihr, Meine Geliebten, habt heute dieses Geheimnis in euren Herzen erleben dürfen. Ihr tragt es in euren Herzen. Ergründen könnt ihr dieses Geheimnis nie. Und doch bekommt ihr diese besonderen Gnadenströme übermittelt, weil ihr glaubt. Euer Herz soll ein Feuerbrand der Liebe werden. Der Heilige Geist wird euch überströmen.

Ihr, Meine Geliebten, bereitet euch auf das große Fest der Geburt Meines Sohnes Jesu Christi, eures Erlösers, vor. Die dritte Kerze habt ihr bereits entzündet. Es soll in euren Herzen heller werden. Das Entzünden der Kerzen am Adventskranz bedeutet, dass für euch mit jeder entzündeten Kerze, das Fest der Geburt Jesu Christi, Meines Sohnes, näher rückt. Darum wird auch das Licht in euren Herzen heller. Dieses Licht soll strahlen, denn es ist das Licht der Liebe. Es ist die Vorbereitung auf die Geburt des kleinen Jesuleins, dem Geheimnis Jesu Christi.

Ja, ihr habt es richtig verstanden, auf das Geheimnis Jesu Christi. Kann jemals ein Mensch die Geburt Meines Sohnes, des Gottessohnes ergründen und erfassen? Ganz sicher nicht.

Wenn ihr es erklären müsstet, so würde es auf der Strecke bleiben. Ihr könnt nur glauben, glauben und staunend vor diesem großen Geheimnis in Ehrfurcht anbetend niederfallen. Es bleibt für alle Menschen ein Geheimnis.

Ich, als eure liebste Mutter, möchte euch in dieser Vorbereitungszeit auf das große Weihnachtsfest nahe sein. Ich möchte dieses Licht in euren Herzen neu entzünden, damit es in der Hochheiligen Nacht zu einem Feuerbrand der Liebe wird.

Wie viele Menschen glauben heute nicht. Wie viele Menschen wissen nicht einmal, was dieses Hochheilige Weihnachtsfest bedeutet. Sie wissen auch nicht, was der Katholische Glaube bedeutet. Er beinhaltet so viel und Ich, als Himmlische Mutter, könnte euch ununterbrochen über dieses große Geheimnis aufklären, denn auch Ich bleibe stets vor diesem Geheimnis in Ehrfurcht staunend stehen. Ich, als Mutter des Gottessohnes, kann auch dieses Geheimnis nicht ergründen, denn es ist viel zu groß, Meine Geliebten.

Wenn ihr nicht glaubt, so dürft ihr auch nicht an diesem Opfermahl teilnehmen, denn dann wird es zu einem Sakrileg.

Die Göttliche Liebe dringt tiefer in eure Herzen ein, denn ihr nehmt an Seiner Liebe teil. Diese Liebe lässt euch erstrahlen, ohne dass ihr es äußerlich wahrnehmt. Sie gibt euch Göttliche Weissagung, die ihr weitergebt, denn euer Herz wird gefüllt und der Mund fließt über, die Liebe Christi drängt euch zu Taten.

Jeder, der nicht glaubt, wird bei diesem Geheimnis ganz sicher auf der Strecke bleiben. Er wird nicht tiefer in das Geheimnis eindringen können. Denn nur der Glaube kann mit dem Herzen sehen.

Ihr glaubt alles, was Ich euch als Himmlische Mutter kundgetan habe. Ich darf euch in den Gnadenstrom der Liebe alles übermitteln. Dieser Gnadenstrom hat euch heute, am Fest der Rosa Mystika, Tür und Tor geöffnet.

Dankt für dieses große Geheimnis. Ich, als Himmlische Mutter, danke euch allen, dass ihr zu diesem, Meinem Festtag, nach Heroldsbach geeilt seid und auch in der Mulde an diesem Opfermahl teilgenommen habt. Wenn es auch die DVD ist, die euch vorgespielt wurde, so ist diese Heilige Messe ein Geschenk, denn es ist eine gültige Heilige Opfermesse. Ihr habt dort in Heroldsbach keine andere Möglichkeit, an einer gültigen Heiligen Opfermesse teilzunehmen.

Ich, als Himmlische Mutter, liebe diese Mulde. Dort bin Ich für euch, die glauben, anwesend. Von dort aus möchte Ich, Meine Marienkinder, die Muldaner, ganz besonders segnen. Ich danke euch, Meine geliebten Marienkinder, dass ihr immer wieder diesen beschwerlichen Weg auf euch nehmt und zu diesem großen Gnadenort fahrt. Ihr habt viele Sühneopfer in der vergangenen Nacht verrichtet. Ihr habt viele Sühnegebete getätigt, denn für die heutige Kirche muss viel gesühnt werden.

Die Priester glauben nicht und sie feiern auch kein gültiges Heiliges Opfermahl, sondern sind nur mit dieser Mahlgemeinschaft vertraut. Sie glauben sogar, dass sie eine Heilige Messe feiern, in der sich Mein Sohn Jesus Christus in ihren Händen verwandelt. Doch das ist nicht möglich, Meine Geliebten. Es ist kein Heiliges Messopfer, welches ein modernistischer Priester feiert. Er wendet sich dem Volk und nicht dem Tabernakel zu. Er beachtet dieses große Geheimnis nicht.

Diese Priester verachten sogar Meinen Sohn, denn trotz vieler Ermahnungen feiern sie weiterhin am Mahltisch in der Modernistik. Sie bieten dem Volk ein Schauspiel, nichts anderes. Sie sind nicht im wahren Glauben vereint und werden auch nicht tiefer in das Geheimnis des Glaubens eindringen.

Wie oft habe Ich Meine Priestersöhne davor gewarnt, diese Mahlgemeinschaft wahrzunehmen. Doch sie hören nicht auf Meine Worte und leisten Meinem Sohn keinen Gehorsam. Sie verachten Ihn dadurch, ohne es zuzugeben. Sie schlagen Ihn erneut ans Kreuz, da Er unermesslich unter der Ablehnung Seiner Priestersöhne leidet. Mein Sohn hat sie berufen, um dieses größte Geheimnis der Heiligen Eucharistie zu feiern.

Darum werdet ihr, die ihr an diesem Heiligen Opfermahl teilgenommen habt, besonders gesegnet. Ihr steht in Göttlicher Kraft und in Göttlicher Liebe. So segne Ich euch heute, als eure Himmlische Mutter, als Rosenkönigin von Heroldsbach, mit allen Engeln und Heiligen, in der Dreieinigkeit, im Namen des Vaters, des Sohnes und des Heiligen Geistes. Amen.

Seid gesegnet und glaubt an dieses große Geheimnis der Heiligen Eucharistie. Ich danke euch für Meinen Ruf, dem ihr gefolgt seid.

18. Dezember 2016 – 4. Adventssonntag. Der Himmlische Vater spricht nach der Heiligen Opfermesse im Tridentinischen Ritus nach Pius V. durch Sein williges, gehorsames und demütiges Werkzeug und Tochter Anne.

Anne: Im Namen des Vaters, des Sohnes und des Heiligen Geistes. Amen. Heute, am 18. Dezember 2016, haben wir den vierten Adventssonntag gefeiert. Voraus ging eine würdige Heilige Opfermesse im Tridentinischen Ritus nach Pius V. Der Opfer- sowie auch der Marienaltar waren in goldenes, gleißendes Licht getaucht. Die Engel zogen ein und aus. Sie gruppierten sich während der Heiligen Opfermesse um den Tabernakel und den Marienaltar. Der Himmlische Vater und auch die Gottesmutter segneten uns während der Heiligen Opfermesse.

Der Himmlische Vater wird heute sprechen: Ich, der Himmlische Vater, spreche jetzt und in diesem Augenblick, durch Mein williges, gehorsames und demütiges Werkzeug und Tochter Anne, die ganz in Meinem Willen liegt und nur Worte wiederholt, die aus Mir kommen.

Geliebte kleine Schar, geliebte Gefolgschaft und geliebte Pilger und Gläubige von nah und fern. Ihr seid Meinem Ruf gefolgt und ihr leistet Mir den Gehorsam. Ich möchte Mich heute, am vierten Adventssonntag, bei euch allen für eure Treue bedanken.

Wie schwer habt ihr es in dieser Zeit Meine Geliebten, bevor Mein Eingriff stattfindet, durchzuhalten. Doch Ich schützte euch in jeder Lage. Eure liebste Mutter ist bei euch. Sie sendet euch viele Engel, damit ihr die Kraft bekommt, durchzuhalten. Es wird nicht einfach sein. Doch ihr haltet Mir, dem Himmlischen Vater in der Dreieinigkeit, die Treue.

Wie der Rufende in der Wüste, der Heilige Johannes, so wird auch deine Stimme, Meine geliebte Kleine, in der ganzen Welt erschallen. Es ist nicht deine Stimme, sondern die Meinige. Ich rufe alle Glaubenden in dieser letzten Zeit auf, Meinem Ruf zu folgen.

Wie viel Ungerechtigkeit gibt es heute in dieser Zeit, und wie viel Elend und wie viele Nöte sind heute in den Familien. Die Familien sind zerrissen, weil sie nicht wissen, wo sie den Katholischen Glauben finden können.

Viele leben in vorehelichen Verhältnissen und haben sich der Allgemeinheit angepasst. Von der Katholischen Kirche wird das heute toleriert, ja sogar legalisiert. Die Treue in der Ehe gibt es nicht mehr. Man kann sich trennen, wenn die Verschiedenheit der Partner sich in dem Zusammenleben herausstellt. Es gibt dann nicht mehr ein Aufeinanderzugehen oder Verzeihen. Es kommt gar nicht zur Versöhnung, denn die Liebe, die eine Ehe zusammenhält, fehlt. Man geht zum nächsten Partner über und meint, dass der Nächste der Richtige sein wird.

In der heutigen Zeit kann man zudem noch die Sakramente empfangen, denn schließlich lehrt es die heutige Kirche. Keiner der beiden Partner spürt, dass sie unwürdig das Sakrament der Heiligen Kommunion empfangen. „Schließlich machen das doch alle und es ist in der heutigen Zeit modern", sagen sie. Niemand will rückständig sein.

Der Katholische Glaube ist heute völlig zerstört. In den Familien wird keine Einheit mehr gelebt. In dieser Welt finden sie keine Befriedigung. Nur kurze Zeit meinen sie das Glück gefunden zu haben. Es ist eine weltliche Zufriedenheit und Glück, hat aber nichts mit dem Glauben zu tun. Viele erliegen ihren Süchten, dem Alkohol, dem Drogenrausch oder der Sexualität. Süchte kommen aus dem Suchen nach dem wahren Glück. Niemand merkt, dass sich schwere Sünde auf schwere Sünde häuft.

Man hat sich der Welt zugewandt und ihr angepasst. Die Kirche hat sich der Welt angepasst. Umgekehrt müsste es sein. Die Welt muss auf der Suche nach Gott in Seiner Katholischen Kirche sein.

Es ist heute der falsche Weg, den die praktizierenden katholischen Christen gehen. Sie werden von ihren vorgesetzten Priestern unterrichtet. Niemand merkt, dass es nicht der Wahrheit entspricht. Es tun ja schließlich alle. Niemand will ein Einzelgänger sein und sich von seiner Familie und Freunden trennen. Das allgemeine Lebensbild hat sich verändert. Es ist nicht zurückzudrehen. Zu weit hat man sich von dem Glauben entfernt. Da diese Veränderung in der Kirche schleichend vor sich geht, merkt es auch niemand, denn es spielt sich einfach ein. Ein Außenseiter will niemand sein.

Meine Geliebten, wie schwer ist es für euch, von euren nächsten Familienangehörigen verstanden zu werden. Sie lehnen euch ab und wissen nicht, dass sie den falschen Weg beschreiten. Ihr leidet darunter und seid hilflos.

Bleibt Mir und Meinem Willen treu und verlasst Mich nicht in dieser letzten Zeit. Ich werde euch führen, wenn ihr euch ganz und gar Meinem Willen hingebt.

Glaubt Mir, bis an die Enden der Erde werde Ich, der Himmlische Vater, die Wahrheit verbreiten. Alles wird offenbar werden. Was noch heute versteckt ist, wird ans Tageslicht befördert werden.

Ihr, Meine Kleinen und Demütigen, ihr seid die Beschenkten. Man wird euch um eure Sicherheit und Stärke beneiden. Haltet durch, denn Ich bin alle Tage bei euch. Wenn ihr Mich sucht, so findet ihr Mich. Ruft Mich an, denn Ich lasse Meine treuen Geliebten nicht allein. Wenn ihr um Meines Namens willen verachtet werdet, so ertragt diese Last, denn sie ist süßer als Honig. Sie führt zum Ziel. Euer Ziel ist die ewige Herrlichkeit.

Leider haben sich heute nicht nur die Gläubigen der Welt zugewandt, sondern auch die Obrigkeit, die ein Beispiel für alle sein sollte. Vom Obersten Stuhl Petri bis zu den Priestern wird der Irrglaube gelehrt. Alles hat man verdreht. Vom Heiligen Messopfer bis zu den Sakramenten, ja, sogar die Zehn Gebote hat man verändert. Meine Gotteshäuser sind zu Schauplätzen geworden und Meine auserwählten Priester zu Schauspielern. Wie soll Ich ihnen die Wahrheit lehren, wenn sie sich selbst an die erste Stelle setzen. Der Glaube ist verschwunden, man hat ihn der Welt angepasst, sodass dieser Katholische Glaube einer unter vielen ist.

Meine geliebte kleine Schar, Ich flehe euch an, steht Mir zur Seite und verlasst Mich nicht. Weicht nicht einen Schritt von der Wahrheit ab. Ich lehre euch alles, wenn ihr Meinem Ruf folgt und Mir den Gehorsam erweist.

Leider hat Meine Obrigkeit in jeder Weise versagt und das schmerzt Mich sehr. Steht Mir zur Seite, Meine Geliebten, wie sehr benötige Ich euren Trost.

Wenn ihr verlacht werdet, so denkt an Mein Kreuzesleiden. Verbindet euch damit und lasst nicht nach in eurem Streben nach wahrer Heiligkeit.

Der Böse will euch ergreifen, noch im letzten Augenblick. Denkt daran, dass er listig ist. Nichts will er unversucht lassen, um euch zu täuschen.

Wägt alles ab. Ich gebe euch die Einsicht, die euch vom Heiligen Geist durchdringt. Oft wirkt der Böse auch in den eigenen Familien durch Streit und Neid. Ja, man schaut mit einem gewissen Neid auf euch. Das spürt ihr oft nicht, aber es entspricht der Wahrheit. Man beneidet euch wegen eures tiefen Glaubens und eurer Tragfähigkeit im Kreuz, besonders in der Krankheit.

Ich gebe euch die Kraft. Nicht aus euch könnt ihr das Leid ertragen. Mit der Göttlichen Kraft könnt ihr alles überstehen. Wenn ihr Mich und eure Himmlische Mutter um Hilfe anfleht, so werden Wir euch zur Seite stehen.

Meine Himmlische Mutter, die auch die eurige ist, weint bittere Tränen um ihre Priestersöhne, die nicht umkehren wollen.

Man wird euch alles Böse nachsagen und euch aus den Kirchen hinausstoßen. Die Mutter der Kirche, das Herz der Kirche, hat man aus diesen modernistischen Kirchen verdrängt. Es ist unmodern geworden. Es ist nicht zeitgemäß, über den Glauben zu reden, denn er ist zur Privatsache geworden.

Man schämt sich, wenn man den Rosenkranz zur Hand nimmt. Er ist veraltet, denn das praktizieren doch nur noch die älteren Gläubigen.

Weil man diese sicherste Waffe nicht mehr zur Hand nimmt, darum löst sich der wahre und Katholische Glaube auf. Leider fehlt die Mutter der Kirche.

Meine Geliebten, versteht ihr nun, warum Ich für kurze Zeit Meinem geliebten Priestersohn in Göttingen das Amt des Obersten Hirten übertragen musste? Ich habe aus der Notsituation gehandelt und habe es nicht gerne getan.

Nun hat Mein geliebter Priestersohn in Göttingen Russland dem Unbefleckten Herzen Mariens geweiht. Es hat seine Gültigkeit, weil es Mein Wunsch ist. Ich danke dir, Mein geliebter Priestersohn, dass du alles auf dich genommen hast. Du hast bewiesen, dass Ich dir wichtig bin und nicht die Menschen, die dich verachten und verspotten. Diesen weltweiten Ruf hat Meine Himmlische Mutter bereits in Fatima ausgesprochen. Doch man ist dieser Botschaft nicht gefolgt. Man hat diese Botschaft nicht einmal verbreitet. Sie wurde von den Priestern verschleiert. Nun ist es aktuell geworden.

Die beiden Großmächte, Amerika und Russland, versuchen sich gegeneinander auszuspielen. Niemand will der Verlierer sein.

Nur mit der Macht des Rosenkranzes werdet ihr den Krieg verhindern. Betet ihn täglich, Meine Geliebten, denn ihr könnt nichts Besseres vollbringen. Ihr werdet es spüren, dass der Rosenkranz euch Ruhe und Gelassenheit schenkt.

Wie sehr habe Ich um Meine Priestersöhne gekämpft. Doch sie wollen nicht. Die Treue zur Priesterweihe ist ihnen unwichtig geworden. Einige leben sogar zwei Sakramente, die Ehe und die Priesterweihe und glauben, dass das möglich ist. Keinem der beiden Sakramente werden sie treu bleiben. Immer wird ihnen die Last auf ihrer Seele drücken, denn die Sendung haben sie verspielt und leben zudem noch in schwerer Sünde. Diese Sünde wird sogar von der heutigen Kirche legalisiert. Die Häresien beim Obersten Stuhl nehmen überhand und Ich will heilige, demütige, marianische Priester heranbilden, die die Neue Kirche ans sichere Ufer führen. Sie sollen alles wagen, auch wenn es ihr Leben kosten würde. Ich werde sie, wie Meinen Augapfel, beschützen und nichts wird ihnen geschehen.

Traurig muss Ich zuschauen, wie ein Priester nach dem anderen sich von der Wahrheit abkehrt. Wie Meine Priester am Abgrund stehen und sich nicht bewusst werden, dass sie für ewig verloren gehen, wenn sie nicht bereit sind, in dieser letzten Phase umzukehren. Die vielen Chancen, die Ich ihnen geschenkt habe, haben sie bisher nicht ergriffen.

Ich, der Himmlische Vater, gebe ihnen heute erneut eine Chance, umkehren zu können. Ich rufe euch alle erneut auf, heute, zum vierten Adventssonntag, umzukehren und das Licht des Advents einzulassen.

Ergreift diesen Strohhalm. Es ist die allerletzte Zeit. Ich flehe euch an, kehrt um, denn Ich liebe euch unermesslich. Glaubt ihr nicht, dass eure liebste Mutter, die Mutter Gottes, um euch leidet? Ist Sie nicht auch die Mutter aller Priestersöhne? Kämpft Sie nicht genug um euch? Fleht Sie nicht genug um eure Umkehr? Kniet Sie nicht ununterbrochen an Meinem Thron und fleht bitterlich um eure Umkehr? Wie traurig ist Sie an vielen Wallfahrtsorten und weint bittere Tränen um euch. Könnt ihr diesen Tränen widerstehen? Es sind die Tränen um euch, Meine geliebten Priestersöhne.

Wacht doch endlich auf, Ich liebe euch und kämpfe unaufhaltsam in dieser letzten Zeit um euch. Der Eingriff steht vor der Tür, Meine Geliebten. Wie ungern greife Ich ein.

Dieser Eingriff wird gewaltig sein. Gewaltig muss Ich eingreifen, Ich der Schöpfer aller Menschen und Gewalten, der Allgewaltige, Allmächtige und Allwissende Dreieinige Gott plane diesen Eingriff. Ich werde allen Menschen zeigen, dass Ich der Herr über Leben und Tod bin, der Schöpfer und der Erlöser der ganzen Menschheit.

Alle Menschen möchte Ich erlösen, denn Ich bin für alle ans Kreuz gegangen und habe die bittersten Qualen erlitten, um euch alle zu retten. Kehrt um und glaubt an Meine Worte, denn Ich liebe euch.

Ich segne euch nun mit allen Engeln und Heiligen, mit eurer liebsten Mutter, in der Dreieinigkeit, im Namen des Vaters, des Sohnes und des Heiligen Geistes. Amen.

Wie sehr Ich euch liebe, werde Ich euch beweisen, dann, wenn ihr umkehrt. Dann wird Meine wahre und Göttliche Liebe offenbar werden. Habt Geduld und harrt aus, denn Ich werde in aller Macht und Herrlichkeit erscheinen, dann, wenn es niemand erwartet.

Anhang

Strafbefehle des Amtsgerichts Lindau.

Beglaubigte Abschrift

Amtsgericht Lindau (B)

Aktenzeichen: Cs 250 Js 10467/15
(Bitte stets angeben)

Telefon-Nr.: 08382/26070
Telefax-Nr.: 08382/2607-504

Amtsgericht Lindau (B), Stiftsplatz 4,
88131 Lindau

Cs 250 Js 10467/15
Frau
Annegret Mewis
Geismar Landstraße 103

37073 Göttingen

Rechtskräftig seit: ....
AG Lindau (B), ... Unterschrift, Dienstbezeichnung Urkundsbeamter/in der Geschäftsstelle

geboren am 20.08.1941 in Coesfeld, geborene Klunkelfuß, Beruf: Rentnerin, geschieden, deutsche Staatsangehörige,

Strafbefehl

Die Staatsanwaltschaft legt Ihnen folgenden Sachverhalt zur Last:

1. Am 13.05.2015 gegen 15:00 Uhr hielten Sie sich in der Krypta der Gnadenkapelle der Gebetsstätte Wigratzbald, Kapellenweg 7, 88145 Opfenbach auf, obwohl Sie beim Betreten der Räumlichkeiten den entgegenstehenden Willen des Berechtigten kannten und verweilten dort bis zum Eintreffen der Polizeibeamten POK Liebst und POK Wagner gegen 15:30 Uhr, obwohl der Berechtigte Bove Sie mehrmals zum Verlassen der Örtlichkeit aufforderte.

   Strafantrag wurde form- und fristgerecht gestellt.

2. Am 17.05.2015 gegen 17:20 Uhr hielten Sie sich in der Krypta der Gnadenkapelle der Gebetsstätte Wigratzbald, Kapellenweg 7, 88145 Opfenbach auf, obwohl Ihnen, wie Sie wussten, das Betreten der Räumlichkeiten durch Hausverbot untersagt war.

   Strafantrag wurde form- und fristgerecht gestellt.

3. Am 10.06.2015 gegen 17:20 Uhr hielten Sie sich in der Krypta der Gnadenkapelle der Gebetsstätte Wigratzbald, Kapellenweg 7, 88145 Opfenbach auf, obwohl Ihnen, wie Sie wussten, das Betreten der Räumlichkeiten durch Hausverbot untersagt war.

   Strafantrag wurde form- und fristgerecht gestellt.

4. Am 15.06.2015 gegen 17:50 Uhr hielten Sie sich im Vorraum der Krypta der Gnadenkapelle der Gebetsstätte Wigratzbald, Kapellenweg 7, 88145 Opfenbach auf, obwohl Ihnen, wie Sie wussten, das Betreten der Räumlichkeiten durch Hausverbot untersagt war.

Strafantrag wurde form- und fristgerecht gestellt.

Sie werden daher beschuldigt,

durch vier selbständige Handlungen (1., 2., 3., 4.) jeweils in die Wohnung, in die Geschäftsräume oder in das befriedete Besitztum eines anderen oder in abgeschlossene Räume, welche zum öffentlichen Dienst oder Verkehr bestimmt sind, widerrechtlich eingedrungen zu sein, oder wenn Sie ohne Befugnis darin verweilten, auf die Aufforderung des Berechtigten sich nicht entfernt zu haben,

strafbar als

Hausfriedensbruch in vier Fällen gemäß §§ 123 Abs. 1, 2, 53 StGB.

Beweismittel:

Zeugen:

Bove, Hansi	Bl. 11, 17, 50, 70 f. d.A.
POK Wagner, zu laden über PI Lindenberg	

Urkunden:

Auszug aus dem Bundeszentralregister	
Strafantrag vom 20.05.2015	Bl. 75 d.A.
Strafantrag vom 20.05.2015	Bl. 23 d.A.
Strafantrag vom 16.06.2015	Bl. 26 d.A.
Strafantrag vom 17.06.2015	Bl. 52 d.A.

Gegen Sie wird eine Gesamtgeldstrafe in Höhe von 60 Tagessätzen verhängt. Die Einzelstrafen betragen

zu 1.: 30 Tagessätze,
zu 2.: 30 Tagessätze,
zu 3.: 30 Tagessätze,
zu 4.: 30 Tagessätze.

Der Tagessatz wird auf 30,00 EUR festgesetzt. Die Gesamtgeldstrafe beträgt somit insgesamt 1800,00 EUR.

Sie haben auch die Kosten des Verfahrens und Ihre Auslagen zu tragen.

Dieser Strafbefehl wird rechtskräftig und vollstreckbar, soweit Sie nicht innerhalb von zwei Wochen nach der Zustellung bei dem vorstehend bezeichneten Amtsgericht schriftlich oder zu Protokoll der Geschäftsstelle Einspruch erheben.

Die schriftliche Erklärung muss in deutscher Sprache erfolgen.

Datum:

Richter am Amtsgericht

Richter(in)
am Amtsgericht

Beglaubigungsvermerk:
Die Übereinstimmung der Abschrift mit der Urschrift wird hiermit beglaubigt.

Lindau, 21. April 2016
AG Lindau (B)

BAYERN AMTSGERICHT

Name, Dienstbezeichnung

Beglaubigte Abschrift

Amtsgericht Lindau (B)

Aktenzeichen: Cs 250 Js 10467/15
(Bitte stets angeben)

Telefon-Nr.: 08382/26070
Telefax-Nr.: 08382/2607-504

Amtsgericht Lindau (B), Stiftsplatz 4,
88131 Lindau

Cs 250 Js 10467/15

Herrn
Rudolf Eduard Lodzig
Kiesseerstr. 51b

37083 Göttingen

Rechtskräftig seit: ....
AG Lindau (B), ...
Unterschrift Dienstbezeichnung Urkundsbeamter/in der Geschäftsstelle

geboren am 05.10.1926 in Weihendorf, geborener Lodzig, Beruf: Penionist, ledig, deutscher Staatsangehöriger,

Strafbefehl

Die Staatsanwaltschaft legt Ihnen folgenden Sachverhalt zur Last:

1. Am 13.05.2015 gegen 15:00 Uhr hielten Sie sich in der Krypta der Gnadenkapelle der Gebetsstätte Wigratzbald, Kapellenweg 7, 88145 Opfenbach auf, obwohl Ihnen, wie Sie wussten, das Betreten der Räumlichkeiten durch Hausverbot untersagt war und verweilten dort bis zum Eintreffen der Polizeibeamten POK Liebst und POK Wagner gegen 15:30 Uhr, obwohl der Berechtigte Bove Sie mehrmals zum Verlassen der Örtlichkeit aufforderte.

   Strafantrag wurde form- und fristgerecht gestellt.

2. Am 17.05.2015 gegen 17:20 Uhr hielten Sie sich in der Krypta der Gnadenkapelle der Gebetsstätte Wigratzbald, Kapellenweg 7, 88145 Opfenbach auf, obwohl Ihnen, wie Sie wussten, das Betreten der Räumlichkeiten durch Hausverbot untersagt war.

   Strafantrag wurde form- und fristgerecht gestellt.

3. Am 10.06.2015 gegen 17:20 Uhr hielten Sie sich in der Krypta der Gnadenkapelle der Gebetsstätte Wigratzbald, Kapellenweg 7, 88145 Opfenbach auf, obwohl Ihnen, wie Sie wussten, das Betreten der Räumlichkeiten durch Hausverbot untersagt war.

   Strafantrag wurde form- und fristgerecht gestellt.

4. Am 15.06.2015 gegen 17:50 Uhr hielten Sie sich im Vorraum der Krypta der Gnadenkapelle der Gebetsstätte Wigratzbald, Kapellenweg 7, 88145 Opfenbach auf, obwohl Ihnen, wie Sie wussten, das Betreten der Räumlichkeiten durch Hausverbot untersagt war.

Strafantrag wurde form- und fristgerecht gestellt.

Sie werden daher beschuldigt,

durch vier selbständige Handlungen (1., 2., 3., 4.) jeweils in die Wohnung, in die Geschäftsräume oder in das befriedete Besitztum eines anderen oder in abgeschlossene Räume, welche zum öffentlichen Dienst oder Verkehr bestimmt sind, widerrechtlich eingedrungen zu sein,

strafbar als

Hausfriedensbruch in vier Fällen gemäß §§ 123 Abs. 1, 2, 53 StGB.

Beweismittel:

Zeugen:

Bove, Hansi	Bl. 11, 17, 50, 70 f. d.A.
POK Wagner, zu laden über PI Lindenberg	

Urkunden:

Auszug aus dem Bundeszentralregister	
Strafantrag vom 20.05.2015	Bl. 76 d.A.
Strafantrag vom 20.05.2015	Bl. 24 d.A.
Strafantrag vom 16.06.2015	Bl. 25 d.A.
Strafantrag vom 17.06.2015	Bl. 53 d.A.
Hausverbot vom 30.07.2008	Bl. 72 d.A.

Gegen Sie wird eine Gesamtgeldstrafe in Höhe von 70 Tagessätzen verhängt. Die Einzelstrafen betragen

zu 1.: 30 Tagessätze,
zu 2.: 30 Tagessätze,
zu 3.: 30 Tagessätze,
zu 4.: 30 Tagessätze.

Der Tagessatz wird auf 40,00 EUR festgesetzt. Die Gesamtgeldstrafe beträgt somit insgesamt 2800,00 EUR.

Ihr Einkommen wurde gemäß § 40 Abs. 3 StGB geschätzt.

Sie haben auch die Kosten des Verfahrens und Ihre Auslagen zu tragen.

Dieser Strafbefehl wird rechtskräftig und vollstreckbar, soweit Sie nicht innerhalb von zwei Wochen nach der Zustellung bei dem vorstehend bezeichneten Amtsgericht schriftlich oder zu Protokoll der Geschäftsstelle Einspruch erheben.

schriftliche Erklärung muss in deutscher Sprache erfolgen.

Datum: 20.4.16

gez. Harter
Richter am Amtsgericht

Richter(in)
am Amtsgericht

Beglaubigungsvermerk:
Die Übereinstimmung der Abschrift mit der Urschrift wird hiermit beglaubigt.

Lindau, 21. April 2016
AG Lindau (B)

BAYERN AMTSGERICHT

Name, Dienstbezeichnung